新编 领导科学

实务教程

主　编◎居继清　蒋祖存

副主编◎刘劭婷　刘宏明　瞿奴春

参　编◎郭　璐　龙少林　徐　懿

江西人民出版社

Jiangxi People's Publishing House

全国百佳出版社

图书在版编目（CIP）数据

新编领导科学实务教程／居继清，蒋祖存主编.
南昌:江西人民出版社,2024.10. —— ISBN 978-7-210-
15800-4

Ⅰ．C933

中国国家版本馆 CIP 数据核字第 2024Y9E449 号

新编领导科学实务教程
XINBIAN LINGDAO KEXUE SHIWU JIAOCHENG

居继清　蒋祖存　主编

责任编辑:蒲　浩
封面设计:回归线视觉传达

江西人民出版社 出版发行
Jiangxi People's Publishing House
全国百佳出版社

地　　　址	江西省南昌市三经路 47 号附 1 号（邮编:330006）
网　　　址	www.jxpph.com
电子信箱	jxpph@tom.com
编辑部电话	0791-86898965
发行部电话	0791-86898815
承印厂	南昌市红星印刷有限公司
经　　　销	各地新华书店
开　　　本	720 毫米×1000 毫米　1/16
印　　　张	17.75
字　　　数	325 千字
版　　　次	2024 年 10 月第 1 版
印　　　次	2024 年 10 月第 1 次印刷
书　　　号	ISBN 978-7-210-15800-4
定　　　价	58.00 元

赣版权登字-01-2024-625

前　言

　　领导科学是一门时代性与实践性很强的科学,应该及时反映时代发展要求与领导实践需要,为此,本教材编写组编写了这本《新编领导科学实务教程》,旨在为高校法学类的法学专业、政治学与行政学专业、社会工作专业的专业必修课以及全校通识教育课的开设提供一本最新的领导科学教材,助力大学生的领导素养培育、党内法规教育和公务员应试备考等,同时为领导干部自学提供一个辅导读本。

　　本教材坚持以习近平新时代中国特色社会主义思想为根本遵循,贯彻落实党的二十大与二十届二中、三中全会精神,具有三个鲜明特点:第一,具有鲜明的时代性。本教材充分反映了领导科学的最新理论成果,做到了与时代同步。一是把习近平总书记对新时代领导干部的重要要求写进教材,突出领导干部的政治素质、政治能力提升,突出领导干部树立正确政绩观与提升领导执行力,突出领导干部要树立法治思维与法治方式,突出领导干部要弘扬党的自我革命精神等。二是把党和国家对领导干部教育的重大工作部署及其工作要求写进教材,强化对党员干部的党内法规教育。如《关于建立领导干部应知应会党内法规和国家法律清单制度的意见》《党史学习教育工作条例》《中国共产党党内法规体系》等。第二,具有强烈的问题导向。本教材充分反映了这些年编写组成员从事领导科学研究所开展的调查研究成果,比较系统梳理了基层领导干部工作实践中存在的问题,这些问题包含领导素质、领导能力、领导方法、领导作风、领导思维、领导斗争精神等,集中体现为学习不够、政治站位不够、作风改进不够、正确政绩观树立不够等问题。第三,具有很强的操作性。本教材立足领导干部以及领导干部工作实践中的问题,运用系统思维提出了相应的改进策略,从领导理念、领导意识、领导思维、领导实践等提出改进方法与提升路径,针对性强,切实可行,具有直接指导与启发借鉴作用。

　　本教材由居继清、蒋祖存任主编,由刘劭婷、刘宏明、瞿奴春任副主编,参编人员还有郭璐、龙少林、徐懿。全书由主编提出编写大纲，全体编写人员参与讨论修改，刘劭婷、刘宏明、瞿奴春对部分章节进行了初审，最后由主编统稿定稿。各章的撰写人员依次是：第一章（郭璐）；第二章（龙少林）；第三章、第六章（刘劭婷）；第四章（刘宏明）；第五章（徐懿）；第七章（瞿奴春）；第八章（蒋祖存）；第九章（居继清）。

本教材的出版得到了黄冈师范学院教材出版基金和黄冈市党内法规研究中心项目经费的支持，是2024年黄冈师范学院教材建设后资助项目（2024CJ02）和黄冈市党内法规研究中心项目（202415504）成果。

本教材在编写过程中，参阅并借鉴了已有领导科学教材的相关成果与相关学术成果，在此深表感谢。本教材在出版过程中，得到了江西人民出版社领导与责任编辑的大力支持，对你们的辛勤劳动表示衷心感谢！由于教材编写组水平有限，教材一定存在一些不足之处，敬请各位专家学者与读者批评指正。

编　者

二〇二四年五月

目　录

第一章 领导与领导科学

本章主要介绍领导与领导科学两个方面问题。领导活动伴随着人类活动古已有之。而领导科学则是一门新兴的研究领导者和领导活动的学科。要在明确领导的内涵和本质、地位和功能以及领导活动基本要素等内容的基础上,进一步掌握领导科学的学科规定性内容,包括其产生和发展过程、对象及特点,以及具有中国特色和时代精神的领导科学的三大理论来源,明确领导科学与相关学科的关系,把握学习领导科学的意义和方法。

第一节 领导概述

领导是领导科学最基本的范畴,构成了领导科学研究的出发点及整个知识体系的基石。但什么是领导? 这是看似简单实际上却很复杂的问题。只有从领导的内涵出发,才能把握领导的本质,进而明确领导的地位及其功能,最终明晰领导活动所包含的基本要素。

一、领导的内涵与本质

(一)领导的内涵

对领导的含义阐释,中外学者众说纷纭。从中文字面来看,领导可以拆分为"领"和"导"两个字。根据已有古文字材料记载,"领"字始见于战国文字,产生时代可能更早。[①] 古代"领"字形从页令声,本义指脖子,脖子的位置与衣服的衣领位置一致,因此

---

① 李学勤:《字源》,天津古籍出版社 2013 年版,第 778 页。

"领"字引申表示衣领,由本义又可引申出"重要、首要、带领"的含义,由带领引申出"接受",又引申为为人表率的人。"导"的本字为"導",从首从寸,上面是首表示人,下面是止表示脚,外面是行表示路口,合在一起的意思是,人走到路口时,需要得到引导、引领。后引申为三层含义:指引、带领;传引、传向;启发。综合来看,领导本义指以手牵引、引导。因此,从中文字义看,领导的本义即带领和引导。

从领导的名词与动词双重词性角度看,作为名词的领导,中文语义主要指领导者,英文中还包括领导能力;而作为动词的领导,则主要强调领导活动。由此可见,"领导"一词在中西方语义下存在着丰富的解读。据美国学者统计,目前世界上关于"领导"的定义多达350余种。其中颇具代表性的包括以下几种:

(1)斯蒂芬·罗宾斯指出:"我们把领导定义为一种影响一个群体实现目标的能力。"[1]

(2)哈罗德·孔茨认为:"领导是一种影响力,是引导人们行为,从而使人们情愿地、热心地实现组织或群体目标的过程。"[2]

(3)里奇·格里芬指出:"领导作为过程,是运用非强迫性影响塑造群体或组织目标,激励导向目标实现,并协助群体和组织文化形成的行为。"[3]

西方学者下定义的方式往往是从管理学的角度出发,特别关注领导活动中关键参与者的相互关系、领导目标、领导效率以及领导活动的实现过程、作用机制等方面。

国内学者也从不同学科背景角度对领导下了诸多定义。比如,王乐夫从管理学角度认为:"领导是指领导者在一定的环境下,为实现既定目标,对被领导者进行统御和指引的行为过程。"[4]有学者从政治学角度,特别关注了领导与权力的关系,如娄成武等就把领导定义为:"领导是运用权力指挥、带领、引导和影响下属为实现组织群体目标而积极行动和努力工作的过程。"[5]

综上所述,领导的含义应当包括:领导的主体——领导者;领导的客体——任务目标;领导的参与者——被领导者;领导实现的方式——率领、引导、组织、指挥、协调;领导的作用机制——法定权力及其自身影响力。因此,领导的含义可以概括为:为了实

---

① [美]斯蒂芬·P.罗宾斯、[美]蒂莫西·A.贾奇:《组织行为学精要》,郑晓明译,机械工业出版社2000年版,第205页。
② [美]哈罗德·孔茨、[美]海因茨·韦里克:《管理学(第十版)》,张晓君等编译,经济科学出版社1998年版,第203页。
③ [美]里奇·格里芬:《管理学》,刘伟译,中国市场出版社2008年版,第293页。
④ 王乐夫:《领导学通论》,当代世界出版社2004年版,第28页。
⑤ 娄成武等:《现代管理学原理》,中国人民大学出版社2008年版,第253页。

现任务目标,在一定客观条件下,领导者凭借其法定权力和自身影响力,率领和引导被领导者,通过组织、指挥、协调、控制人力和物质资源等方式,完成既定任务的创造性实践过程。简言之,领导就是合群共事、率众达标、协力创业的社会实践过程。

（二）领导的本质

本质是事物本身所固有的根本属性,也是与其他事物的根本区别。所谓属性就是一事物和他事物发生联系时表现出来的质。那么,领导的本质是什么? 可以从马克思主义关于领导的二重性理论即领导具有自然属性和社会属性中加以探寻。

1. 领导的二重性

（1）领导的"自然属性"是指领导的一般属性或共同特征。领导的自然属性源于领导活动产生于社会共同劳动和共同生活的自然需要。在改造自然界和改造人类社会的集体实践活动中,必然存在社会分工,其中确定任务目标、组织群体力量、调配社群资源、协调矛盾、监督劳动、制定行为规范等工作就构成了领导的职责和功能。

（2）领导的"社会属性"是指领导的特殊属性或具体属性。领导的社会属性是与一定的社会关系特别是生产关系的属性相适应的,归根结底要反映一定生产方式的内在要求。比如,阶级社会中领导的作用主要体现在劳动监督上,领导的统治性十分明显。而在社会主义社会中,领导的作用主要体现在协调关系上,领导的服务性十分明显。因此,领导的社会属性是随着社会关系的变化而变化的。

领导的自然属性和社会属性的关系是相互依存的。领导具有两种属性,并不意味着有两种领导活动,它是同一领导活动同时具有的不可分割的两个方面。因此,需要从自然属性和社会属性两个方面认识和把握领导活动的本质,其中领导的社会属性起决定作用。

2. 社会主义领导的本质

在社会主义条件下,生产方式决定了领导者与被领导者之间并非统治与被统治的关系,而是平等的合作关系,这就决定了社会主义领导的服务本质。

（1）社会主义条件下领导者与被领导者的新型关系。社会主义社会实行以生产资料公有制为基础的经济制度、人民民主专政的国家政权。尽管在社会主义社会中还存在着阶级差别和阶层差别,但社会主义社会是一个消灭了剥削阶级的社会,工人、农民两大基本阶级以及知识分子、个体劳动者两大特殊阶层都是社会主义国家的主人,阶级、阶层之间并非统治与被统治的关系。因此,社会主义社会的生产关系决定了领导者与被领导者的关系是完全平等的、同志式的合作分工关系。

（2）社会主义领导的服务本质。社会主义社会的新型分工合作关系决定了社会主义领导的本质是服务性的。中国共产党作为无产阶级政党，是无产阶级革命斗争的领导者、无产阶级根本利益的代表者，"没有任何同无产阶级的利益不同的利益"。因此，无产阶级领导者是人民的公仆，本质是为人民服务。马克思、恩格斯在总结巴黎公社经验教训时，热情赞扬了巴黎公社为了防止自己的领导人由"人民公仆"变成"人民的主人"所实行的革命性措施，明确提出无产阶级领导者应当是"社会的负责的公仆"，这是区别于其他阶级社会领导的分水岭。毛泽东进一步把社会主义社会领导的本质和宗旨概括为"全心全意为人民服务"。他教导各级领导干部要"全心全意地为人民服务，一刻也不脱离群众；一切从人民的利益出发"①。邓小平强调"领导就是服务"。江泽民提出"三个代表"重要思想。胡锦涛提出"以人为本"的科学发展观。党的十八大以来，习近平总书记从党和国家事业发展的战略全局出发，紧密联系新时代党的建设新的伟大工程实际，先后发表了一系列重要论述，反复强调领导干部要树立正确的权力观、政绩观、事业观②，做到忠诚干净担当，为民造福，始终同人民同呼吸、共命运、心连心。

二、领导的地位与功能

领导活动具有全方位、多层次的特点，普遍存在于人类活动的各个领域。整体而言，领导的地位和作用既体现在宏观背景下领导在整个社会政治系统中的地位与作用，也体现在中微观领导活动实践中领导发挥着的一般的、具体的组织与治理功能。

（一）领导在社会系统中的地位与作用

第一，领导是社会系统协调运转的保证。社会是一个复杂的系统，在社会内部人们时时刻刻都参与着各种各样的社会活动。马克思在论述资本主义生产管理的二重性时指出："凡是有许多个人进行协作的劳动，过程的联系和统一都必然要表现在一个指挥的意志上，表现在各种与局部劳动无关而与工场全部活动有关的职能上。就像一个乐队要有一个指挥一样。"③可见，要保证社会系统的有序运作，必须使各类活动协调统一，这就需要领导的统一意志和统一指挥。随着社会的不断发展，社会组织规模的扩大，社会分工的精密化和社会事务的广泛化，领导在社会系统中协调运转的作

---

① 《毛泽东选集》第三卷，人民出版社1991年版，第1094页。
② 王成国：《自觉树立和践行新时代党员干部"三观"》，《学习时报》2023年10月23日第4版。
③ 《马克思恩格斯全集》第二十五卷，人民出版社1974年版，第431页。

用愈发重要。

第二，领导贯穿于社会组织活动的全过程。辩证唯物主义认为，任何事物都不能孤立地存在，都同其他事物发生着联系。世界是万事万物相互联系的统一整体，任何事物都是统一的联系之网上的一个部分、成分或环节，都体现着普遍的联系。社会组织活动也不例外，社会组织本身就是通过各种具体环节环环相扣而连接起来的链条，其中主要的环节有建立组织、选才用人、收集信息、确立目标、制订计划、组织实施、检查监督、调节完善等。而领导正是要在所有过程中不断地综合信息、调整方案、作出决策。正是这种领导职责构成了有效的社会组织活动，并贯穿于社会组织活动过程的始终。

第三，领导正确与否关系到社会组织活动的成败。正如前述所言，社会组织的构成要素复杂多样，但又环环相扣。而领导由于其所特有的"统领""引导"的整体管理功能，发挥着谋划全局、战略决策、协调各方等关键职能，这就使得领导的正确与否决定着目标实现的可能性，决定着社会组织活动的成败。

（二）领导在管理活动中的地位及职能

领导内涵的多样性取决于领导活动本身的多样性。尽管不同种类的领导有其自身的特殊职能，但是它们也有共同的基本职能。

第一，科学作出决策。在各类工作中，领导处于核心地位，而这个地位决定了其必须具有科学决策的职能。领导者需要在正确的理论指导下，按照科学、民主、法定的体制与程序，运用科学的方法与先进的技术手段，在每一个影响任务实现的关键点作出选择和决定，这就是领导决策，它是领导者的基本职责和首要职责。

第二，合理调配各项资源，尤其是人力资源。领导活动的主要路径就是通过对被领导者的影响作用，完成决策活动。毛泽东指出："领导者的责任，归结起来，主要地是出主意、用干部两件事。"①社会活动往往是集体活动，参与人数众多，如何识人善任，将人才放在合适的位置，不断培育人才，做好奖励惩处，正确地管理和使用干部是领导者的重要职责之一，亦即领导的重要职能。

第三，制定正确战略。所谓战略通常就是指决定全局发展方向或长远目标的策略。越是高级的领导活动越是需要制定战略，这也是现代领导工作最主要的职能之一。战略一般具有全局性、科学性、长远性、层次性、阶段性和动态性的特质。因此，制

① 《毛泽东选集》第二卷，人民出版社1991年版，第527页。

定战略也就意味着领导者要把握系统目标,查清各子系统的实际条件,认清客观社会形势,进而分解目标,统筹兼顾,制订规划。

第四,组建一套完整的组织机构。组织机构是完成战略目标的必要的"基础设施"。一套职责清楚、分工明确、相互配合、协调一致、便于指挥和管理的组织机构,是领导工作存在的前提和赖以进行的载体。组织机构包括纵向的层次结构和横向的职能机构,一般分为决策系统、执行系统、监督系统、咨询系统等。领导工作往往通过组织机构实施指挥协调的职能。

第五,建立科学合理的制度保障体系。要使各个组织机构及其内部工作人员能够协调一致、正常运转,还必须建立一套科学、合理、完善的制度体系,明确组织纪律、责任制度、工作规范、技术操作、行政制度等,作为全体人员的行为规范和准则。因此,首先必须做到"有法可依、有法必依、执法必严、违法必究";其次规章制度必须科学合理;最后领导者必须发挥榜样带头作用,严肃、认真执行。

三、领导活动的基本要素

领导活动作为一个目标明确、结构完整、动态发展的创造性实践过程,必然包含许多基本因素,如领导者、被领导者、目标任务、领导环境、方式方法等。

(一)领导者

领导者是领导活动的主体,是领导活动中最为关键性的因素。正如马克思所指出的:"凡是有许多个人进行协作的劳动,过程的联系和统一都必然要表现一个指挥的意志上。"①所谓领导者通常是指在人类群体活动中负责组织、指挥和协调的人员。

领导者从构成人员的数量上看,既可以是个人,也可以是集体。从概念的外延上看,领导者有广义和狭义之分。广义的领导者是指正在率领或引导人们朝着一定目标前进的人,都是领导者;狭义的领导者是指由一定的组织正式任命或委任,具有一定职权,负有相应责任和代表人民利益的人或集团。

首先,领导者意味着拥有和行使权力。权力是领导者履行其领导职责的先决条件。领导者的权力往往包括两个来源:一是合法的授权,组织依法授予领导职务的权力,具有法制性、统御性,是外加的权力;二是个人的影响力,是领导者凭借个人魅力、威信、才能、人品、素质等对下属影响中所形成的权威。列宁曾说:"保持领导不是靠

---

① 《马克思恩格斯全集》第二十五卷,人民出版社1974年版,第431页。

权力,而是靠威信、毅力,靠比较丰富的经验、比较渊博的学识以及比较卓越的才能。"①领导者的个人影响力是领导者职权的基础和保证。

其次,领导者意味着履行责任。权力与责任是一组对应关系,权力是职责的工具,职责是权力的目的。从这个意义上看,领导活动就是履行领导者责任和义务的行为。因此,是否尽职尽责并完成任务是评价领导者的关键标准。列宁曾指出:"任何时候,在任何情况下,实行集体管理都必须极严格地一并规定每个人对明确划定的工作所负的个人责任。借口集体管理而无人负责,是最危险的祸害。"②因此,要实行领导岗位责任制,增强领导者责任观念,明确责任范围,领导者要恪守职责,不辜负党和人民的重托,不忘初心、牢记使命,始终坚持以人民为中心的立场。

最后,领导者意味着尽义务。为人民服务是社会主义领导者的本质义务。毛泽东强调:"我们的责任,是向人民负责。每句话,每个行动,每项政策,都要适合人民的利益,如果有了错误,定要改正,这就叫向人民负责。"③邓小平也明确指出:"领导就是服务。"④全心全意为人民服务应该是一切社会主义领导活动的出发点和最终归宿。新时代的领导者必须结合中国特色社会主义的发展目标,坚持统筹推进"五位一体"总体布局与"四个全面"战略布局,不断满足人民群众日益增长的美好生活需要,让人民群众有更多的获得感,朝着全体人民共同富裕的目标不断迈进。

综上所述,权力、责任和服务构成了领导者的完整概念。其中权力是基本手段和必要条件,责任是核心内容和真正动力,而服务则是本质属性。每一个领导者,都应力求在实践中实现权、责的统一。如果有责无权,则无法尽责;如果有权无责,便会滥用权力。在责权之上的是义务感、使命感,这就是服务或献身精神,是人类最卓越的先进分子的价值观。

(二)被领导者

被领导者是指在一定的组织中处于被领导地位的个人或团体,即领导者所统辖的个人和群体,是领导活动的客体。被领导者同样具有广义和狭义之分。广义的被领导者可以被视为在国家政治制度体系中不担任任何领导职务、不具备领导责任和领导权力的人,如普通工人、农民、科研人员、解放军战士等。狭义的被领导者往往是指在特定的、具体的、完整的组织体系内,相对于领导者而言的,可以是担任或不担任一定领

---

① 《列宁全集》第七卷,人民出版社 2017 年版,第 9 页。
② 《列宁全集》第三十七卷,人民出版社 2017 年版,第 41—42 页。
③ 《毛泽东选集》第四卷,人民出版社 1991 年版,第 1128 页。
④ 《邓小平文选》第三卷,人民出版社 1993 年版,第 121 页。

导职务的人员或群体,如省长领导下的市长、县长以及一般办事员等。在中国这样的社会主义国家中,还存在一定特殊性,即无论是领导者还是被领导者都是国家的主人,被领导者既是领导活动的客体,也是领导活动的重要参与者,是实现组织目标的历史主动力量。列宁曾经指出:"在我们看来,一个国家的力量在于群众的觉悟。只有当群众知道一切,能判断一切,并自觉地从事一切的时候,国家才有力量。"[①]在社会主义国家,被领导者既接受领导者的领导,同时又要参与到领导活动之中,并监督领导者工作。所以,被领导者对于群体目标及其实现的关心程度,对完成本职工作的自觉性、主动性的发挥程度,以及被领导者的素养、能力的提高程度,也在一定程度上决定着领导的效绩。

（三）目标任务

目标任务是领导活动的归宿,是组织或团队希望达成的具体成果,始终引导着领导活动的方向,贯穿领导活动的全过程。领导目标的确立和实现是领导活动的核心任务。领导活动的目标是多样的,按领导领域划分,可以分为经济领导目标、行政领导目标、社会管理目标等;按领导职能划分,可以分为决策目标、计划目标、组织目标、协调目标等;按领导层次划分,可以分为高层领导目标、中层领导目标和基层领导目标;按领导目标实现期限划分,可以分为长期领导目标、中期领导目标和短期领导目标。领导目标对领导行为具有引导和规范的作用,领导行为必须按时、准确地指向领导目标,才能取得良好的效率效益,确保领导成功。这就需要领导者既要在确立目标时,注重目标任务的科学性、可行性和超前性,又要领导者通过合理制订和实施计划、组织和协调、决策和指导以及监督和评估等方式实现目标任务。

（四）领导环境

领导环境是领导活动所面临的客观条件,包括自然环境、社会环境、组织环境等。领导环境同样分为宏观和微观两个层次。宏观条件是指进行领导活动的社会舞台即领导者所处的时代和社会,包括自然条件、社会历史状况、政治形势、经济状况等。微观条件是指施行领导活动所依赖的具体工作环境,如组织机构、单位团体、共事者、上下级、人际关系、物质条件、人员素质以及文化氛围等。领导环境对领导活动的制约和影响不容忽视,领导者需要不断适应和改变环境,以推动领导活动的顺利进行。斯大林曾指出:"伟大人物只有善于正确地认识这些条件,懂得怎样改变这些条件,才有一

---

① 《列宁全集》第三十三卷,人民出版社2017年版,第16页。

些价值。如果他们不认识这些条件而想凭自己的幻想去改变这些条件,那么他们这些人就会陷于唐·吉诃德的境地。"①因此,尽管领导环境不能够主动选择,但是可以正确认识,只有审时度势,因地制宜,按客观规律办事,领导者才能率领被领导者实现领导目标。

(五)方式方法

方式方法是为实施领导活动所采用的具体措施和手段的总和。领导活动总要采用恰当的方式方法,通过一定的途径才能把以上四个因素联系在一起,才能达成预期的领导目标,完成领导者的使命。新时代对领导活动的方式方法提出了更高要求,要同时兼顾效率和效益、实用性和创新性、科学性和艺术性。

领导活动所涉及的五个基本因素之间的关系是千丝万缕并环环相扣的,因此需要保障各个要素之间相互协调,按领导活动的客观规律办事。

第二节 领导科学

科学是指反映一切客观事物产生和发展的客观规律,并以分科知识体系的方式反映这种客观规律的知识系统。领导科学就是对领导实践经验的概括与总结,并反映现代领导活动的一般规律、理论、原则和方法的知识体系的新兴学科,是现代科学技术、经济与社会高度发展、互相渗透、交叉融合的产物。

一、领导科学的产生与发展

(一)领导科学产生与发展的历史背景

领导活动伴随着人类活动的产生而产生。在人类社会几千年发展历史中,中西方涌现了许多杰出的领导人物,他们以自己卓越的领导活动积累了丰富的领导实践经验,并广为传颂。因而,古代社会就已经存在一些对领导活动展开具体研究的军事家、政治家、思想家,专门著书立说,这就为现代领导科学的产生奠定了思想基础。

领导活动自古有之,但对人类领导活动及其规律进行科学的研究,形成一门独立的科学,并不久远。学界普遍认为,领导科学诞生于20世纪30年代的西方,在中国则形成于20世纪80年代。社会生产力的巨大增长和现代科学技术突飞猛进导致了社

---

① 《斯大林选集》下卷,人民出版社1979年版,第299页。

会生产规模庞大、结构复杂、信息巨量、变化迅速,社会各项活动的领导需要科学的理论和方法的指导。因此,用先进的思想和科学的方法来研究领导活动及其规律,就成为时代的迫切要求。领导科学的产生,是现代化大生产的必然产物,也是和科学技术的发展联系在一起的。

首先,现代化大生产要求领导必须走向科学化道路。在工业革命前的小生产条件下,生产规模狭小,技术落后,社会联系较少,社会变化迟缓,与之相适应的领导方式,主要是领导者凭借个人的阅历、知识和智慧,当然主要是传统经验对被领导者产生影响。到了近代,随着社会化大生产的发展,社会活动的参与者增多、规模扩大、情况复杂,领导方式也需要适应日益复杂的状况。特别是20世纪30年代以来,现代化大生产规模越来越大,专业化分工越来越细,社会联系越来越密切,社会生产力迅猛发展,出现了一大批大科学、大企业、大工程。它们的共同特点是规模大、投资多、结构复杂、信息膨胀、因素众多等。要想领导好这类项目,有效实现组织目标,必须有一套科学的理论与方法作指导,把上下、前后、左右、内外等一切相关因素密切配合起来,协同运作才行,这套理论方法就是领导科学。

其次,现代科学技术的发展为领导科学的建立带来了机遇。19世纪末20世纪初,力学、物理学上的巨大发展带来了一场科学技术革命。蒸汽机的发明,标志着科学技术的发展跨入了一个新的时代。尤其是第二次世界大战后,又出现了原子能、电子计算机和空间技术,发生了影响深远的新技术革命。现代科学技术发展两大趋势就是既高度分化又高度综合。高度分化在于各门学科分类越来越细,分支越来越多;高度综合在于各种学科彼此渗透,相互联结。科学技术渗透到政治、经济、社会、文化、生态等各个领域。这些现代科学技术的发展为科学领导提供了基础理论和方法论手段,而这些理论和手段的发展,对领导科学的建立起到了积极的推动作用。

(二)领导科学在中国产生与发展的现实条件及原因

作为一门新兴学科,领导科学在中国出现的重要现实原因就是改革开放,而领导科学的发展则与坚持中国特色社会主义发展道路密不可分。

第一,中国共产党领导社会主义建设需要理论指导。马克思曾指出:"理论在一个国家实现的程度,总是取决于理论满足这个国家的需要的程度。"①改革开放提出了建设中国特色社会主义的伟大历史性任务,要坚定不移地走中国特色社会主义道路,

---

① 《马克思恩格斯选集》第一卷,人民出版社2012年版,第11页。

为实现中华民族伟大复兴而奋斗,这就要求任何重大问题的决策,决不能停留在凭领导者个人经验和意志办事的方法和水平上,而必须采取科学的方法,按照科学的程序,进行科学的论证,力求减少和避免可能出现的重大失误。这就迫切要求我们加强理论建设,逐步建立和完善中国特色社会主义领导科学体系,从而使领导工作科学化,开创领导工作新局面。

第二,需要领导科学在培养领导人才方面发挥重要作用。正确的政治路线要靠正确的组织路线来保证。中国的事情能不能办好,社会主义和改革开放能不能坚持,经济能不能快一点发展起来,从一定意义上说,关键在人。列宁认为:"在现代社会中,假如没有'十来个'富有天才(而天才人物不是成千成百地产生的)、经过考验、受过专业训练和长期教育并且彼此配合得很好的领袖,无论哪个阶级都无法进行坚持不懈的斗争。"[1]领导科学在培养领导人才方面具有重要的作用。邓小平历来把中青年干部的选拔培养问题视为事关大局的战略问题来对待。他指出:"要按照'革命化、年轻化、知识化、专业化'的标准,选拔德才兼备的人进班子。"[2]习近平总书记特别重视领导干部队伍建设的问题。2013 年在全国组织工作会议上,习近平总书记提出了好干部的五条标准:信念坚定、为民服务、勤政务实、敢于担当、清正廉洁。2022 年 3 月,在2022 年春季学期中央党校(国家行政学院)中青年干部培训班开班式上的讲话中,习近平总书记强调,年轻干部健康成长关系党和人民事业后继有人,希望年轻干部成长为对党和人民忠诚可靠、堪当时代重任的栋梁之才。[3] 现代领导者必须能够充分而正确地认识社会主义领导的实质和领导者的本质;要懂得决策民主化、科学化、法治化的必要性和决策的基本程序和方法;要有知人善任的原则和方法;还要有科学的领导方法和高超的领导艺术等。要具备这些知识,就必须学习领导科学。

第三,建立与完善社会主义市场经济体制的需要。党的十四大报告明确提出:"我国经济体制改革的目标是建立社会主义市场经济体制,以利于进一步解放和发展生产力。"同时,强调建立和完善社会主义市场体制,是一个长期发展的过程,是一项艰巨复杂的社会系统工程,需要有一系列相应的体制改革和政策调整。发展市场经济,可以带来资源的大范围流动和优化配置;可以促进经济结构的合理调整和不断优化,促进经济步入新的成长和发展阶段;可以促进区域经济和世界经济一体化,提高经

---

① 《列宁全集》第六卷,人民出版社 2013 年版,第 115—116 页。
② 《邓小平文选》第三卷,人民出版社 1993 年版,第 380 页。
③ 习近平:《努力成长为对党和人民忠诚可靠、堪当时代重任的栋梁之才》,《求是》2023 年第 13 期。

济的外向型程度;可以使宏观调控机制与市场调节机制和运用价值法则紧密结合起来。但市场机制不是万能的,构建高水平社会主义市场经济体制,要更好地发挥政府作用。领导科学能够帮助领导干部正确处理政府与市场的关系,不断完善社会主义市场经济体制。

第四,相关学科发展成果为领导科学发展奠定了坚实基础。20世纪以来国际国内迅速兴起的一些相关学科为领导科学的研究提供了丰富的理论借鉴,这些相关学科包括:

(1)管理科学。1911年,美国工程师泰罗发表的《科学管理原理》一书,标志着现代管理思想的产生,并逐步从科学管理发展到管理科学,建立了许多分支学科,如经济管理、行政管理、企业管理、工程管理、科研管理等,并创立了一系列管理理论和管理方法。近年来,国内很多学者和实际工作者翻译、写作了许多管理学著作,其中很多都涉及对领导者和领导行为的科学研究。于是,领导科学在管理学研究成果的基础上,作为一门新兴学科开始建立起来。

(2)政治学。政治学在中国的恢复与迅速发展,为国家的政治体制改革提供了一定的理论依据。政治学对国家、阶级、政党、政府等问题的研究,为中国领导体制的改革,建立科学合理的领导机制指明了方向,奠定了理论基础。

(3)决策科学与预测科学。决策科学和预测科学的兴起,对建立科学的决策程序,提高决策能力,促使领导决策民主化、科学化,为减少领导工作的失误提供了科学的依据。

(4)心理学与社会学。心理学对人的研究、社会学对社会环境的研究,有助于领导者了解人的动机、需要,为领导者使用干部,调动下属积极性提供了有益的启示。而对团体动力、组织理论、权力和冲突等问题的研究,则为领导者科学地设计组织机构,妥善地解决各种矛盾,正确地使用手中的权力提供了值得参考的研究成果。

(5)人才学。人才学对人才的成长规律、人才的选拔和使用、人才的流动与培养,进行了大量的卓有成效的研究。这些研究成果对于改进领导班子结构、干部的培养与选拔、人才的使用与流动,都起到了非常重要的作用。

(三)中国领导科学产生和发展的历程

1.起步与探索阶段

在中华人民共和国成立初期,领导科学并未作为一门独立的学科出现,但其思想和实践已经蕴含在党和国家的各项领导活动中。这一时期,领导工作主要围绕恢复和发展国民经济,以及巩固新生政权展开,领导方法和领导艺术在实践中不断积累和总结。

随着改革开放的实施和深入,在 20 世纪 70 年代末和 80 年代初,科学春风正盛之际,一些既有马克思主义理论修养又有现代自然科学基础的学者敏锐地感到,现代化建设的领导在深度和广度上都是综合性强的社会历史实践活动,其经济建设内容多属于自然科学范畴,其组织领导多属于社会科学范畴,它们可以而且应当成为科学研究的对象。至此,一门新科学的诞生已经有了可能。

2. 学科建立阶段

国内最早对领导科学进行研究的是刘吉教授,早在 1980 年,他撰写了一篇题为《现实领导艺术》的著名论文,文章明确提出了领导科学的概念。与此同时,学者赵红州教授对领导科学展开了开拓性研究,他撰写了国内第一篇全面论述领导科学与领导艺术的论文。1983 年 12 月,中共中央召开了全国干部培训工作座谈会,在此次会议上时任中央组织部副部长王照华说:"领导科学是个大问题,现在提出来了。"至此,领导科学这一理论概念,在中国共产党的有关会议上被正式提了出来,并被确认下来。①

中共中央组织部则是培育和关怀领导科学成长的关键组织,不仅推动了领导科学的理论研究发展,同时促进了领导科学理论研究与领导实践活动相结合。1981 年 11 月,在中组部和中宣部联合召开的部分省市自治区干部教育座谈会上,第一次明确提出了"各级党校要筹备开设领导科学课"的建议。于是在 1983 年全国第一个领导科学教研室在黑龙江省委党校正式创建。同年,国内第一本领导科学专著——《领导科学基础》出版问世。1984 年冬,全国第一期领导科学师资班在北京举办。1985 年 4 月,全国首届领导科学艺术讨论会在河南洛阳召开。1985 年 10 月,中国展望出版社出版了王惠岩教授主编的《领导科学》教材,从此以后,研究领导科学的论文、著作、辞典、论文集、学术讨论会、研究会、杂志社等,如雨后春笋,纷纷面世。据不完全统计,截至 1989 年底,全国就已创办领导科学专业报纸杂志 8 家,领导科学研究所 9 个,13 个省市自治区建立了领导科学研究会。很明显,这些进步是沿着普及——提高——再普及——再提高的道路发展的。

3. 发展与深化阶段

进入 21 世纪后,中国领导科学进入快速发展和深化创新阶段。学界对领导科学

---

① 王景耀:《中国领导科学的创立——兼谈领导科学在黑龙江的产生与发展》,《湖北教育(领导科学论坛)》2010 年第 3 期。

的研究不断深入,学科体系初步形成。领导科学的研究内容涵盖了领导理论、领导方法、领导艺术、领导心理等多个方面,形成了较为完整的学科框架。与此同时,领导科学的理论研究与实践活动紧密结合。学界不仅关注领导理论的发展和创新,还注重将理论成果应用于实际领导工作中,指导领导实践活动的开展,领导实践也为领导科学的理论研究提供了丰富的素材和案例。

但是,随着全球化的深入发展,中国领导科学也面临着新的挑战和机遇。一方面,国际环境的复杂性和不确定性要求领导者具备更高的领导能力和素养;另一方面,全球化也为领导科学的研究提供了更广阔的视野和更丰富的资源。学科交叉与融合趋势日益明显,管理学、心理学、社会学、政治学等相关学科的研究成果为领导科学的研究提供了新的思路和方法。同时,领导科学也积极借鉴和吸收这些学科的研究成果,推动自身学科体系的不断完善和发展。数字化与智能化转型目前也已经成为领导科学发展的重要趋势,为领导科学的研究提供了新的手段和方法,推动了领导科学研究的深入和创新。

总之,中国领导科学的研究,是在马克思主义理论的指导下,是在社会主义现代化建设实践中,是在继承和发扬党总结出来的领导经验、领导方法、领导艺术、领导理论等基础上,本着"古为今用,洋为中用,以我为主,博采众长,融合提炼,自成一家"的精神,正在发展成为一门具有中国特色的时代化的马克思主义领导科学。

二、领导科学的对象与特点

毛泽东指出:"科学研究的区分,就是根据科学对象所具有的特殊的矛盾性。因此,对于某一现象的领域所特有的某一种矛盾的研究,就构成某一门科学的对象。"[①] 领导科学作为一门科学,是对其特定的研究对象和范围所涉及的事实的本质概括和客观规律的揭示,以形成一种持续发展的知识体系。

(一)对象与范围

什么是"科学"?概括地说,科学是正确反映自然、社会、思维等客观规律的知识体系。什么是规律?列宁说:"规律就是关系……本质的关系或本质之间的关系。"[②] 领导科学是研究现代领导工作规律及其方法的一门学问。领导科学的研究对象是现代领导活动,其根本任务是揭示领导活动的规律。

---

① 《毛泽东选集》第一卷,人民出版社1991年版,第309页。
② 《列宁全集》第五十五卷,人民出版社2017年版,第128页。

领导活动是指领导者为实现预定目标,对被领导者进行组织、引导和指挥的一种行为过程。领导活动是领导者、被领导者以及共同作用的客观对象等相互结合、相互作用的有机过程,它们之间存在必然的内在联系,这种必然的内在联系就是领导活动的规律。当然,领导工作或领导活动作为领导科学研究的特定对象,在其他学科中也有涉及。比如,哲学中涉及的领导活动只是从哲学最一般的意义上研究领袖与群众的关系,而不是对具体的领导活动规律的把握;政治学中主要是从强调人如何取得和运用国家权力的角度研究政治家的活动规律,而不包括对掌握和贯彻政策的一般领导活动的探讨;在管理学中领导活动仅仅作为管理活动中的某个环节,但同样并没有把领导活动独立出来作深入系统的探索。

领导科学是把领导工作作为一个相对独立的系统,从这个系统的整体性出发,追踪领导系统的动态过程,对影响领导效能的各种因素,进行全面的综合考察,从而探讨提高领导成效的规律的一门学问。所以,简单地说,领导科学就是研究领导活动及其一般规律的科学。围绕领导活动和领导工作,领导科学研究领导者、领导体制、领导决策、领导用人、领导方法、领导艺术、领导效绩考评等。具体地说,主要包括:

(1)领导的内涵与本质、要素及关系、地位和作用等;

(2)领导素质和领导能力的基本内涵和基本要求等;

(3)领导职能与领导执行力的内涵、问题及改进策略等;

(4)领导决策和领导用人的内涵、核心和制度化路径等;

(5)领导用权以及领导监督的内涵、主要问题及强化体系等;

(6)领导方法和领导艺术的实践策略等;

(7)领导作风与领导文化的内涵及强化路径等;

(8)领导政绩观与领导绩效考核的内涵、特点及优化路径等;

(9)党内法规的遵循与党的自我革命精神发扬路径与要求等。

(二)性质与特点

与西方领导科学作为管理学的分支学科不同,中国的领导科学是属于马克思主义理论体系中的重要组成部分,是马克思主义理论体系与政治学、管理学等跨学科融合的产物。因而,从性质上来说,领导科学是一门具有较强实践性、较高综合性以及中国特色的马克思主义应用性学科。

其一,领导科学是实践性很强的学科,源于实践并指导实践。领导科学是和现代领导实践紧密相连,并为解决领导工作的实际问题而进行研究的学科。领导科学的所有理论内容,比如领导的产生和性质、职能和组织、领导者的作风和素养、领导方法和领导艺术都不是人的大脑凭空产生的,而是人们在长期的、大量的、反复的领导实践的基础上所进行的系统总结、升华和概括。而且,领导科学的理论一经产生,便对实际领导工作产生指导作用或规范作用。

其二,领导科学是具有高度综合性特点的学科。领导科学的这一特点是由领导活动本身所具有的高度综合的实践特点所决定的。领导科学的综合性特点,一方面体现在领导活动本身所涉及的对象上。在现代社会大生产、大经济的条件下,被领导者、组织体制、组织资源的要素增多,系统环境更加复杂,领导实践活动的综合性特点更加突出。另一方面体现在现代领导者的综合素质和领导科学知识体系的综合性上。大量实践表明,领导者面临的问题大多是复杂多变的,不仅需要领导者具备天文地理、人文社会等多方面的知识来进行决策、指挥,也需要领导者具备高超的领导艺术和领导能力协调各方、激发活力,同时还需要领导者具有较高的个人素质和道德修养来发挥示范引领作用。所以,以领导活动规律及其应用为研究对象的领导科学,是一门新的综合性学科。

其三,领导科学是一门具有中国特色的马克思主义应用性学科。领导活动的实践性,决定了领导科学主要是一门应用性学科。领导科学的综合性与领导艺术的多样性,进一步体现了领导科学的应用性。尽管中国领导科学的起步较晚,但是在社会主义现代化的发展征程中,在中国特色社会主义伟大事业的推进过程中,领导科学得到了迅猛发展。党的领导、全面从严治党、党要管党、党风党纪、干部作风等都体现了中国特色的领导科学的发展成果。领导科学作为马克思主义学说体系中的重要组成部分,以马克思主义作为理论基础,指导人们去有效地改造世界。因此,学习和研究领导科学,要注重应用于领导工作实践。

三、领导科学的理论来源

古往今来,中西方有大量关于领导经验和理论的历史积累,这些经验和积累经过人们世代传承和修习,逐渐形成了稳固的思想根基,既指导着领导实践活动的开展,同时也在不断丰富着领导科学的理论发展,构成了领导科学的理论来源。中国特色的领导科学具有三大理论来源,即马克思主义与中国化时代化的马克思主义、中华优秀传统文化、现代西方科学。

(一)马克思主义与中国化时代化的马克思主义

马克思主义自产生之日起,就以其科学性、人民性、实践性、开放性,总结着人类社会的发展规律,指导人类社会改造世界的实践活动。十月革命一声炮响送来了马克思列宁主义,在马克思列宁主义同中国工人运动的紧密结合中,中国共产党应运而生。中国共产党一经诞生,就把为中国人民谋幸福、为中华民族谋复兴确立为自己的初心和使命,领导中国人民从站起来、富起来到强起来。中国共产党人把马克思主义基本原理同中国革命、建设和改革的具体实际结合起来,实现了马克思主义中国化时代化的飞跃,党的主要领导人在革命、建设和改革的实践中,都对领导理论和领导实践作出了重大贡献。

马克思、恩格斯、列宁对领导活动的原理、原则、战略、战术、策略、方法等都有科学的阐述。如:马克思在《资本论》中关于管理产生的必然性、二重性的理论分析;恩格斯的《论权威》阐明了权威的内涵、权威的特征、权威与自治的辩证关系以及维护权威的重要性;列宁的《苏维埃政权当前的任务》明确提出苏维埃政权面临的新的任务,不能不引起干部结构的变化,论述了在新的条件下使用愿意为苏维埃政权服务的科学技术专家的必要性,并且专门论述了组织竞赛的问题,要加强劳动纪律等。

毛泽东、邓小平、江泽民、胡锦涛、习近平等党和国家主要领导人的领导实践更是一座座丰富的宝藏。毛泽东撰写的《关于领导方法的若干问题》《党委会的工作方法》等专门著述,以及关于全心全意为人民服务的论述、关于"了解情况,制定政策""出主意,用干部"是领导的基本职能的论述、关于决策必须遵循认识运动规律的论述、关于任人唯贤、德才兼备的干部路线的论述、关于思想政治工作的基本原则和方法的论述、关于领导和群众相结合等一整套"马克思主义的科学领导方法"的论述等,都是极为宝贵的理论,对领导工作都具有普遍的指导意义。邓小平的"领导就是服务"论述以及《老干部第一位的任务是选拔中青年干部》、江泽民的《各级领导干部要研究领导科学》、胡锦涛的《领导干部要在学习实践中示范带头》等。习近平总书记提出的如何成为一名好干部,"最根本的本领是理论素养""坚持在干中学、学中干""强化精准思维""增强斗争本领""人不率则不从,身不先则不信"等都是对领导活动的科学总结,集中体现在《习近平著作选读》第一、二卷以及《习近平谈治国理政》第一至四卷之中。所有这些,都为领导科学的产生、发展提供了丰硕的思维材料和理论准备。

(二)中国传统领导思想

从思想产生来看,领导实践自古有之,关于领导实践的智慧、经验、理论观点也自古有之。我国民间传说中的"大禹治水三过家门而不入",就生动地说明了领导者率先垂范的重要性。我国的传统领导思想主要体现在以下方面:

1. 传统文化中关于领导思想的记录文本

(1)古代思想家、政治家、军事家的著作。中国古代的重要著作,如《论语》《曾子》《孟子》《老子》《庄子》《墨子》《周礼》《韩非子》《管子》《孙子兵法》《尚书》《史记》《资治通鉴》等,都有关于领导思想的记载。比如,根据记录孔子及其弟子言行而编成的语录文集——《论语》,就是一部关于政治领导的重要著作,历来有"半部《论语》治天下"之说。其中"为政以德"强调了领导者要施以德政;"道之以德,齐之以礼""其身正,不令而行;其身不正,虽令不从"等,强调了领导者要发挥道德表率作用,做到言行一致;他提出"先之劳之""无倦"来强调领导者的责任与担当......诸如此类,不胜枚举。《周礼》对各级官员的分工、职责的规定中,已经包含了一定的组织、计划、指挥和控制等相关原则。《资治通鉴》堪称我国古代的政治学教科书,其中有大量关于"领导"的论述,为历来的统治者所借鉴。《孙子兵法》则是一部著名的军事领导学著作。

(2)历史典籍。无论是正史还是野史,其核心都是围绕领导这根主线编撰的政治史。如《尚书》《春秋》《国语》《战国策》《资治通鉴》《二十五史》等,都充满了统治经验的记载,记录了中国古代领导原则、方法和艺术,至今仍能给人以启迪。

(3)官员或研究人员所作的"官箴之言"。"官箴之言"是指古代中国关于居官从政的格言、箴言和教诲,是古代为官者对自身领导经验的直接总结,通常能够直观体现领导者的道德品质、领导原则以及技巧。西周至明清,目前可查到的"官箴之作"有300多种,1000多万字,其中均有"官箴之言"。林则徐的"苟利国家生死以,岂因祸福避趋之"的爱国主义情怀也为世人耳熟能详。

(4)文学作品与民间传说。如《封神演义》《三国演义》《水浒》等传世之作和民间传说中包括包拯、海瑞、寇准、况钟等清官故事,都在一定程度上反映了历史上人们对领导实践的深刻见解,驾驭领导实践活动的本领、方法和艺术,其内容的丰富性、复杂性甚至超过了其他类型的实践活动。

2. 中国古代优秀领导思想

中华上下五千多年的文明发展史,为我们留下了丰富的领导思想遗产,其中优秀的领导思想主要表现在以下内容之中。

(1)重视领导的基础。中国历代的统治者和思想家都高度重视人民的力量和作用,认为人民是国家的根本,要以民为本、顺乎民意、富民教民、民安邦固、取信于民、赢得民心。民本思想在夏代即有萌芽,在春秋时期基本形成。孔子说:"民以君为心,君以民为本。"《太平御览》载,孔子的学生子夏将君民关系喻为鱼水,提醒执政者不要脱离民众:"鱼失水则死,水失鱼犹为水也。"战国时期,民本思想达到了高峰,有代表性的观点是孟子的"民贵君轻论"和荀子的"君舟民水论"。汉唐以后,民本思想也有一定程度的丰富和发展。《史记·郦生陆贾列传》就明确记录了西汉政治思想家贾谊的"王者以民人为天,而民人以食为天",表明了其人民重要性的观点。唐代柳宗元在"民为本"思想的基础上提出"吏为民役"的观点,可以说是中国古代民本思想发展的高峰。①

（2）重视领导艺术与方法。中国古代领导思想的重要特征就是以领导艺术和方法的研究为核心。"治术"思想提出了"儒法相济,德刑相辅"的基本方略。儒家主张实行"礼治、德治、仁政、王道",这种治国方略的核心是主张以德治国,以德服人,通过德治达到天下太平,国泰民安。孔子主张"为政以德",孟子认为"以德行仁者王"。法家主张"法治、霸道",其核心是依靠严刑峻法来达到国家大治。尽管儒家和法家在治国主张上是根本对立的,但古代传统社会历代的统治者往往把二者作为工具结合起来使用。

另外,历代统治者都高度重视选拔和使用人才,在发现人才、选拔人才、使用人才、培养人才方面,留下了丰富的思想。首先,要以人才为本。荀子总结道:"尊圣者王,贵贤者霸,敬贤者存,慢贤者亡。"其次,要选贤任能。《管子》中主张德、功、能三者兼顾。再次,要知人善任。察人七途、取人八忌就是古时总结的识人标准。最后,要通过扬长避短、职能相称、用人不疑等方式善于使用人才。

（3）重视领导者的道德修养。古代领导思想认为,领导者的品德修养是领导活动能否实现的关键因素。要求领导者修身正己,为政以德,才能使被领导者心悦诚服,积极完成工作。孔子曰:"政者,正也。子帅以正,孰敢不正。"同时要立政为公、清正廉明、谨言慎行、知行合一,"见利思义""勤政爱民",避免尸位素餐、无功受禄。

（三）西方领导理论

在西方,对领导行为的研究肇始于古希腊时代,领导思想也在那时就产生了。无论是柏拉图的《理想国》,还是亚里士多德的《政治学》,都注意了领导现象和领导活动。从16世纪开始,欧洲资产阶级进行了一系列的思想解放运动,比如文艺复兴、宗教改革、启蒙运动等,在此过程中,许多西方思想家对国家统治和领导活动进行了深入研究。从马基雅维利的《君主论》、洛克的《政府论》、卢梭的《社会契约论》、孟德斯鸠的《论法的精神》、拿破仑的《拿破仑文选》、约翰·密尔的《论自由》等近代资产阶级

———————

① 张弓:《民本思想促进中华文明发展》,《人民日报》2017年7月31日第16版。

思想论著中都可以看出,以领导活动或现象为中心,分别从史实、政治理论、法和哲学的视角对事关社会命运的各类领导问题进行了多侧面的研究。

然而,西方把领导行为及其活动作为一门科学来研究,则是从20世纪初资本主义高度发展开始的。西方资本主义从自由竞争资本主义发展为垄断资本主义,市场竞争日益激烈,企业为了获取最大利润,以便在竞争中生存和发展下去,均不约而同地把重心转向于管理,管理学应运而生,此时许多领导学内容都是被纳入管理学的范畴加以研究的。

1.西方领导理论的演变

领导者是领导的核心要素,是领导活动的中心。由于领导总是与特定的领导者联系在一起的,因此领导理论首先是以领导者为中心展开的,突出强调领导者的特质。随着人际关系学派理论的产生,人们开始透过体制性要素,试图从人际关系、感情结构这一视角去理解领导。当菲德勒的领导权变理论产生以后,人们便把环境因素纳入进来,试图从组织和外在环境的互动来理解领导的含义。这样,就产生了如下三种对领导的不同理解,西方的领导学理论大致经历了特质论、行为论和权变论三种研究类型。

(1)特质论。一般认为,托马斯·卡莱尔的“伟大人物”假设是领导者特质理论的起源,特质论在研究方法上以创新运用心理学为支撑,是对20世纪初出现的伟人论的继承和发展。伟人论的基本假设是领导者是天生的,即一个人之所以会成为领导者,是因为他有着其他人不可比拟的天赋和个人品质,如思维敏捷、能言善辩、英俊潇洒等。类似的看法在中国也存在过很长一段时间,如相貌、出身、音质等均是一个人成为领导者的先决条件。但特质论则是对领导者先天具有和后天养成的独特性给予了充分的研究,以此探讨领导的有效程度。在特质论阶段,由于领导科学着重对领导性格、领导心理的研究,因而成为心理学的分支。特质论是对领导现象进行体系化研究的最初尝试,但它对伟人论之神秘主义特征的克服是不彻底的。因此,对领导现象进行科学化研究的任务是由行为论完成的。

(2)行为论。持行为论观点的学者认为,领导是对组织内群体或成员施加影响的活动过程,是一门促使下级满怀信心地完成任务的艺术,是一种说服他人热衷于一定目标的努力。这一理解与美国学者哈罗德·孔茨所界定的“领导是一门促使其部属充满信心、满怀热情来完成任务的艺术”一脉相通。行为论认为只有那些行为上表现为既关心生产(工作)又关心个人(下属)的领导者才是最有效的。换言之,那些天资绝顶的人不一定会成为有效的领导者,真正决定一个人成为有效领导者的因素是他的行为。行为论主要体现在美国的俄亥俄州立大学和密歇根大学的研究成果之中。其大致观点是:有效的领导者应该是那些适应性强的人,就是那些能考虑到自己的能力、下属的能力以及需要完成的任务,且能将权力有效下放的人。领导者不应该仅仅在严格的"集权"或"民主"这两极之间进行选择,而是要有足够的灵活性,不断调整自己的行为选择,应对不同的情况,这一倾向促发了权变理论的产生。

(3)权变论。持权变论观点的学者认为,领导是使组织有效地适应外在环境以维持存续和发展的一项活动。正如权变论的创始人菲德勒所说:"'权变模型'意味着领导科学领域中一个划时代的变革,它使领导科学的研究从无益地寻找最佳的领导风格、最佳的领导行为或最佳的管理哲学中解脱出来,使人们转而去寻找这样的条件,在这些条件下各种风格、行为和哲学都可能是适宜的和有效的。"

菲德勒认为,无论领导者的人格特质或行为风格如何,只有领导者使自己的个人特点与领导情境因素相"匹配",他才能成为一个优秀的领导者。权变论把客观情况与领导行为的相互作用视为领导活动能够成功的关键所在。但后来的批评者认为菲德勒提出的"权变模型"犹如一个"黑箱"。于是,菲德勒又提出了认知资源理论作为应答,即只有那些最佳地应用认知资源(包括知识、能力、技能以及领导者和群体成员的经验)的人,才能成为优秀的领导者。

以上三个阶段或三种类型都是片面地将某一要素置于首要地位,实际上对于领导活动来说,并不存在一种永恒的处于决定性地位的要素。这就说明,领导既是一门科学,又是一门艺术。领导活动的成败取决于诸多要素在特定状态下的有机结合。

2.西方领导理论的发展

20世纪70年代后期,全球范围内的商业竞争日益加剧,成员对组织的承诺与忠诚普遍缺失,促使人们期望领导者能够有效激发组织成员的动机与热情,变革并提升个体道德水平和组织业绩。研究者们发现,要解释和预测领导者对追随者的情感激发和对整个组织的影响,传统领导理论存在明显局限,不得不寻找新的研究视角。

在研究对象上,研究者们从关注小群体的领导转向了关注整个组织的领导。同时,实践领域的现实要求引起了高层领导者对提升领导效能的普遍重视,于是,研究者更容易采集到关于高层领导者的相关研究数据,使研究整个组织的领导成为可能。

在思想来源上,美国政治学家、历史学家詹姆斯·麦格雷戈·伯恩斯提出的变革型领导理论和管理学教授罗伯特·豪斯提出的魅力型领导理论,为后继研究者贡献了逻辑起点与分析框架。而伯恩斯的变革型领导理论和豪斯的魅力型领导理论则植根于社会学大师马克斯·韦伯提出的魅力型领导思想。

四、领导科学与相关学科的关系

领导科学具有明显的社会性、高度的综合性和很强的应用性等特点。因此,它同相关学科之间就呈现出相互渗透以及在某些研究内容上的重复现象。但是,领导科学研究界限上的"模糊性"并不排斥其研究对象上的"稳定性"。就领导科学研究界限来看,它与马克思主义哲学、管理科学和党的建设学说等既密切联系,又相互区别。

（一）领导科学与马克思主义哲学

领导科学与马克思主义哲学有着密切的联系。这是因为领导科学中处处渗透着辩证唯物主义和历史唯物主义的世界观和方法论原则,它是马克思主义理论在领导活动领域的具体运用。马克思主义哲学是以整个世界为其研究对象,它的任务是要揭示自然界、社会与人类思维最一般的规律,它作为无产阶级的世界观和方法论,无疑对领导科学具有指导作用。如果研究领导科学拒绝马克思主义哲学的指导,那会如列宁所说,"除了混乱和谬误之外,我们什么也得不到"[①]。

当然,马克思主义哲学代替不了领导科学,因为领导科学的任务是要研究社会现象中的现代领导活动的一般规律,具有综合性应用科学的性质。这就决定了党和政府各级领导干部,不仅要认真学习马克思主义基础理论,尤其是哲学,而且要善于运用马克思主义哲学这一科学的世界观和方法论,去揭示现代领导活动的规律性,以便更有效、更具体地开展领导工作。

（二）领导科学与管理科学

领导科学是从管理科学分化出来的。领导科学是借助管理科学的一些原理、原则和方法而产生的,因此,领导科学和管理科学之间既有交叉的地方,但由于分工不同,二者又各有其研究侧重。交叉的地方在于,现代管理科学中关于领导、结构以及领导行为方式等问题,对于领导科学是十分有用的。管理科学中涉及的领导问题往往是和管理密切联系起来的,体现为某一管理领域中的领导问题,诸如计划管理、设备管理、科研管理、质量管理、财务管理、人事管理等等,都属于管理科学的范围。而在这一切管理中,都有个领导问题,从这个意义上讲,领导科学是管理学中的管理学,是更高层次的管理学。

领导科学和管理科学又有明显的区别。领导科学与管理科学的主要区别是:第

---

① 《列宁全集》第十八卷,人民出版社 2017 年版,第 145 页。

一,研究对象不同。管理科学研究的对象,集中在经济事务的具体业务规律上,专业性、操作性比较强,因此,范围相对具体。而领导科学研究的则是对社会发展、社会组织的活动如何进行宏观指导的问题,如何保证重大决策的优化问题,揭示的是领导者和被领导者之间的关系和发展规律。第二,研究内容不同。管理科学主要是从生产力要素的合理配置和组合的角度加以研究的,侧重于研究如何对有限的人、财、物资源进行合理的分配和使用;而领导科学则主要研究人与人的关系,即社会生活中的群体活动的组织、领导、行为引导与激励等问题。第三,表现形态不同。管理工作的实践,在很大程度上是技术性的,更接近硬科学,它较多地运用定量分析。而领导工作所面临的问题常常是非规范性的,各种因素灵活多变,因而,领导工作在一定意义上说是一项实践的艺术。所以,领导科学更多地接近软科学,它更多地需要在正确的观念和创造思维基础上的经验与智慧。第四,应用的范围不同。管理科学是较专业化的"将才"理论与方法。而领导科学也是一种专业理论,但是这种专业要比别的专业面宽得多,是"帅才"理论与方法。

(三)领导科学与政治学

政治学是历史悠久和学理成熟的学科。古典政治学主要研究权力问题。从广义的角度讲,这时的领导科学包括在政治理论之中。近代政治学获得了长足的发展,尤其是政治哲学的发展,更成为现代社会诞生的理论先声。可以被称为现代领导科学奠基之作的意大利政治学家马基雅维利所撰写的《君主论》,就是用政治学方法研究领袖(君主)权力及其运用的经典著作。现代政治学的学科比较细化,政治哲学、政治科学的划分,使得政治学对于现代政治现象的分析更为深化。现代政治学是构成领导科学最深厚的学理基础之一。

但是,领导科学与政治学又是不同的学科。其一,二者的研究对象不同。领导科学的研究对象更为专门。领导科学以领导者与领导活动、领导环境以及领导活动的基本规律为研究对象,而政治学则对整个人类社会的政治现象加以研究。其二,二者的研究方式也是不同的。政治学的规范分析,由于有千百年的积累与改进,已经使其具有了经典学科的地位。而领导科学还刚刚脱离出经验描述的状态,尽管它在理论的建构上已经有巨大的突破,但是,研究中对于经验事实的借鉴,仍旧是学科建设中起支撑作用的方式。

另外,行政学作为政治学的分支学科,是一门对领导科学的学理建设具有不可忽视影响的学科,有必要对二者的关系加以简略的说明。行政学(行政管理学)是研究国家行政机关依法管理国家事务、社会公共事务和机关内部事务的客观规律的科学。它主要围绕下述问题来展示自身的理论内容：一是行政主客体；二是行政过程；三是行政效益。行政学与领导科学有一致之处，它们都研究权力的规范化操作问题。但是，二者的差异也是明显的。行政学研究这一问题时，主要关注的是国家行政机关的活动及其规律性，对于行政机关的工作人员也要研究，但不作为研究的中心。而领导科学虽然也研究领导机关的活动，但主要的关注点在领导者、被领导者、领导目标与领导环境的互动状态。简要来说，从特定角度看，行政学重事，领导科学重人。

（四）领导科学与法学

法学是现代社会科学中发展最迅速的学科，也是对现代社会影响最深的一门学科。现代社会是法治社会，现代社会的任何领导者都必须在法治的范围内运用权力。一方面，法治社会以法律制度的健全为基本前提，以法的形式至上性为社会治理的特点，以依法治理为社会权力运用的基本方式。领导科学在研究领导现象时，一般都以领导者所在社会与时代的法律为基本背景。另一方面，在现代社会，对于领导现象的描述与分析，必须在法治的框架中，这也是领导者最基本的素质。依法行使权力目前已经是一个众所公认的用权原则。

当然，法学与领导科学的区别也是明显的。法的规定性、强制性与法学的严谨性、规范性，和领导活动的随机性、导向性与领导科学的情景性、引导性相比，二者的不同是显然的。

（五）领导科学与经济学

马克思在19世纪就指出，现代社会结构的特质就是经济因素对社会发展的决定性影响。现代经济学的急速发展，所谓"经济学帝国"的建立，则为我们借用经济学的丰富学理，理解现代社会的运动过程，提供了既有宏观理论、又有微观分析的有力工具。

就领导科学与经济学两门学科的联系而言，现代社会背景下领导科学研究的展开，必须借助于经济学的帮助。这是因为现代经济学的学科分化，使得经济学对于现代社会生活的解剖层次分明、鞭辟入里。政治经济学、部门经济学的发展，为领导科学具体分析领导活动展开的各种宏观与微观条件，提供了社会经济的理性研究成果。与经济学密切相关的公共政策科学，也为分析领导活动与过程的公共性，提供了最直接的理论养料。

至于领导科学与经济学的差异则是再明显不过的了。领导科学以领导者的活动过程及其规律为研究中心,经济学则以揭示客观的经济现象及其规律为研究目标,二者的研究对象、方式、目标、范围、功能都有不同。

（六）领导科学与党的建设学说

领导科学与党的建设学说都是研究领导问题的,二者既密切相关,又相互区别。新时代以来党和国家不断强调党的领导和党的建设的总要求,为新时代领导科学的发展研究提出了更高的期望。习近平总书记反复强调,中国共产党领导是中国特色社会主义最本质的特征,中国共产党领导是中国特色社会主义制度的最大优势,党是最高政治领导力量。坚持和完善党的领导,是党和国家的根本所在、命脉所在,是全国各族人民的利益所在、幸福所在。党的十九届四中全会通过的《关于坚持和完善中国特色社会主义制度、推进国家治理体系和治理能力现代化若干重大问题的决定》明确把党的领导制度上升为国家的根本领导制度,这是中国共产党领导这一根本特征的必然要求。因此,党的建设是马克思主义领导科学的重要主题。2024年6月,习近平总书记在中共中央政治局第十五次集体学习时强调,新时代党的建设是以党的政治建设为统领、党的各项建设同向发力综合发力的系统工程,必须以党中央关于党的建设的重要思想、关于党的自我革命的重要思想为根本遵循,坚持和加强党的全面领导和党中央集中统一领导,贯彻落实新时代党的建设总要求,用系统思维、科学方法推进管党治党内容全涵盖、对象全覆盖、责任全链条、制度全贯通,进一步健全要素齐全、功能完备、科学规范、运行高效的全面从严治党体系。①

领导科学与党的建设学说有明显的区别。第一,领导科学的研究对象比起党的建设学说,是个更大更复杂的系统。党的建设学说是研究党的领导同其他各方面的领导,是从如何保证实现无产阶级政党对国家行政、经济、军事、科技、文教以及群众组织的领导这个角度去研究的;而领导科学则是把政党领导同各个领域的领导看作一个大的领导系统,从总体上研究它们共同的一般原理和原则,研究领导活动的一般特点和规律。第二,在研究的内容上,党的建设学说侧重于党的性质、宗旨、党的纲领路线、党的组织原则、党的干部、党的政治思想工作及党的作风等方面;而领导科学则要研究领导组织和领导者、领导职能及实现机制、领导方法和领导艺术等一般社会领导问题。

除此以外,领导科学与人文社会科学中的历史学、心理学、文学、艺术学、社会学、民族学,甚至与自然科学等众多学科的联系也是比较紧密的,这里限于篇章结构,不再赘述。

---

① 《贯彻落实新时代党的建设总要求　进一步健全全面从严治党体系》,《人民日报》2024年6月29日第1版。

第三节　学习领导科学的意义与方法

领导科学作为一门研究现代领导工作规律及其方法的一门学科,具有极强的现实意义。领导科学的应用性、经验性、实践性特征也决定了必须掌握正确的学习方法。

一、学习领导科学的意义

（一）学习与研究领导科学是坚持和发展中国特色社会主义的需要

坚持和发展中国特色社会主义,以中国式现代化推进中华民族伟大复兴,要完成这个任务,除了靠马克思列宁主义、毛泽东思想、邓小平理论、"三个代表"重要思想、科学发展观和习近平新时代中国特色社会主义思想的科学指导外,还要靠中国共产党的政策指引,靠全党、全国人民的辛勤劳动和努力,靠现代科学技术,靠有效的管理和领导。学习和研究领导科学,探索领导工作的一般规律,有利于从理论上开阔广大领导者的视野,明确领导者的职责,掌握先进的领导方法,这是提高领导水平和实现领导科学化最根本、最基础的要求。

（二）学习与研究领导科学是造就新时代干部队伍的需要

改革开放以来,通过新老干部合作交替和遴选机制,一大批年轻有为的中青年优秀人才走上了领导岗位,担负着全面建设社会主义现代化强国的领导任务。这些干部有文化、有知识、有闯劲,但他们在政治斗争和实际工作经验以及使经验上升为科学理论等方面存在不足。学习和掌握领导科学的理论知识和经验习惯是中青年干部提高领导素养、领导能力和领导艺术的重要手段,它可以帮助领导干部超越个人的局限,全面地认识现代领导的客观规律和方法。同时只有将实践与理论有机结合,才有利于培养社会主义现代化建设的干部队伍,在实现领导科学化方面收到事半功倍的效果。

（三）学习与研究领导科学是搞好领导体制改革的需要

为了顺利推进社会主义现代化建设,必须在稳定大局的前提下,对国家的政治体制、经济体制、文化体制、社会体制、生态建设体制中与社会主义事业发展和时代要求不相适应的部分进行深化改革。因此,认真学习和掌握领导科学,在坚持社会主义方向的前提下,有利于建立科学化、民主化、法治化以及体现精简、统一、效能原则的领导体制,这是进一步全面深化体制改革中具有关键意义的一环。

（四）学习与研究领导科学是迎接世界新形势新挑战的需要

当今时代，人类社会的主题是和平与发展，但是目前国际局势日趋复杂，甚至局部热战时有发生。这种新的世界形势给领导工作提出了一系列新的问题、新的要求和挑战。这就迫切要求我们掌握科学的领导理论去研究新的问题，推动马克思主义理论在实践中进一步发展，并探索中国特色社会主义的领导方法与艺术，以便更好地坚持和发展中国特色社会主义事业，为中国和全人类作出应有的贡献。

二、学习领导科学的方法

领导科学这一新兴学科在国内的研究和学习虽然时间不长，但已引起各级领导干部的高度重视。研究这门具有综合性特点的马克思主义应用科学，必须解放思想，实事求是，掌握科学的方法，才能取得良好的效果。关键是要在马克思主义指导下，把理论概括与经验分析结合起来，把继承中华民族的优秀文化遗产与吸收国外的先进经验结合起来，坚持理论联系实际、兼收并蓄、博览群书的原则，努力完善和发展中国特色的领导科学。

（一）坚持以马克思主义为指导

马克思主义是无产阶级认识世界、改造世界的理论武器。在领导科学的研究和学习中，首先必须坚持以马克思主义为指导，这是因为：第一，只有坚持以马克思主义为指导，才能保证领导科学学习与研究的正确方向和鲜明的党性特色。第二，只有运用马克思主义的立场、观点、方法，才能科学地分析领导现象的产生和本质，才能正确而有效地运用领导的职能、组织、方法和艺术，才能按照党性原则去自觉地提高干部的素质和修养。第三，只有遵循马克思主义经典作家关于领导问题的一些重要论述，才能确立马克思主义的领导观念与领导方式。

（二）坚持"两个结合"的要求

习近平总书记在庆祝中国共产党成立100周年大会上的重要讲话中明确提出"两个结合"的重大理论观点。"两个结合"即"把马克思主义基本原理同中国具体实际相结合、同中华优秀传统文化相结合"。在领导科学的研究和学习中，需要坚持和运用"两个结合"。

1. 总结党的经验

中国共产党在领导新民主主义革命、社会主义革命和建设以及改革开放中，有着正反两方面的丰富经验和教训。研究这些经验教训，对于正确理解领导科学的内容十分必要。中国共产党在百余年的奋斗历程中,不但表现了高超的领导艺术,同时也创造了一整套行之有效的领导方法和工作方法。比如:实事求是,调查研究,一切从实际出发,按照实际情况决定工作方针,主观指导要和客观实际相符合,具体情况具体分析,用不同的方法解决不同的矛盾,善于抓住复杂事物中的主要矛盾,学会"弹钢琴",分清主流和支流,抓两头带中间,胸中有数,留有余地,坚持一般号召和个别指导相结合、领导和群众相结合、从群众来和到群众中去相结合,等等。

2. 重视继承中华民族优秀的文化遗产

中华文明具有悠久的历史。在漫长的历史过程中,对如何实施领导的问题,历代统治者、政治家多有论述。无论是古代思想家、政治家、军事家的著作、历史典籍、官僚的"官箴之言",抑或是民间文艺作品,它们既是宝贵的民族财富,也是建设中国特色领导科学得天独厚的条件。在领导科学研究领域,要着力赓续中华文脉,推动中华优秀传统文化创造性转化和创新性发展。

(三)注意吸收国外的先进经验

学习与研究领导科学还必须注意吸取国外成功的经验和现代科学成果。新世纪以来,全世界对科技、经济、社会的管理活动的研究,已经逐步从科学管理发展到管理科学。同时,管理的基础学科也获得了相应发展,如管理心理学、社会心理学、行为科学等,还建立了一系列的管理技术和方法论。其中,涉及领导者和领导行为的研究也不乏成果,这些都是当代科技、经济、社会向复杂、综合、加速发展的必然产物。所以,必须有的放矢地吸收国外行之有效的管理理论和方法,同时要注意学创结合,走自己的路。

【思考题】

1. 阅读材料回答问题

狼与梅花鹿的故事

一家森林公园的梅花鹿在缺乏天敌的环境中逐渐变得懒散和虚弱。为了改变这种状况,管理者引入了狼作为天敌。在狼的追赶下,梅花鹿不得不时刻保持警惕并奔跑以逃命,从而增强了体质并增加了数量。

结合材料回答以下问题:

(1)如何看待狼给梅花鹿带来的机遇和挑战?

（2）当代领导应该具有什么样的观念意识？

2. 阅读材料回答问题

毛泽东的领导方略

毛泽东同志作为中国共产党、中国人民解放军、中华人民共和国的主要缔造者,在长期的革命和建设实践中,探索、总结和践行了一套系统的领导方略。中央党校(国家行政学院)张太原教授的新著《跟毛泽东学领导方略》(人民出版社 2023 年版)用丰富的实例、独到的分析和科学的方法,结合现代领导科学,对毛泽东同志的领导方略作了精彩呈现,特别是把它高度概括为三个方面:出主意、用干部和抓重点。

出主意。作为领导者,首要的职责是"出主意"。毛泽东同志是公认的"出主意"的高手,早在革命根据地初创时期,红军中就广为流传:"毛委员有主意"……毛泽东同志指出,要建筑中国革命这个房屋,须先有中国革命的图样。不但须有许多小图样、分图样,还须有一个大图样、总图样。按现在的话说,就是要有顶层设计,眼前的,长远的;局部的,整体的,都要想到。领导者要善于描绘未来的图样和愿景。愿景,是一个团队对自身长远发展和终极目标的规划和描述。缺乏愿景指引的团队,是很难成功的。

用干部。毛泽东同志把"用干部"作为领导者的一大责任。他曾点评刘邦,认为汉高祖刘邦得天下,原因之一就在于用人得当。他还特别称赞"武则天确实是个治国之才,她既有容人之量,又有识人之智,还有用人之术"。其实,这也是他个人对"用干部"方略的总结,他本人同样兼具这三个方面的才能和素养。

抓重点。1943 年,在为中共中央起草的《关于领导方法的若干问题》的决议中,他明确指出:"在任何一个地区内,不能同时有许多中心工作,在一定时间内只能有一个中心工作,辅以别的第二位、第三位的工作。"在一个时期只有一个"中心工作",首先是一种思想方法,"思想方法和工作方法是互相结合的,思想不对头,工作方法也就不对头。"也就是大脑里应有一根弦,工作过程中有意识地去寻找它,"任何一级首长,应当把自己注意的重心",放在那些"最重要最有决定意义的问题或动作上,而不应当放在其他的问题或动作上"。那么,"中心工作"或"最重要最有决定意义的问题"是什么,深思熟虑以后要明确,特别是要使下属和自己的团队思想统一。

——摘自赵朝峰《提升领导能力的重要途径》(《光明日报》2024 年 4 月 10 日第 11 版)

结合材料回答以下问题:

(1)毛泽东强调领导者要善于"出主意",你认为在现代领导中,"出主意"的能力为何至关重要？

（2）结合毛泽东的领导实践，探讨领导者在团队建设和组织发展中的关键作用。

第二章　领导素质与领导能力

本章主要介绍领导素质和领导能力两个方面问题。领导素质与领导能力联系紧密,领导素质是领导能力的基础和前提,领导能力是领导素质的外在表现。领导素质包括政治素质、道德素质、知识素质、能力素质与身心素质。领导能力是指领导者基础素质、思维方式、实践经验等在实施领导行为过程中的综合表现。习近平总书记提出领导干部需要提高七种能力和八种执政本领。

第一节　领导素质

中国共产党历来重视领导干部的素质建设。革命战争年代,毛泽东就曾指出:"政治路线确定之后,干部就是决定因素。"[①]改革开放时期,邓小平多次强调干部队伍建设应按照"革命化、年轻化、知识化、专业化"的标准,选拔德才兼备的人进入领导班子。世纪之交时,江泽民指出:"为政之道,要在得人。世界社会主义的历程和正反两方面的经验告诉我们,马克思主义执政党不仅要有正确的思想路线和政治路线,而且要有正确的组织路线,关键是要选好人、用好人。"[②]胡锦涛在党的十七大报告中明确指出:不断深化干部人事制度改革,着力造就高素质干部队伍和人才队伍。党的十八大以来,习近平总书记反复强调,要抓好执政骨干队伍和人才队伍建设;贯彻新时代党的组织路线,要坚持德才兼备、以德为先、任人唯贤的方针,选干部、用人才既要重品德,也要重才干。随着世情、国情、党情的变化,无论是从服务层面上看,还是从管理层面上看,这种变化对领导干部而言都是一种前所未有的挑战。新时代新征程上,党中

---

① 《毛泽东选集》第二卷,人民出版社1991年版,第526页。
② 《江泽民文选》第三卷,人民出版社2006年版,第148页。

央十分强调要加强对领导干部的教育培训,努力造就一支能够应对复杂环境挑战的高素质领导干部队伍。

一、领导素质内涵的基本构成

(一)领导素质的内涵

"素质"原是生理学上的一个概念。素质之"素"就是本来的、事物固有的性质和特点,"质"就是性质的意思,也就是一事物区别于其他事物的内在规定性。素质就是指一个事物固有的区别于其他事物的性质与特点。素质有广义和狭义之分,狭义上的素质是指人的感觉器官、运动器官和神经系统方面的特质,即人体总的生理特点、条件与状态,是人的能力发展的自然基础。因此,素质与天资、禀赋、气质等是同义词,表现在性格、志趣、体魄等方面。随着社会的发展,"素质"一词已超出了生理范畴,被广泛应用于社会科学领域以说明人或各种组织的现时状态。广义上的素质又称"素养""能力""才干"等,是一个人在先天禀赋的基础上,通过后天社会环境熏陶和自身磨炼而形成的满足其生存和发展的各种条件要素的总和,是判断一个人能否胜任某项工作的前提条件。可见,素质就是一定的行为主体进行各种活动所依凭的自身内在条件。

领导素质是开展领导活动的前提,是领导活动过程的内在因素,受领导的自身因素、后天教育、实践经验、主观意识等的影响。国内外许多学者通过对领导素质进行大量的研究后发现:领导与非领导在生理、个性、智力、能力等因素方面存在较大差异。领导素质不是指一般人的德、才、识等因素,而是领导区别于非领导的根本标志,专门指领导从事领导活动必须具备的内在基本条件,也可以说是领导在领导活动中经常发挥作用的本质要素,既包括领导的先天素质,如悟性直觉、习惯态度和心理定式,又包括领导通过后天的培养、教育以及自身刻苦学习、积极实践所获得的个性、心理、品德、知识、才能以及所形成的思维方式、思想观念、作风态度等,是这些因素在领导身上的有机结合和升华。

(二)领导素质的基本构成

领导素质具有时代性,不同的国家、不同的历史时期对领导素质的要求是不同的,全面建设社会主义现代化强国的宏伟目标对领导干部的素质提出了更高要求。总的来看,现代领导素质主要包括政治素质、道德素质、知识素质、能力素质与身心素质等。

1. 政治素质

政治素质是领导素质构成体系中最根本、最首要的素质,是领导干部必须具备的政治立场、政治观念、政治态度、政治信仰的综合表现,是领导干部在政治上和思想上应该具备的基本素质,在领导素质体系中处于第一的位置。江泽民在谈到"三讲"时特别强调,领导干部一定要讲政治:"我这里所说的政治,包括政治方向、政治立场、政治观点、政治纪律、政治鉴别力、政治敏锐性。在政治问题上一定要头脑清醒。"①领导必须具备有较高的政治素质,这是党对领导干部"革命化"的基本要求。

(1)坚定正确的政治方向与政治立场。政治具有鲜明的阶级性,政治方向正确与否,关系到党和国家的前途和命运,是检验领导干部政治素质的根本标志。政治立场是领导干部在领导工作中认识、分析问题和解决问题的出发点和立足点,是领导干部政治素质的集中体现。树立坚定正确的政治方向和政治立场,就是要求高举中国特色社会主义伟大旗帜,坚持以马列主义、毛泽东思想、邓小平理论、"三个代表"重要思想、科学发展观、习近平新时代中国特色社会主义思想为指导,坚持四项基本原则,坚持立党为公、执政为民,为把我国建设成为富强民主文明和谐美丽的社会主义现代化强国而奋斗;就是要求坚定地站在党和人民群众的立场上想问题、办事情,时时牢记党和人民的利益,一切从国家和人民的利益出发,做人民的公仆,全心全意为人民服务。

(2)较高的政治敏锐性与政治鉴别力。政治敏锐性是指在政治实践基础上形成的能够从政治事件的局部现象、萌芽状态迅速洞察其本质、预见其趋势的快速反应能力。政治鉴别力是领导干部在政治上识别大是大非的能力。它要求领导干部要善于运用马列主义的政治眼光和对党对人民高度负责的态度,及时洞察和鉴别各种社会现象,正确分析和处理各种社会矛盾。在进一步全面深化改革的新形势下,人们的思想空前活跃,各种社会思潮相互碰撞。领导干部必须密切关注并科学分析社会思想动态,善于见微知著,善于从本质上看问题,分清是非,坚持真理,始终保持清醒的政治头脑。只有这样,才能在错综复杂的客观环境中,带领群众把深化改革、加快发展、保持稳定的各项工作做好。

(3)严明的政治纪律与政治规矩。政治纪律和政治规矩是执行党的路线、方针、政策的行为规范,是领导工作成功的重要保证,其实质是要求领导干部在政治上、思想上、行动上必须同党中央保持高度一致,坚决维护党中央的领导权威。在十八届中央纪委五次全会上,习近平总书记强调,要"严明政治纪律和政治规矩""加强纪律建设,把守纪律讲规矩摆在更加重要的位置",并且明确提出了遵守政治纪律和政治规矩的"五个必须"要求,即"必须维护党中央权威,在任何时候任何情况下都必须在思想上

---

① 《江泽民文选》第一卷,人民出版社2006年版,第457页。

政治上行动上同党中央保持高度一致；必须维护党的团结，坚持五湖四海，团结一切忠实于党的同志；必须遵循组织程序，重大问题该请示的请示，该汇报的汇报，不允许超越权限办事；必须服从组织决定，决不允许搞非组织活动，不得违背组织决定；必须管好亲属和身边工作人员，不得默许他们利用特殊身份谋取非法利益。"

2. 道德素质

道德素质是道德规范对个人品质的要求。古人云："有德不敌""人之情，心服于德而不服于力"等，这些足以体现领导干部道德品质的重要性。领导干部自身的道德品质事关其整个团队的精神风貌，关系党在人民群众中的威望。道德素质是领导干部的基本素质之一，在整个领导素质体系中，道德素质起着一种调节的作用。习近平总书记在2013年全国组织工作会议上阐述了好干部的五条标准：信念坚定、为民服务、勤政务实、敢于担当、清正廉洁。

（1）信念坚定。坚定的理想信念是精神之"钙"。没有理想信念，理想信念不坚定，精神上就会"缺钙"，就会得"软骨病"，就会动摇前进的方向，就会动摇中国特色社会主义道路的信念，就会动摇全心全意为人民服务的宗旨。邓小平指出："根据我长期从事政治和军事活动的经验，我认为，最重要的是人的团结，要团结就要有共同的理想和坚定的信念。我们过去几十年艰苦奋斗，就是靠用坚定的信念把人民团结起来，为人民自己的利益而奋斗。没有这样的信念，就没有凝聚力。没有这样的信念，就没有一切。"[①]领导干部如果被暂时的困难所迷惑，对中国特色社会主义现代化强国建设失去信心，悲观失望，就根本谈不上什么创造性。习近平总书记在中央党校2012年秋季学期开学典礼上也特别强调，在干部队伍特别是年轻干部队伍中，最重要也是最需要注意并切实解决好的就是理想信念问题和思想作风问题。

（2）为民服务。全心全意为人民服务是中国共产党的根本宗旨，是衡量领导干部的重要评价标准。毛泽东认为，中国共产党是为人民谋利益的政党，它本身是无任何私利可图的，所以，"共产党人的一切言论行动，必须以合乎最广大人民群众的最大利益，为最广大人民群众所拥护为最高标准"[②]。邓小平指出"领导就是服务"，服务体现了领导活动的本质。领导活动本来就是对公共权力的承担，对实现公共利益的追求，而领导干部只不过是公共职位的短期拥有者和实现公共利益的代表者。2012年12月，习近平总书记在考察广东时指出："领导干部是人民的公仆，必须始终牢记宗旨、

---

① 《邓小平文选》第三卷，人民出版社1993年版，第190页。
② 《毛泽东选集》第三卷，人民出版社1991年版，第1096页。

牢记责任,自觉把权力行使的过程作为为人民服务的过程,自觉接受人民监督,做到为民用权、公正用权、依法用权、廉洁用权。"①对于领导干部而言,其自身价值的最好体现,不在于其才能在多大程度上得到了展示,而在于其利用才能多大程度上唤起了下属的干事热情,实现了领导目标,服务了人民群众。②

(3)勤政务实。勤政就是要坚持恪尽职守,勤于政事,认真负责地为人民做事;务实就是要坚持实事求是,量力而行,重实际、办实事、求实效。勤政务实是领导职业道德的核心,领导干部的忠诚、公正、廉洁,归根到底都要通过领导活动体现出来,都要以勤政务实为归宿。"空谈误国,实干兴邦"。在当今纷繁复杂的时代背景下,加快经济社会发展需要各级领导干部勤政高效、务实肯干。好干部要带头加强和改进工作作风,在履职尽责、勤政为民中奉献青春。要有认真负责的精神,不论工作大小,始终以一丝不苟的态度对待每一项工作、每一件事情,力求把每一项工作都做到位,把每一件事情都办落实;要有严谨细致的精神,始终以精益求精的标准要求自己,从大处着眼,从小处着手,不当说起来头头是道、做起来毫无章法的"务虚型"干部;要有一抓到底的精神,始终以时不我待、只争朝夕的紧迫感,主动工作,积极作为,不散漫懈怠,不虎头蛇尾。

(4)敢于担当。"担当是一种勇气,更是一种品德。真正的领导就是责任、困难和风险的担当者。习近平总书记曾在多个场合反复强调领导干部要勇于担当,并把是否具有担当精神,是否能够忠诚履责、尽心尽责、勇于担责作为检验每一个领导干部身上是否真正体现了共产党人先进性和纯洁性的重要方面。"③敢于负责、勇于担当需要魄力。因为只有胸怀大我之利而不计小我之险的领导干部,才能以超常的大智大勇,敲定大决策,作出大业绩。习近平总书记指出:"敢于担当,党的干部必须坚持原则、认真负责,面对大是大非敢于亮剑,面对矛盾敢于迎难而上,面对危机敢于挺身而出,面对失误敢于承担责任,面对歪风邪气敢于坚决斗争。"④敢于担当本身也是一种责任。好干部必须有责任重于泰山的意识,坚持党的原则第一、党的事业第一、人民利益第一,敢于旗帜鲜明,敢于较真碰硬,对工作任劳任怨、尽心竭力、善始善终、善作善成。为了党和人民事业,领导干部要敢想、敢做、敢当。当前进一步全面深化改革,意味着

①　中共中央文献研究室:《论群众路线:重要论述摘编》,中央文献出版社 2013 年版,第 127 页。
②　周银超:《领导干部应具备的基本道德素质》,《学习月刊》2014 年第 13 期。
③　刘峰、张国玉:《创造性是领导者最重要的素质——学习研究习近平总书记领导思想之二》,《理论视野》2014 年第 5 期。
④　习近平:《习近平著作选读》第一卷,人民出版社 2023 年版,第 131 页。

要啃硬骨头、涉险滩,就需要领导干部敢于担当、敢于到困难大、矛盾多的地方去解决问题,敢于到群众意见大、怨气多的地方去理顺情绪,善于到路障拆不开、轮子转不动的地方去打开局面,切实把事关百姓衣食住行和读书就业等事情办好,让人们生活得更富足、更健康、更快乐。

(5)清正廉洁。清正廉洁是对领导干部的基本要求,是领导干部必须具备的重要素质。首先体现在廉洁自律上。领导干部要廉洁自律,自觉遵守党的纪律和国家法律法规,自觉接受党和人民群众的监督,自觉抵制各种诱惑,真正做到清正廉洁。其次体现在公正公平上。领导干部要公正公平,不谋取不正当利益,坚决反对腐败现象,维护社会公平正义,真正做到清正廉洁。最后体现在廉洁奉公上。领导干部要廉洁奉公,节约使用公共资源,努力降低行政成本,提高资金使用效益,真正做到清正廉洁。

3. 知识素质

知识素质是指领导干部从事领导工作必备的知识储量和知识结构。在领导素质体系中,知识素质处于基础地位。列宁指出,必须用人类创造的全部知识财富来丰富自己的头脑。一个成功的领导干部,应该拥有科学管理知识和与自己领导工作直接相关的专业知识。领导干部的知识素质是领导决策成功不可缺少的因素。在关键时刻,领导干部的知识素养的高低直接影响决策管理,可以使组织绝处逢生,或前功尽弃。知识的储备量直接关系处事思维的灵敏度,领导干部掌握的知识越多,思维就会更加敏捷。

(1)马克思主义理论知识。马克思主义理论素养是领导干部的必备素质,是保持政治上清醒坚定的基础和前提。马列主义、毛泽东思想、邓小平理论、"三个代表"重要思想、科学发展观、习近平新时代中国特色社会主义思想是党的指导思想,是社会主义现代化建设事业的理论基础。领导干部必须熟练掌握马克思主义的基本原理,学会利用其立场、观点和方法来分析和解决现实问题,创造性地用于指导实践。领导干部学习马克思主义理论,在现阶段主要是学习习近平新时代中国特色社会主义思想。要注重马克思主义经典著作的学习,系统掌握马克思主义科学真理,深化对习近平新时代中国特色社会主义思想的理解和运用。

(2)人文科学与自然科学知识。一定的科学文化知识包括各种社会科学知识和部分相关的自然科学知识,是领导干部知识结构的内在构成。现代领导工作的全局性、综合性、专业性、复杂性、超前性,要求领导干部一定要具有渊博的文化知识,成为杂家、通才。人们通常所说的领导的知识面应当宽一些,基本功应当扎实一些,主要是指基础知识这个层级。尼克松在其《领导》一书中考察了他所接触到的伟大的政治领袖们,归纳出两个共同特点,其中之一就是博览群书。培根曾经说过,读史使人明智,读诗使人聪慧,演算使人精密,哲理使人深刻,伦理学使人有修养,逻辑学使人善辩。丰富的文化知识是领导事业成功的基础。领导干部具有广博的知识,在观察问题、分析问题和解决问题时,就能视野开阔,就能思维敏捷,就有洞察力,就能精准分析问题,就能灵活果断地解决问题。领导干部对政治、法律、历史、地理、哲学、文学以及生物、化学、物理、计算机等方面的知识,都应当有一定的了解和涉猎,这样才能适应现代领导工作的需要。

(3)专业知识。专业知识是领导知识结构的核心,也是区别于其他领域人才知识结构的主要标志。领导干部既要有广博的基础知识,还要有与其职位相适应的专业技术知识,熟悉本部门、本单位的技术知识和专业知识,受过专门的教育和训练,掌握领导工作的基本原理和基本方法等。领导干部应该依据其工作对象和职能范围,掌握相关的专业知识,以求成为内行领导,以免造成外行领导内行的现象。

(4)管理科学与领导科学知识。管理科学是领导干部必须掌握的一门科学知识,领导干部应该熟悉和了解包括经济管理、行政管理、领导科学、人才学等在内的多方面现代管理知识。当代社会已经进入知识经济时代,从事任何一个行业的领导工作都必须掌握这些知识,这是获取成功的先决条件。随着时代的发展,被领导者的工作能力、思维水平等在不断提高,如果领导干部的领导方法还不改进,就不能适应新形势发展的需要。如今在企事业单位、党政机关中从事脑力劳动的人员不断增加,他们大多接受过高等教育,有些学历水平甚至超过了领导。领导干部能否灵活运用科学有效的领导方法,能否取得预期的领导绩效,在一定程度上取决于掌握的管理科学与领导科学知识的多少。领导干部只有熟悉和掌握管理科学与领导科学知识,提高个人素质,才能较好地履行领导职责,高效实现组织目标。

4.能力素质

能力素质是领导素质的关键。能力是一个人的知识智慧在工作中的综合体现,即完成一定活动的本领。领导干部的能力素质是指与领导职务相适应、能够成功地履行领导职责所必需的主观条件,它包括注意力、观察力、记忆力、想象力、思维力等智力因素,也包括领导岗位要求的特殊能力。领导活动包含的内容、涉及的领域、实施的方式等都非常广泛、复杂,作为现代领导必须具备多种较强的能力,才能适应工作的需要。当前我国领导干部的能力受社会转型和政府职能转变的影响,也存在着传统能力被部分取代、新型能力需要加强的问题。习近平总书记指出,各级领导干部要努力提高六个方面的能力:一是统筹兼顾的能力,二是开拓创新的能力,三是知人善任的能力,四是应对风险的能力,五是维护稳定的能力,六是同媒体打交道的能力。这六个方面的能力归结起来就是要树立以人为本、执政为民的能力目标理念,这是党的性质和全心全意为人民服务根本宗旨的集中体现。

(1)统筹兼顾的能力。领导干部统筹兼顾的能力是其领导才能的重要组成部分,它要求领导干部在面对复杂的工作环境和多元化的任务时,能够全面考虑、科学安排、合理调配资源,确保各项工作的协调推进和整体效益的最大化。

统筹兼顾的能力体现在对全局的把握上。领导干部需要站在战略的高度,对组织或部门的发展有清晰的认识和长远的规划。他们需要了解各项工作之间的内在联系和相互影响,明确工作的重点和关键点,确保各项工作的推进能够相互协调、相互促进。

统筹兼顾的能力体现在对资源的合理配置上。领导干部需要根据工作的要求,科学调配人力、物力、财力等资源,确保资源的有效利用和最大效益的发挥。他们需要在有限的资源条件下,做出最优的决策,避免资源的浪费和损失。

统筹兼顾的能力还体现在对突发事件的应对上。领导干部需要具备快速反应和灵活应变的能力,能够在突发事件发生时迅速做出判断,采取有效措施进行应对,确保工作的连续性和稳定性。

(2)开拓创新的能力。领导干部开拓创新的能力是指领导干部在面对新挑战、新机遇时,能够勇于探索、敢于突破,推动工作不断向前发展的关键能力。这种能力对于领导干部来说至关重要,因为它直接关系到组织的竞争力和长远发展。

开拓创新的能力体现在对新事物的敏锐感知上。领导干部需要具备开放的心态和前瞻性的眼光,能够及时发现并抓住新的发展机遇。无论是新技术、新产业还是新业态,领导干部都需要保持敏锐的洞察力,以便在第一时间做出反应。

开拓创新的能力体现在敢于尝试和勇于实践的勇气上。领导干部需要敢于打破传统的思维模式和束缚,勇于尝试新方法、新路径,有敢于冒险、敢于失败的精神,只有不断尝试,才能找到最适合自己的发展道路。

开拓创新的能力还体现在对创新的持续追求和不断完善的态度上。领导干部需要始终保持对创新的热情和追求,不断总结经验教训,完善自己的创新方法和体系,不断学习新知识、新技能,提高自己的综合素质和创新能力。

(3)知人善任的能力。领导干部知人善任的能力是其领导艺术中的一项重要技能,直接关系到团队的凝聚力和工作效率。这种能力要求领导干部要深入了解团队成员的特长、性格和潜力,并据此进行恰当的岗位安排和职责分配。

知人善任的能力体现在对团队成员的深入了解上。领导干部需要细心观察、耐心倾听,通过日常的交流和工作中的互动,全面掌握团队成员的优缺点、工作能力和性格特点。只有了解每个成员的长处和短处,领导干部才能根据工作需要,做出合理的岗位安排。

知人善任的能力体现在对团队成员潜力的挖掘和激发上。领导干部需要具备一双慧眼,能够识别出那些具有潜力的员工,并为他们提供展示才华的舞台。通过给予他们挑战性的任务和适当的激励,激发团队成员的积极性和创造力,使他们更好地发挥自己的潜力。

知人善任的能力还体现在对团队成员的指导和培养上。领导干部需要关注团队成员的成长和发展,为他们提供必要的支持和帮助。通过传授经验、分享知识、提供培训等方式,帮助团队成员提升自己的能力和素质,从而更好地适应工作需要。

(4)应对风险的能力。领导干部应对风险的能力是指领导干部确保组织稳健发展的关键能力。这种能力不仅要求领导干部具备敏锐的洞察力,还需要他们具备果断的决策力、有效的协调力和强大的心理承受力。

应对风险的能力体现在对潜在风险的及时准确识别上。领导干部需要密切关注市场、政策、技术等多方面的动态变化,从中发现可能给组织带来负面影响的潜在风险。为此,领导干部要具备丰富的知识和经验,以及敏锐的洞察力和判断力。

应对风险的能力体现在决策力上。一旦识别出潜在风险,领导干部需要迅速做出决策,采取相应的预防措施或应对策略。这就要求领导干部具备果断的决策力,能够在压力下冷静思考,权衡利弊,做出正确的决策。

应对风险的能力还体现在心理承受力上。面对风险时,领导干部需要保持冷静、乐观的心态,以积极应对各种挑战。领导干部需要具备强大的心理承受力,以应对可能出现的各种困难和挫折。

(5)维护稳定的能力。领导干部维护稳定的能力是其领导过程中不可或缺的一项核心素质。这种能力不仅要求领导干部具备高度的政治敏锐性和预见性,还需要具备出色的组织协调与维护稳定的能力。

维护稳定的能力体现在预见能力上。领导干部要能够准确判断形势,及时发现和预测可能引发社会不稳定的因素,对国家政策、社会动态、民生问题等有深入的了解,以便在问题出现之前或之初就采取有效措施进行预防和干预。

维护稳定的能力还体现在组织协调能力上。在维护稳定的过程中,领导干部需要调动各方面的资源和力量,形成合力,包括与上级部门、下级单位、相关部门、社会组织和人民群众等进行有效的沟通和协调,确保各项措施得到顺利实施。

(6)同媒体打交道的能力。领导干部同媒体打交道的能力是其在现代社会中一项至关重要的能力。随着媒体环境的日益复杂和多元化,领导干部与媒体的互动不仅关乎信息的传递,更涉及政府形象、公众信任以及政策推广等多方面的因素。

领导干部要具备媒体意识,认识到媒体在现代社会中的重要作用和影响力。领导干部需要了解媒体的工作机制、舆情传播特点和受众需求,以便更好地与媒体进行沟通和合作。

领导干部要具备良好的沟通能力和表达能力。在与媒体打交道时,领导干部需要清晰、准确地传达政策意图、解释政府决策,以及回应社会关切。同时,领导干部还需要善于倾听媒体的声音,理解媒体的立场和需求,以便更好地满足媒体的信息需求。

领导干部要具备危机处理能力。在面对媒体质疑、负面报道等突发情况时,领导干部需要迅速做出反应,采取有效措施进行应对。这就要求领导干部具备冷静、果断的决策能力,以及丰富的应对经验和技巧,确保信息的及时、准确、全面传递。

领导干部还要注重与媒体的长期合作和关系维护。领导干部需要建立与媒体的良好关系,增强彼此之间的信任和合作,以便在需要时能够得到媒体的支持和帮助。

5.身心素质

在整个领导素质体系中,身心素质是保证,也就是说,健康的身心是领导干部成就事业的基本条件。

身体素质是指领导干部在管理服务过程中应具备的可被耗费的体力与精力的总和。身体是革命的本钱,同时也是领导服务的本钱。领导干部在负责决策、指挥、组织、执行的过程中需要耗费大量的体力,因此需要有强健的身体和充沛的精力。如果没有一个健康的身体,再多的知识、再高的能力也只是空中楼阁。

心理素质是指领导干部的意识知觉、气质风貌、性格特征、情感状态及价值导向等心理要素的总和。无论是在管理还是在服务的过程中,领导干部都必须具备良好的心态,这是办好事情的重要前提。

(1)有较好的自我控制力。自我控制力,即能清醒地认识到自己的内在需要,能正确对待外部环境,自觉把自己的行为控制在适当的限度内。领导干部在工作中要控制自己的情绪,约束自己的行为,越是在困难、挫折和干扰大的情况下,越要保持良好的心境,冷静理智地处理各种复杂的问题,防止感情用事,克服消极情绪,以适应各种环境和条件下的领导工作。

(2)具备坚忍不拔的意志。法国前总统戴高乐曾说,面对事端,性格刚强的人总是依靠自己,用自己的性格左右事态,勇于承担责任,并视之为义务。当人民群众遇到困难险阻时,领导干部是退缩还是坚毅,结果完全不同。好干部会将困难视作前进的动力,不好的干部则会将困难视为不可跨越的阻碍。

(3)尊重和宽容他人。德国哲学家康德认为,尊重他人是我们的责任,这意味着把他人视为目的而不是视为实现目的的手段。一个尊重他人特别是尊重下属的领导人,就能承认他人存在的独立性,认可他人的创造性,珍惜他人的体力和脑力劳动成果,同时能够对他人的建议和意见以足够的重视。尊重体现了领导干部对群众的情感和态度。习近平总书记曾指出:"对各类困难群众,我们要格外关注、格外关爱、格外关心,时刻把他们的安危冷暖放在心上,关心他们的疾苦,千方百计帮助他们排忧解难。"①

只有尊重下属和群众的领导,才能得到下属和群众足够的尊重。欣赏和宽容他人,是一种胸怀、一种美德,是心态健康、人格健全的重要标志。齐桓公不计前嫌而重用管仲,成就霸业,李世民喜闻谏言而重用魏徵,创下"贞观之治"的大唐盛世。领导干部要克服偏见心理,要有足够的度量去接受不同的意见;要克服求全责备的心理,培养尊重、宽容的人格亲和力;要克服嫉妒心理,保持良好的心理平衡。

二、领导素质是领导干部履职尽责的重要前提

领导素质通常决定着领导方式,决定着领导水平,直接影响着领导效果,是领导干部履职尽责的重要前提。领导干部具有良好的素质,有利于形成凝聚力很强的组织,在组织内部实现团结与协调,从而保证整个组织活动正常、高效地进行。

(一)领导素质是实行正确领导的保证

与一般工作相比,领导工作更需要高度的主观能动性与创造性。正确地制定领导目标,要求领导干部具有强烈的事业心、敏锐的洞察力、高度的自觉性和积极的创造性;高效率地实现领导目标,要求领导干部具有相应的组织指挥能力。领导干部具有良好的素质,是正确制定和实现领导目标、打开事业局面、夺取事业胜利的决定性因素。

领导素质不仅关系到组织发展的方向目标,还是影响整个组织的精神面貌、凝聚力、战斗力的力量。我们常常可以看到,一个组织的内部由于领导素质优良,深孚众

---

① 习近平:《在河北省阜平县考察扶贫开发工作时的讲话》,《求是》2021年第4期。

望,整个组织便焕发出蓬勃昂扬、不畏艰难的生机,具备宏大的战略规划。生活中也不乏一些组织团体,由于领导素质的平庸、欠缺,整个组织呈现出得过且过、士气不振的松散气氛。也有的组织,由于领导素质低劣,领导工作的消极、被动,使不满、颓废的情绪在整个组织中滋生弥漫,这样的组织没有被对手击垮,自己就崩溃了。

（二）领导素质是实现领导效能的基础

领导干部之所以能引导和带领社会组织成员和群众实现既定目标,就在于他具有领导者的基本素质条件。社会心理学的研究表明,领导效能的实现,关键在于领导者的影响力,即领导者在与被领导者交往中发生的影响和改变其心理、行为的能力。这种能力包括权力影响力和非权力影响力两个方面。领导者的权力影响力,主要是由组织通过法定的程序赋予的,也就是说某人担任了某种领导职务后即有了某种职务的权力,这种权力是与组织权力结合在一起的;而非权力的影响力,则是由领导本人的品德、知识、才能、魅力等个人素质及其行为所产生的,它与权力没有直接的关系,所以称之为非权力影响力,又称之为个人影响力。越来越多的领导干部认识到,非权力影响力在整个领导过程中占有越来越重要的地位,发挥着越来越重要的作用。非权力影响力更多地来自领导者个人的素质,是高品位的内在素质,是领导者个人身上独特的魅力和征服力。由于领导者在组织中处于至关重要的地位,因而领导素质对组织功能的形成和发挥具有重大意义,绝对不是可有可无的。优良的领导素质是保证组织功能充分发挥的重要条件,是实现领导效能的基础。

（三）领导素质直接关系领导工作的成败

古今中外许多事例都说明,领导者的素质直接关系到领导者事业的成败。楚汉相争,刘邦以弱胜强,关键因素之一是他善于用人,能集合使用各种人才,正如他自己说的:"夫运筹帷帐之中,决胜于千里之外,吾不如子房。镇国家,抚百姓,给馈饷,不绝粮道,吾不如萧何。连百万之军,战必胜,攻必取,吾不如韩信。此三者,皆人杰也,吾能用之,此吾所以取天下也。项羽有一范增而不能用,此其所以为我擒也。"[①]在现代这种事例更多。毛泽东曾指出:"政治路线确定之后,干部就是决定的因素。"[②]革命、建设与改革事业的发展,一靠正确的政治路线,二靠优秀的人才,而领导者又是整个人才中最积极、最能动、最关键的因素。因为领导者既是党的路线、政策的制定者,又是党的路线、政策的贯彻执行者,发挥着承上启下、继往开来、总揽全局的作用。所以,领

---

① ［汉］司马迁:《史记》第二册,中华书局2013年版,第381页。
② 《毛泽东选集》第二卷,人民出版社1991年版,第526页。

导者的素质如何,既关系着党的路线、政策正确与否,又关系到党的路线、政策能否贯彻下去。因此,领导者的素质状况,直接关系到革命任务、建设任务与改革任务的完成,关系到人民事业的兴衰成败。

三、政治素质是最重要的领导素质

政治素质是领导干部的第一素质,政治把关是选人用人要把好的首要关口。党的十八大以来,习近平总书记高度重视领导干部的政治素质建设,强调要牢固树立政治理想,正确把握政治方向,坚定站稳政治立场,严格遵守政治纪律,加强政治历练,积累政治经验,自觉把讲政治贯穿于党性锻炼全过程,使领导干部的政治能力与担任的领导职责相匹配,并多次提出要加强政治能力训练。

良好的政治素质是领导干部的第一标准。对党绝对忠诚要害在于"绝对"两个字,"绝对"就是唯一的、彻底的、无条件的、不掺杂任何杂质的、没有任何水分的。只有坚定政治立场、保证政治底色、保持政治定力、严守政治纪律的干部,才能在"大风大浪"中经受各种考验,才能做到政治信仰不变、政治立场不移、政治方向不偏、政治纪律不破。组织部门在考察干部时要始终坚持"以德为先、德才兼备"的原则,关键看选拔的干部是否有较强的政治免疫力,是否有一颗纯净的政治灵魂,是否有敢于同一切不良风气作坚决斗争的勇气。只有把好政治关口,才能选拔出忠诚于党、忠诚于事业、忠诚于人民的好干部。

要确保形成良好的政治素质,党的各级领导干部要自觉加强理论学习和党性锻炼,不断提高政治能力,增强政治责任感,保持共产党员的政治本色。要树立正确的用人导向,把政治标准放在首位,把政治忠诚、政治定力、政治担当、政治素质、政治纪律,贯穿于选拔任用、教育培训、管理监督等各个环节,努力使那些牢固树立"四个意识"和"四个自信"、坚决维护党中央权威和集中统一领导、全面贯彻党的理论和路线方针政策、忠诚干净担当的干部得到提拔重用。

要确保形成良好的政治素质,要改进和完善考核干部政治表现的方法和手段。正确选择和使用党和人民需要的好干部是当务之急,建设一支高素质、专业化的干部队伍,是一个国家和民族的共同愿望,而新时代干部队伍建设的关键是政治素质。正确选择和使用高素质专业化干部,关键在于把政治标准放在首位,政治素质是对干部素质的首要要求,政治能力是专业化领导干部的核心要求和基本支撑。对于领导干部来说,职业精神集中表现为对党忠诚、为党献身的自觉与专注;职业能力是指履行职责、为人民服务的行为与能力。所以,要提高领导干部的职业精神和职业能力,首先要提高政治素质和政治能力。

四、努力提升领导干部政治站位

提高领导干部的政治站位是一个重要的任务,需要从多个方面入手。在领导干部教育过程中,需要在"四个意识""四个自信""两个维护"和"两个确立"教育上下功夫。

(一)强化"四个意识"

"四个意识"是指政治意识、大局意识、核心意识、看齐意识。这"四个意识"是党员干部必须具备的基本政治素质。

一是政治意识。增强政治意识是讲政治的前提条件。增强政治意识就是要不断强化党的意识和组织观念,坚定对马克思主义的信仰、对中国特色社会主义和共产主义的信念、对党和人民绝对忠诚,始终同以习近平同志为核心的党中央保持高度一致。领导干部只有政治意识增强了,才能坚持正确政治方向,不断提升政治能力。

二是大局意识。锻造过硬政治定力是提高政治站位的基础。领导干部要锻造过硬政治定力,就要不断增强大局意识,自觉从大局看问题,把工作放到大局中去思考和定位,真正做到正确认识大局、自觉服从大局、坚决维护大局,既能跳出一域谋全局,又在谋全局中抓好一域。领导干部只有具备过硬政治定力,才能不为噪声所扰、不为歪风所惑、不为暗流所动、不为利益所俘。因此,领导干部要自觉提升政治能力,更好地为人民服务。

三是核心意识。提高政治站位首先要保证政治立场正确,也就是要坚持党和人民立场。坚持党和人民立场,关键是要不断增强核心意识,更加紧密地团结在以习近平同志为核心的党中央周围,坚决维护党中央权威,坚决维护习近平同志的核心地位。只有自觉坚持党和人民立场,才能在以习近平同志为核心的党中央坚强领导下,团结带领人民进行具有许多新的历史特点的伟大斗争;才能牢固树立以人民为中心的发展思想,认真倾听群众呼声、反映群众诉求,真心实意为群众做好事、办实事、解难题。

四是看齐意识。政治担当彰显优良政治素养。领导干部只有具备政治担当,才会勇挑重担、敢于碰硬、逢山开路、遇水搭桥,并在破解难题中不断增强政治能力。更好肩负政治担当,仅靠激情和才智是不够的,重要的是不断增强看齐意识。增强看齐意识,就要在思想上政治上行动上同以习近平同志为核心的党中央保持高度一致,自觉向党中央看齐,向党的理论和路线方针政策看齐,向党中央决策部署看齐,心往一处想、劲往一处使,更好肩负起党和人民赋予的职责使命。

只有具备了这些意识,领导干部才能够始终保持清醒头脑,始终坚持正确的方向,始终做到心中有党、心中有民、心中有责、心中有戒。因此,要通过加强思想教育、完善制度建设等方式,不断增强领导干部的"四个意识"。

（二）坚定"四个自信"

"四个自信"是指中国特色社会主义道路自信、理论自信、制度自信、文化自信。道路自信是对中国特色社会主义道路发展方向和未来命运的自信。坚持道路自信就是要坚定走中国特色社会主义道路,这是实现社会主义现代化的必由之路,是为近代历史反复证明的客观真理,也是中华民族走向繁荣富强、实现中国人民幸福生活的根本保证。理论自信是对中国特色社会主义理论体系的科学性、真理性、正确性的自信。坚持理论自信就是要坚定对共产党执政规律、社会主义建设规律、人类社会发展规律认识的自信,就是要坚定实现中华民族伟大复兴、创造人民美好生活的自信。制度自信是对中国特色社会主义制度先进性和优越性的自信。坚持制度自信就是要相信社会主义制度具有巨大优越性,相信社会主义制度能够推动发展、维护稳定,能够保障人民群众的自由平等权利和人身财产权利。文化自信是对中国特色社会主义文化先进性的自信。坚定文化自信就是要激发党和人民对中华优秀传统文化的历史自豪感,在全社会形成对社会主义核心价值观的普遍共识和价值认同。这"四个自信"是新时代中国共产党人的精神支柱。只有坚定了这些自信,领导干部才能够始终保持对中国特色社会主义事业的信仰和支持。因此,要通过加强宣传教育、推进文化建设等方式,不断增强领导干部的"四个自信"。

（三）做到"两个维护"

"两个维护"是指坚决维护习近平总书记党中央的核心、全党的核心地位,坚决维护党中央权威和集中统一领导。[①] 这是全党在革命性锻造中形成的共同意志,是必须始终坚守的最高政治原则和根本政治规矩。只有做到了"两个维护",领导干部才能够始终保持正确的政治方向和行动自觉。做到"两个维护"要体现在坚决贯彻党中央决策部署的行动上,体现在履职尽责、做好本职工作的实效上,体现在领导干部的日常言行上。为此,广大领导干部要深入学习贯彻习近平新时代中国特色社会主义思想,自觉同党的基本理论、基本路线、基本方略对标对表,同党中央决策部署对标对表,提

---

① 中共中央组织部:《始终心怀"国之大者"　切实把坚持党的全面领导落实到行动上》,《学习月刊》2022年9期。

高政治站位,把准政治方向,坚定政治立场,明确政治态度,严守政治纪律,经常校正偏差,真正把"两个维护"贯穿于修身律己、干事创业之中,不断增强做到"两个维护"的思想自觉、政治自觉、行动自觉。因此,要通过加强党性教育、完善制度保障等方式,不断增强领导干部的"两个维护"意识。

（四）拥护"两个确立"

"两个确立"是指确立习近平同志党中央的核心、全党的核心地位,确立习近平新时代中国特色社会主义思想的指导地位。"两个确立"体现理论发展的必然逻辑,为强国建设、民族复兴伟业提供了更为牢固的思想基础。习近平新时代中国特色社会主义思想是党的十八大以来历史性成就和历史性变革的理论结晶,形成了许多原创性、标志性、引领性新观点,实现了对中国特色社会主义建设规律认识的新跃升,开辟了管党治党、兴党强党的新境界,是马克思主义中国化时代化新的飞跃。

"两个确立"体现实践发展的必然结论,为复兴伟业提供更为显著的制度优势。党的十八大以来,党领导人民战胜一系列重大风险挑战,解决了许多长期想解决而没有解决的难题,办成了许多过去想办而没有办成的大事,形成一系列原创性思想、变革性实践、突破性进展、标志性成果,根本在于习近平总书记领航掌舵和习近平新时代中国特色社会主义思想科学指引。习近平总书记的核心地位是在具有许多新的历史特点的伟大斗争实践中形成的,是在广大人民群众的衷心拥戴中形成的,是在推动构建人类命运共同体中形成的。"两个确立"是实现中华民族伟大复兴进入了不可逆转的历史进程的关键所在,是实现第二个百年奋斗目标的根本保障。这是新时代实现伟大变革的关键所在,是新征程上赢得未来的必然要求。只有深刻领悟"两个确立"的决定性意义,领导干部才能够始终保持正确的政治方向和行动自觉。因此,要通过加强理论学习、深化实践探索等方式,不断增强领导干部对"两个确立"的认识和理解。

"四个意识""四个自信""两个维护"和"两个确立"是领导干部必须牢记的重要原则。只有不断加强自身建设和学习提高,才能够更好地履行职责使命、服务人民群众、推动事业发展;同时领导干部还需要注重实践锻炼和经验积累等来提升自身的综合素质和能力水平。

第二节　领导能力

党的十八大以来,党和国家高度重视领导干部队伍建设,不断深化干部人事制度改革,着力造就高素质干部队伍和人才队伍,着眼于提高领导干部的执政能力,以更好地服务人民群众。建设一支能力突出的领导干部队伍,无论是对经济发展、文化建设还是民生改善都具有推动作用。提高领导能力是加强党执政能力建设的要求,同时也是新时代党的事业发展的要求。

一、领导能力的内涵与特点

(一)领导能力的内涵

能力是指人能够进行某种活动或能胜任某项工作的主观条件,它对人的事业成败起着决定性的作用。领导能力是指领导者基本素质、思维方式、实践经验等在实施领导行为过程中的综合表现。也有学者把领导能力定义为:领导干部把握组织使命,有效地影响领导对象,使之围绕这个使命而工作、奋斗的各种条件的总和。

(二)领导能力的特点

从领导能力的定义,可以看出,领导能力具有以下几个特点:

1. 综合性

一般人的才能可以分为三种,即德、智、体。也就是说,人的才能是德、智、体的综合体。领导干部的领导能力也是这三种能力的综合体,这也印证了党对领导干部提出的三项要求——革命化、知识化、年轻化。领导能力是德、智、体的统一,不可偏废。有这样一句话:没有"德"的干部是"危险品",没有"智"的干部是"次品",没有"体"的干部是"废品",这句话更加形象地说明了领导能力的综合性特征。

2. 差异性

从领导能力的角度看,不同的领导干部具备不同程度的领导能力,这是必然的。有的领导干部领导能力要强些,有的领导干部领导能力相对要弱些;当然还有的领导干部一心为私,腐败无能;有的领导干部则德高望重、才华出众等。这些都反映了领导干部领导能力的差异性。

3. 动态性

唯物辩证法认为,一切事物都是变化发展的,那么人的能力也是会发生变化的。一般情况下,人的能力是逐渐增强的,特殊情况下,由于受客观条件的限制,比如年龄、身体等,能力也会逐渐减弱。同理,领导能力随着时间的推移、实践的检验、经历与阅历的丰富,也会逐渐增强。在现实生活中,一些领导干部抵制不住金钱等诱惑,原本领导能力较强,后经贪污腐化变得腐败无能,丧失领导能力,这在一些被查出的腐败官员身上体现得淋漓尽致。

二、领导能力是领导干部履职尽责的关键保证

在复杂多变的社会环境中,领导能力不仅关乎个人魅力,更是社会组织能否顺利运行、愿景能否实现的关键因素。简而言之,领导能力就是领导者在领导过程中展现出的决策、组织、协调、激励等综合能力。这种能力的高低,直接影响着领导职责的效果,是领导工作成功与否的关键因素。

(一)决策能力是领导能力的核心

决策是领导工作的首要任务,一个优秀的领导者必须具备一定的决策能力。决策能力包括敏锐的洞察力、准确的判断力和果断的决策力。在面对复杂问题时,领导者需要快速分析形势,权衡利弊,做出符合组织利益的决策。决策的正确与否,直接关系到组织的命运和未来发展。决策者要切实做到以下几个方面。

第一,苦练内功,理性决策。坚持战略、辩证思维,提升领导干部自身的能力素质,重点是通过持续的政治理论学习、专业理论学习、通识教育学习和实践探索,不断增强领导干部决策能力的理论根基。

第二,善用外脑,开门决策。公共决策需以大量真实、有效的信息,以及对专业和相关领域的洞察为基础。在知识裂变式增长的时代,仅靠领导者的个体知识、经验,显然难以进行科学决策。由此,必须开门决策,加强多层次、多方位、多渠道的决策信息搜集。

第三,于法有据,依法决策。现代治理的核心要义在于能否以理性、法治的手段推动良好秩序的形成,必须提高法治思维能力,办事依法、遇事找法、解决问题用法、化解矛盾靠法,避免产生新的难题。增强法治观念,破除认识误区,完善决策程序,把合法性审查作为决策的前置性条件,真正做到没有决策依据的议题不上会、没有搞明白的事情不上会、没有充分征求意见的议题不上会;精准施策,对决策问题进行分类管理。因此,领导者必须不断提高自己的决策能力,确保决策的科学性和有效性。

(二)组织能力是领导能力的基础

组织能力是领导者在领导过程中,对人力、物力、财力等资源进行合理配置和有效运用的能力。一个优秀的领导者必须善于制定计划、安排任务、调配资源,确保组织内部各项工作的有序进行。同时,领导者还需要关注组织外部环境的变化,及时调整策略,确保组织能够适应外部环境的变化。组织能力的强弱,直接影响着组织的运行效

率和竞争力。如果领导干部缺乏领导能力所必需的知识、能力、品质以及积极行为表现等,组织能力就会失去来源,组织就会变得软弱无力。可以说,领导干部的组织能力直接决定其领导能力,其领导能力的缺失,很大程度上是因为领导干部组织能力的缺失。当前,从提升领导能力入手,加强和改善党的领导,需要把组织领导能力与个体领导能力紧密结合起来,从"领"入手,由"导"贯通,实现"心"与"力"的积极融合。

(三)协调能力是领导能力的关键

协调能力是领导者在领导过程中,处理各种关系、化解各种矛盾、促进组织和谐发展的能力。一个优秀的领导者必须善于与上级、下级、同事、合作伙伴等各方面进行有效沟通,建立良好的人际关系。同时,领导者还需要善于处理各种复杂问题,化解各种矛盾,确保组织的稳定和发展。协调能力的强弱直接关系到组织的凝聚力和向心力,任何一项工作都需要根据各种实际情况灵活应对。一要有敏捷的反应力,领导干部要能够迅速准确地抓住要害。二要有准确的判断力,面对突发事件,如果领导干部缺乏应有的判断力,势必贻误时机,祸害无穷。因此,领导干部要时刻保持清醒的头脑,掌握各种突发状况的内在联系,善于从苗头上发现事件,并从全局的高度加以分析,及时化解各类突发情况。三要有巧妙的用"势"力,有智慧的领导干部懂得顺势而行,借势开创新局面。因此,领导干部要充分认清时局,协调一切有利因素与不利因素,做到因势利导,将潜在危害归零。

(四)激励能力是领导能力的体现

激励能力是领导者在领导过程中,通过激发员工的积极性和创造性,提高员工的工作效率和工作质量的能力。一个优秀的领导者必须善于发现和挖掘员工的潜力和优点,给予员工充分的信任和支持。同时,领导者还需要制定合理的奖励制度,激发员工的工作热情和创造力。激励能力的强弱直接影响着员工的工作积极性和组织的整体绩效。领导者如果善于运用激励艺术,就能把人的积极性调动起来,就能把人的潜能挖掘出来。新时代的领导干部要充分激发下属和群众的潜能,让他们全身心地履职尽责、干事创业,为实现组织目标而努力奋斗。

越是改革发展向纵深推进,就越是需要领导干部敢于担当、勇于负责、善作善成。这就需要着力加强正向激励,树立不负人民的家国情怀、追求崇高的思想境界,以奋发有为的精神状态干事创业,形成正向激励效应,激励广大干部在全面建设社会主义现代化强国的征程中奋发有为、建功立业。

三、领导干部要在提高"七种能力"上下功夫

习近平总书记提出了领导干部特别是年轻干部需要提高的"七种能力",这就是:政治能力、调查研究能力、科学决策能力、改革攻坚能力、应急处突能力、群众工作能力、抓落实能力。这"七种能力",是年轻干部解决实际问题的基础和保障。这"七种能力",是时代的呼唤,是发展的需要,更是人民的期待。为广大年轻干部列出"能力清单",既是期望,亦为鞭策。

（一）政治能力

在领导干部干好工作所需的各项能力中,政治能力是第一位的,是核心能力。有了过硬的政治能力,才能做到自觉在思想上政治上行动上同以习近平同志为核心的党中央保持高度一致,在任何时候任何情况下都能"不畏浮云遮望眼""乱云飞渡仍从容",保持政治定力和战略定力,切实担负起党和人民赋予的政治责任。

第一,把握正确政治方向。凡是有利于坚持党的领导和我国社会主义制度的事就坚定不移地做,凡是不利于坚持党的领导和我国社会主义制度的事就坚决不做。

第二,练就政治慧眼。领导干部要不断提高政治敏锐性和政治鉴别力,观察分析形势首先要把握政治因素,特别是要能够透过现象看本质,做到眼睛亮、见事早、行动快。

第三,加强政治历练。领导干部要对党的政治纪律和政治规矩怀有敬畏之心,自觉加强政治历练,增强政治自制力,始终做政治上的"明白人""老实人"。要在实践磨炼中强化政治担当,以"咬定青山不放松"的干劲抓工作、谋事业,以"抓铁有痕、踏石留印"的韧劲攻难关、克险阻,危急关头敢挺身、困难面前敢碰硬、阻力面前敢担当,逢山敢于开路,逆水继续行舟,多接一接"烫手的山芋",多当一当"热锅上的蚂蚁",经风雨、苦心志、壮筋骨,把自己锻炼成为烈火真金。

第四,加强理论武装。习近平总书记指出:"理论上清醒,政治上才能坚定。坚定的理想信念,必须建立在对马克思主义的深刻理解之上,建立在对历史规律的深刻把握之上。"①领导干部要注重提高马克思主义理论水平,学深悟透,融会贯通,做马克思主义的坚定信仰者、忠实实践者。只有学懂弄通了马克思主义立场观点方法,才能心明眼亮,深刻认识和准确把握共产党执政规律、社会主义建设规律、人类社会发展规

---

① 习近平:《习近平谈治国理政》第二卷,外文出版社2017年版,第35页。

律,才能始终坚定理想信念,在纷繁复杂的形势下坚持科学指导思想和正确前进方向,把中国特色社会主义建设不断推向前进。

（二）调查研究能力

调查研究能力是基本功,也是基本素质。中国特色社会主义进入新时代,面对诸多新情况、新问题和新矛盾,如何有效找到准确而又科学的答案,就必须不断提升调查研究的能力。领导干部唯有准确把握调研特点规律,运用科学方法,改进工作作风,才能提高调查研究能力,想干事、能干事、干成事,不断解决实际问题、破解实践难题,自觉担负起党和人民赋予的时代重任。

第一,准确把握特点规律,增强科学性。任何事物都是有规律可循的,调查研究工作也不例外。只有从根本上认识事物的本质属性,才能提高工作的科学性。开展调查研究要获得预期的效果,必须把功夫下在过程中,重视每一步的过程,一步一个脚印地做,一个环节一个环节地抓,切实把每个环节每个过程抓实抓到位,才能确保最终质量。

第二,运用科学方法,增强有效性。开展调查研究,光有良好的愿望不行,只凭热情和干劲也不行,还要有正确的工作思路和方法。要坚持以人民为中心的原则,防止一个"高"字;坚持解放思想、实事求是的原则,克服一个"怕"字;坚持科学分析的原则,避免一个"浅"字;坚持有的放矢、解决问题的原则,力戒一个"空"字。调查研究要带着问题下,盯着问题走,走一路思考一路,拿出建设性的意见和建议,用调查研究的成果帮助决策,切实在解决问题中发挥作用。

第三,改进工作作风,增强主动性。严谨细致的工作作风是搞好调查研究的重要保证。调查研究是一项严谨细致的工作,要有所发现,有所创新,就必须具备精益求精的工作作风。调查研究是一种能力,也是一种态度,更是一种作风。能力高不高,态度好不好,作风实不实,直接关系到解决实际问题的效果。身处大有可为的新时代,领导干部要起而行之、放下架子、扑下身子,到群众中去、到实践中去,深入调查研究,进行科学分析,把比较成熟的调研成果上升为决策部署,转化为具体措施;经风雨、见世面,真刀真枪锤炼能力,以过硬本领展现新作为,创造无愧于党和人民的新业绩。

（三）科学决策能力

科学决策能力直接关乎决策效果,是体现领导干部的执政能力和执政水平的重要条件,而科学的决策更是新时代领导工作的必然要求。

首先,要培育和提升领导干部的民主理念,始终把人民放在心中最高位置。要牢记我国是人民当家作主的社会主义国家,国家的一切权力属于人民。我们必须始终坚持人民立场,坚持人民主体地位,虚心向人民学习,倾听人民呼声,汲取人民智慧,把人民拥护不拥护、赞成不赞成、高兴不高兴、答应不答应作为衡量一切工作得失的根本标准。

其次,要明确"人民是我们党执政的最大底气",也是领导干部科学决策最有力的依托,必须积极推动人民参与公共决策。习近平总书记强调指出:"人民是历史的创造者、人民是真正的英雄,必须相信人民、依靠人民。"①领导干部在决策中只有积极听取人民群众意见,相信人民群众、依靠人民群众,才能获取科学决策最大的底气。

最后,要积极推动民主决策制度的建立与健全,确保人民群众能够切实通过常态化制度,有效参与到决策之中。

(四)改革攻坚能力

改革攻坚能力彰显担当意识与开拓精神,弥足珍贵。领导干部尤其是年轻干部面临着更加严峻的挑战,要进一步贯彻新发展理念、推动高质量发展、构建新发展格局,继续走在时代前列,需要领导干部进一步提升改革攻坚能力。

改革开放是一场深刻而全面的社会变革,每一项改革都会对其他改革产生重要影响,每一项改革又都需要其他改革协同配合。提升改革攻坚能力,要求改革胆子要大、步子要稳,要统筹考虑、全面论证、科学决策,发扬越是艰险越向前的斗争精神,保持刚健勇毅的改革勇气和决心;要坚持实事求是的思想路线,做推动改革的实事求是派,运用马克思主义的立场、观点、方法,对重大问题进行系统分析和全面解剖,坚持创新思维,跟着问题走、奔着问题去,在把握规律的基础上实现变革创新。

当前我国改革进入攻坚期和深水区,党的二十届三中全会明确了进一步全面深化改革、推进中国式现代化的任务书与路线图,能否坚定信心、凝聚力量、攻坚克难,确保各项改革举措落地生根,直接决定着改革成败。领导干部要努力提高改革攻坚的能力,发扬改革精神,遵循改革规律,掌握改革方法,以一往无前的决心和舍我其谁的担当,成为有决心有担当的改革实干家。

(五)应急处突能力

应急处突能力考验干部坚持原则能力与应变水平,对领导干部来讲,不可或缺。预判风险是防范风险的前提,把握风险走向是谋求战略主动的关键。这要求领导干部

---

① 习近平:《在"不忘初心、牢记使命"主题教育工作会议上的讲话》,人民出版社 2019 年版,第 4 页。

要增强风险意识,做好随时应对各种风险挑战的准备,做到不忽视任何一个风险。

在突发事件或危机事件发生时,领导干部能够迅速做出反应,采取有效措施进行应对。这要求领导干部具备冷静、果断的决策能力,以及丰富的应对经验和技巧,确保事态得到及时控制,避免事态扩大化。

(六)群众工作能力

群众工作能力是看家本领,必须掌握。只有坚持深入基层,才能全面了解情况,掌握最真实、最客观的情况。党员干部是党和国家联系服务人民群众的桥梁和纽带,要发挥好自身优势,主动深入基层、深入群众,掌握群众需求。

第一,紧跟时代步伐,把群众变化把握得更准。做好群众工作,首先要了解群众。要把握群众思想观念的变化,耐心细致、入情入理、精辟透彻地做好思想政治工作,做到一把钥匙开一把锁。要把握群众利益诉求的变化,准确判断群众需求,统筹协调解决好不同群体的共性需求和个性需求、基本需求和非基本需求、当前需求和长远需求,赢得群众的信任和支持。

第二,保持血肉联系,把群众感情培育得更深。要始终与群众在一起,建立健全直接联系群众常态化机制,主动地、经常地深入群众,走进街头巷尾、居民楼院、饭馆超市,坐公交、进医院、入市场,体验群众的生产生活,了解群众的生存状态,感受群众的喜怒哀乐,增强对群众的亲近感。要时刻关注群众思想情绪,广泛了解青年学生、务工青年、新社会阶层、特殊人群等各个群体对社会热点问题的看法,敏锐洞察他们的思想状态和情绪变化,有针对性地做好解疑释惑工作。要牢牢站稳群众立场,将心比心、换位思考,从群众的角度看问题,真正读懂群众在想什么、盼什么、怨什么,真正获得群众的理解和信任,把与群众的情感纽带联结得更加牢固。

第三,解决急难愁盼,把群众利益保障得更好。要从群众最关心、最直接、最现实的利益问题入手,多办为民利民的实事好事,把政绩写到人民的心坎里、群众的笑脸上。善于运用法治思维和法治方式做好群众工作。越是在深水区推进改革、在新阶段推动发展、在转型关键期化解矛盾,越要尊崇法治、敬畏法律,依法依规解决好群众的合理诉求,教育引导群众学法、用法、懂法、守法,保障群众合法利益不受侵犯。该让群众知道的要第一时间告诉群众,该让群众表达的要让群众"一股脑儿和盘托出",该让群众参与的要提供便利条件,该让群众监督的要坚决把权力置于阳光之下,努力让全社会都能感受到公平、正义、安全。

第四,善于宣传发动,把群众力量凝聚得更强。做好群众工作,就是要通过行之有效的宣传动员，将群众紧紧地凝聚在党的旗帜下，让群众更好知道党和政府正在做什么、还要做什么，引导动员群众把党的正确主张转化为自觉行动。要善于运用媒体，尤其是新媒体，宣传教育群众。努力走好网上群众路线，通过设置网络话题，引导群众在互动讨论中增强对党的政治认同、思想认同、情感认同，架起党群"连心桥"。要学会运用群众语言，说群众能听懂、想听爱听的话，宣传人民群众的幸福生活，展示平凡人物的精神世界，把群众的心捂得暖暖的、劲儿鼓得足足的。

（七）抓落实能力

抓落实能力是根本，工作实效关键看落实。领导干部要有"咬定青山不放松"的韧性，时刻保持政治定力，以坚定的理想信念作为定海神针和强大精神支撑。领导干部尤其是组工干部，要提高抓党建工作落实能力，必须认真贯彻落实新时代党的组织路线，正确认识和处理好"六个关系"。

一是理论与实践的关系。理论与实践二者不能分割，没有理论的实践是盲目的，没有实践的理论是空洞的。抓党建工作落实，必须做到理论与实践相结合。

二是党建与发展的关系。抓党建是最大政绩，抓发展是第一要务。必须拿出钉钉子精神，抓铁有痕、踏石留印，紧盯党的重大政治任务，扎扎实实抓好党建工作落实，确保经得起历史、人民和实践的检验。

三是务实与创新的关系。务实是创新的根基，离开务实，创新将是无源之水、无本之木。务实既是能力更是作风，是贯彻落实实事求是思想路线的根本要求。创新是务实的成果，实践永无止境，创新也永无止境。抓党建工作要跟着问题走、奔着问题去，通过大量调查研究，做到准确识变、科学应变、主动求变。务实和创新都需要担当，务实体现作风，创新体现水平。

四是形式与内容的关系。内容决定形式，形式不能离开内容。抓党建应该有必要的形式和载体，但如果只看表面不重实效，搞展板党建、墙上党建、留痕材料党建，就是形式主义。抓党建必须有实质内容、解决实际问题。要在层层抓落实、层层抓解决问题上下功夫，提高抓落实的质量和效率。

五是讲道理与干实事的关系。讲道理是组织群众、宣传群众、教育群众、凝聚群众的过程。干实事是想群众之所想、急群众之所急、办群众之所需的实践。讲道理与干实事是落实党的群众路线的必然要求，二者相辅相成、互促共进。

六是平时与战时的关系。平时多流汗，战时才能打胜仗少流血。平时要有平时的思路。牢固树立关键在平时的思想，以功成不必在我、功成必定有我的境界，多做关系全局的、艰苦细致的基础性长期性根本性工作,选干部配班子、抓基层打基础、聚人才建队伍,常抓不懈、久久为功,多在补短板、强弱项上下功夫,在提高党的执政能力上见成效。战时要有战时的打法。在关键时关键事上,要集中一切可以集中的资源、调动一切可以调动的力量,紧密配合、高效协同,以非常之策夺取非常之功。

"七种能力"是一个有机整体,不可偏废,领导干部应当起而行之、勇挑重担,不断提高"七种能力",为党和国家事业发展贡献强大动力。

四、领导干部要不断增强"八种执政本领"

"新时代意味着新起点新要求,新时代呼唤着新气象新作为。"①领导干部尤其是年轻干部要做到敢于担当,不仅要有敢担当的勇气和定力,更要有担得起的底气和能力。

党的十九大报告对领导干部提出了全面增强执政本领的要求。党的十九大报告指出:"领导十三亿多人的社会主义大国,我们党既要政治过硬,也要本领高强",并提出了需要增强的"八大本领":学习本领、政治领导本领、改革创新本领、科学发展本领、依法执政本领、群众工作本领、狠抓落实本领、驾驭风险本领。② 新时代党员领导干部应对"四大考验"、克服"四种危险"、统揽"四个伟大",增强"八大本领"是基础,更是保障。"八大本领"成为我们干事创业、成就梦想的动力源泉。

(一)学习本领

增强学习本领就是要求领导干部要提高学习新知识、新技能以适应不断变化的环境和任务要求的能力。增强学习本领就是要在全党营造善于学习、勇于实践的浓厚氛围,建设马克思主义学习型政党,推动建设学习型社会。为此,领导干部要努力学习各方面知识,努力在实践中增加才干,加快知识更新,优化知识结构,拓宽眼界和视野,着力避免陷入少知而迷、不知而盲、无知而乱的困境,着力克服本领不足、本领恐慌、本领落后的问题。

(二)政治领导本领

增强政治领导本领就是要求领导干部要坚持战略思维、创新思维、辩证思维、法治思维、底线思维,科学制定和坚决执行党的路线方针政策,把党总揽全局、协调各方落到实处。为此,领导干部要坚决维护党中央的权威,提升贯彻落实党的路线方针政策

---

① 习近平:《在党的十九届一中全会上的讲话》,《求是》2018 年第 1 期。
② 习近平:《习近平著作选读》第二卷,人民出版社 2023 年版,第 56 页。

的能力,自觉锤炼过硬的政治素质,有效应对政治风险。

(三)改革创新本领

增强改革创新本领就是要求领导干部要保持锐意进取的精神风貌,既结合实际又创造性地推动工作。创新能力来源于对各种经济社会现象的全面学习把握,来源于对未来发展趋势作出的科学判断,来源于亲身实践,来源于敢于创新的智慧和勇气。为此,领导干部要通过不断学习和积累,提高本领,激发人民群众的创造力,勇于尝试,不怕挫折,善于从思想上、制度上、方法上发现问题,理顺体制机制,这样才能真正增强改革创新的本领。

(四)科学发展本领

增强科学发展本领就是要求领导干部要提高贯彻新发展理念不断开创事业发展新局面的能力。增强科学发展本领重点在于贯彻新发展理念,不断开创科学发展的新局面,保持我国经济社会健康可持续发展。增强领导干部科学发展本领最主要的任务是提高领导干部对于科学发展动力来源和发展规律的深刻认识。为此,领导干部要在实际工作中贯彻创新、协调、绿色、开放、共享的新发展理念,从实现中华民族伟大复兴的高度把科学发展落到实处。

(五)依法执政本领

增强依法执政本领就是要求领导干部要认真学习党纪国法,自觉接受法律和纪律的约束,保障法律法规的公平正义。首先,要坚持提高自身的法律素养,做遵纪守法的楷模,在制定政策、行政执法中遵守法律法规,确保依法行政,维护人民群众的利益。其次,要提高法治思维能力,善于运用法治思维观察问题、解决问题,避免自由放任、粗暴执法。要善于针对存在的突出问题查找漏洞和薄弱环节,建设依法执政的长效机制。最后,要坚持用制度管党治党,坚决执行党内的各项规章制度和党中央决策部署,避免有禁不止和有令不行现象的发生,紧紧扎牢制度的"笼子",做到纪律面前无特权,党纪国法红线不逾越。为此,领导干部要增强法治观念、法律意识,坚持有法必依,善于运用法治方式开展工作,让人民群众在日常生产生活中都能感受到公平正义。①

(六)群众工作本领

增强群众工作本领就是要求领导干部要提高处理群众事务、解决群众问题、密切联系群众的能力和技巧。增强群众工作本领,创新群众工作体制机制和方式方法,推

---

① 何伟昌:《深刻理解全面增强执政本领的丰富内涵》,《实事求是》2018 年第 3 期。

动工会、共青团、妇联等群团组织增强政治性、先进性、群众性,发挥联系群众的桥梁纽带作用,组织动员广大人民群众坚定不移跟党走。① 为此,领导干部要学会通过网络走群众路线,经常上网看看,潜潜水、聊聊天、发发声,了解群众所思所愿,收集好想法好建议,积极回应网民关切、解疑释惑。

（七）狠抓落实本领

增强狠抓落实本领就是要求领导干部要坚持说实话、谋实事、出实招、求实效,把雷厉风行和久久为功有机结合起来,勇于攻坚克难,以钉钉子精神做实做细做好各项工作。为此,领导干部要大力弘扬实事求是、求真务实精神,理解改革要实,谋划改革要实,落实改革也要实,既当改革的促进派,又当改革的实干家。

（八）驾驭风险本领

增强驾驶风险本领就是要求领导干部要提高科学预见、主动作为、有效应对各种风险和挑战的能力。增强驾驭风险本领,健全各方面风险防控机制,善于处理各种复杂矛盾,勇于战胜前进道路上的各种艰难险阻,牢牢把握工作主动权。为此,领导干部必须积极主动、未雨绸缪、见微知著、防微杜渐,下好先手棋,打好主动仗,做好应对任何形式的矛盾风险挑战的准备,做好经济上、政治上、文化上、社会上、外交上、军事上各种斗争的准备,层层负责、人人担当。

第三节　在实践中提升领导素质与领导能力

2024 年 2 月,习近平总书记在为第六批全国干部学习培训教材所作序言中,要求各级干部发扬理论联系实际的马克思主义学风,当好中国式现代化建设的坚定行动派实干家。② 要深入学习贯彻习近平总书记重要指示精神,不断完善领导干部学习制度,推动全党学习热潮持续高涨。

一、健全领导干部学习制度

健全领导干部学习制度,是领导干部提升领导素质与领导能力的内在动力保证。

---

① 王英杰、吴林龙:《习近平关于新时代共产党人增强本领的重要论述研究》,《北京交通大学学报（社会科学版）》2022 年第 3 期。

② 《习近平为第六批全国干部学习培训教材作序》,《人民日报》2024 年 3 月 1 日第 1 版。

（一）加强组织领导，明确学习责任

习近平总书记强调，中国式现代化是强国建设、民族复兴的康庄大道，开辟的是人类迈向现代化的新道路，开创的是人类文明新形态。对我们党而言，这既是光荣的历史使命，也是严峻的现实考验，迫切需要以理论武装推动全党团结、事业发展。[①] 各级党委（党组）要切实担负起领导责任，把领导干部学习作为重要任务来抓。要明确各级领导干部的学习责任，把学习情况纳入领导班子建设和领导干部考核体系，作为评价领导班子和领导干部工作实绩的重要内容。同时，要注重发挥领导干部的带头作用，以上率下，带动广大党员干部积极参加学习。

（二）丰富学习内容，创新学习方式方法

各级党委（党组）要根据不同领域、不同行业的特点和需要，组织编写具有针对性、实用性和前瞻性的教材，帮助领导干部系统掌握科学理论、政策法规和业务知识。要注重运用现代信息技术手段，开展在线学习、微课堂等活动，增强学习的吸引力和感染力。同时，还要鼓励领导干部自主学习，为他们提供必要的条件和支持。

（三）强化督促检查，确保学习效果

各级党委（党组）要加大对领导干部学习的督促检查力度，采取专项督查和随机抽查相结合的考核方式。要建立领导干部学习档案管理制度，对学习情况进行记录和跟踪管理。对于在学习中表现突出的领导干部要给予表彰奖励，对于存在问题的领导干部要及时进行批评教育并督促整改落实。

（四）坚持学以致用，指导领导工作实践

习近平总书记强调，道不可坐论，理不能空谈。学习党的创新理论的目的全在于运用。各级干部要发扬理论联系实际的马克思主义学风，自觉掌握运用好党的创新理论这一强大思想武器，紧紧围绕以中国式现代化全面推进强国建设、民族复兴伟业这个中心任务，持续解决制约高质量发展问题、群众急难愁盼问题、党的建设突出问题，有效防范化解重大风险，创造性开展工作，不断把党的二十大描绘的宏伟蓝图变成美好现实。各级党委（党组）要注重引导领导干部将学到的知识和理论运用到实际工作中去，用理论指导实践、推动工作落实。要鼓励领导干部深入基层一线开展调查研究和工作指导活动，解决实际问题，推动工作取得实效。同时要注重宣传报道领导干部在学习实践中涌现出来的先进典型和经验做法，发挥示范引领作用。

---

① 《习近平为第六批全国干部学习培训教材作序》，《人民日报》2024年3月1日第1版。

（五）完善制度建设，构建长效机制

各级党委（党组）要结合实际制定和完善领导干部学习制度，包括学习计划制定、学习内容选择、学习方式方法创新以及学习效果考核等方面，都要有明确的规定和要求，形成一套完整有效的制度体系，为领导干部学习提供有力保障。同时要建立健全激励机制和约束机制，激发领导干部的学习动力和热情，推动学习活动深入开展。

二、常态化长效化推进党史学习教育

为了深入贯彻落实《党史学习教育工作条例》，必须坚持常态化长效化推进党史学习教育，确保广大党员干部能够深刻领悟党的初心和使命，在传承红色基因的教育中，不断提升领导素质和领导能力。

（一）深化党史教育理论研究，完善理论体系

党史学习教育的常态化、长效化推进，首先要从深化党史教育理论研究入手。加强对党史教育理论的深入研究，不断完善党史教育理论体系，推动党史教育理论创新。通过组织专家学者开展专题研讨、编写教材、发表学术论文等形式，加强对党史教育理论的总结和提炼，为党史学习教育提供坚实的理论支撑。

（二）加强党史教育教材编写，推广优质教材

习近平总书记指出："新时代以来，党的理论创新和实践创新是十分生动的，我们的学习也应该是生动的。这批教材集中反映了新时代的创新成果，展示了我们党推进和拓展中国式现代化的生动实践。各级干部要学好用好教材，当好中国式现代化建设的坚定行动派、实干家。"①

教材是党史学习教育的重要载体。要加强党史教育教材的编写工作，推出更多符合时代要求、贴近党员干部实际的优质教材。在教材编写过程中，要突出党的历史脉络和党的创新理论，注重教材的政治性、思想性、科学性和可读性。同时，要加强对教材的推广和应用，确保优质教材能够覆盖到广大党员干部，为他们提供系统、全面、深入的党史学习材料。

三、完善领导干部选人用人制度

完善领导干部选人用人制度，是确保党和国家事业持续健康发展的关键一环。一

---

① 《习近平为第六批全国干部学习培训教材作序》，《人民日报》2024年3月1日第1版。

个科学、合理、公正的选人用人制度,不仅能够选拔出德才兼备、能力突出的优秀人才,而且还能够激励广大干部积极进取、奋发有为,为党和人民的事业注入源源不断的动力。通过完善领导干部选人用人制度,倒逼领导干部始终关注自身的领导素质与领导能力提升工作。

（一）明确选人用人原则和标准

完善领导干部选人用人制度,最重要的是要明确选人用人的原则和标准。选人用人的原则包括坚持党管干部原则,确保党组织在选人用人过程中的领导权和把关作用;坚持德才兼备、以德为先的原则,注重考察干部的政治品质、道德品行和职业操守;坚持事业为上、人岗相适的原则,确保选拔的干部能够胜任岗位、推动事业发展。同时,要制定具体的选人用人标准,包括干部的年龄、学历、工作经历、专业能力等方面的要求,以及干部在思想政治、道德品质、工作作风等方面的表现。这些标准要具有可操作性、可衡量性,为选拔优秀人才提供明确的方向。

（二）优化选拔任用程序和方法

完善领导干部选人用人制度,需要优化选拔任用程序和方法。这包括建立公开、平等、竞争、择优的选拔机制,通过笔试、面试、考察等多种方式全面了解干部的能力和素质;推行民主推荐、民主测评等制度,广泛听取群众意见,确保选拔的干部具有广泛的群众基础;加强组织考察和审查工作,全面了解干部的政治表现、工作实绩和廉洁自律情况。同时,要创新选拔任用方式,如采用竞争性选拔、公开遴选等方式,拓宽选人用人渠道,提高选拔任用工作的透明度和公信力。

（三）加强干部培养和管理

完善领导干部选人用人制度,需要加强干部培养和管理。这包括加强干部教育培训工作,提高干部的政治素质和业务能力;建立科学的干部考核评价机制,通过定期考核、专项考核等方式全面了解干部的工作表现和能力水平;加强干部监督管理工作,建立健全干部监督体系,确保干部廉洁自律、勤政为民。同时,要注重干部激励和保障工作,建立健全干部激励机制和保障机制,为干部提供必要的物质和精神支持,激发干部的工作热情和创造力。

（四）推动选人用人制度改革创新

完善领导干部选人用人制度,还需要推动选人用人制度的改革创新。这包括深化干部人事制度改革,推动干部选拔任用工作的科学化、民主化、制度化;加强干部队伍建设规划工作,根据事业发展需要合理确定干部队伍结构;加强选人用人制度宣传教育工作,提高广大干部对选人用人制度的认识和理解。同时,要鼓励和支持各地各部门在选人用人制度方面进行探索和创新,形成各具特色的选人用人制度模式,为党和国家事业发展提供有力的人才保障。

【思考题】

1.阅读材料回答问题

总书记对年轻干部上了一堂"综合素质课"

2021 年秋季学期中央党校(国家行政学院)中青年干部培训班 9 月 1 日上午在中央党校开班。习近平总书记为全体学员讲授"开班第一课"。这是 2019 年以来,习近平总书记第五次为中青年干部培训班开班式"讲课"。

在这次"课"上,习近平总书记用"信念坚定、对党忠诚,注重实际、实事求是,勇于担当、善于作为,坚持原则、敢于斗争,严守规矩、不逾底线,勤学苦练、增强本领"48 个字,凝练出年轻干部生逢伟大时代,必须练好内功、提升修养,努力成为可堪大用、能担重任的栋梁之才的重要主题。

这 48 个字划出了前四次"课"的重点,可以说是"集大成者"。习近平总书记用一堂"综合素质课"对年轻干部发出号召、提出要求、作出动员。习近平总书记始终站在党和国家事业发展的高度,指出这一时代背景下年轻干部应具备的本领和能力。

"信念坚定、对党忠诚"。党的十八大以来,习近平总书记反复强调,"坚定理想信念""做到对党忠诚"。此次,习近平总书记指出了两者辩证统一关系,即"理想信念坚定才能对党忠诚,对党忠诚是对理想信念坚定的最好诠释"。

"注重实际、实事求是"。习近平总书记指出:"从当前干部队伍实际看,坚持实事求是最需要解决的是党性问题。"干部是不是实事求是可以从很多方面来看,最根本的要看是不是讲真话、讲实话,是不是干实事、求实效。

"勇于担当、善于作为"。习近平总书记强调:"担当和作为是一体的,不作为就是不担当,有作为就要有担当。"干事担事,才是年轻干部职责所在、价值所在。

"坚持原则、敢于斗争"。习近平总书记指出:"共产党人讲党性、讲原则,就要讲斗争。"

"严守规矩、不逾底线"。习近平总书记指出:"讲规矩、守底线,首先要有敬畏心。"共产党人为的是大公、守的是大义、求的是大我。

"勤学苦练、增强本领"。习近平总书记强调:"坚持在干中学、学中干是领导干部成长成才的必由之路。"我们处在前所未有的变革时代,干着前无古人的伟大事业,如果知识不够、眼界不宽、能力不强,就会耽误事。

习近平总书记用这48个字,就是希望年轻干部在辩证统一中深化认识,全面系统地理解这些要求。培养选拔优秀年轻干部,关乎党的命运、国家的命运、民族的命运、人民的福祉。习近平总书记曾用"百年大计"来形容这项工作的重要性。此次讲话中,习近平总书记话语间字字"落地生根",对年轻干部谆谆教导。

"刀要在石上磨、人要在事上练,不经风雨、不见世面是难以成大器的。""年轻干部精力充沛、思维活跃、接受能力强,正处在长本事、长才干的大好时期,一定要珍惜光阴、不负韶华,如饥似渴学习,一刻不停提高。"

"要发扬'挤'和'钻'的精神,多读书、读好书,从书本中汲取智慧和营养。""如果忙忙碌碌,只是机械做事,陷入事务主义,是很难提高认识和工作水平的。"

——摘编自半月谈网,2021 年 9 月 2 日

结合材料回答以下问题:

(1)请你谈谈对习近平总书记上述"48 字"的理解?

(2)阅读上述材料,请你结合实际,谈谈如何在工作中锤炼领导素质?

2. 阅读材料回答问题

突出政治训练,提高政治判断力、政治领悟力、政治执行力

"以坚定理想信念宗旨为根本,以全面增强执政本领为重点,培养造就政治过硬、适应新时代要求、具备领导社会主义现代化建设能力的高素质干部队伍。"2023 年 8 月 31 日,习近平总书记主持召开中共中央政治局会议,审议《干部教育培训工作条例》《全国干部教育培训规划(2023—2027 年)》,为新形势下进一步做好干部教育培训工作明确了方向路径。

在干部干好工作所需的各种能力中,政治能力是第一位的。党的十八大以来,干部教育培训工作坚持把政治训练作为重要任务,教育引导广大干部不断增强思想政治素质,提高政治判断力、政治领悟力、政治执行力。

一、通过严格的党性锻炼、党性实践,铸就政治忠诚

种树者必培其根,种德者必养其心。党性教育是共产党人修身养性的必修课,也是共产党人的"心学"。新时代以来,中央组织部印发文件,对加强和改进党性教育、开展理想信念和道德品行教育作出安排。

各地区各部门各单位结合开展党的群众路线教育实践活动、"三严三实"专题教

育、"两学一做"学习教育、"不忘初心、牢记使命"主题教育、党史学习教育、学习贯彻习近平新时代中国特色社会主义思想主题教育，抓好党章和党规党纪学习，引导党员干部弘扬光荣传统、传承红色基因、提升党性修养，坚守共产党人精神家园。江西实施"传承红色基因教育培训计划"，整合井冈山精神、苏区精神、长征精神等红色教育资源，整体推进干部党史教育、党性教育。

二、抓好领导干部这个"关键少数"，强化"一把手"政治培训

根据党中央安排，每年举办省部级主要领导干部专题研讨班，组织学员围绕学习贯彻习近平总书记系列重要讲话和中央全会精神进行深入研讨；强化对关键岗位、重点领域干部培训，分期分批对市委书记、市长和中管金融企业、中管企业、中管高校领导班子成员开展提升政治能力专题轮训。

结合领导班子和干部队伍建设实际，及时部署开展换届后市县党政主要负责同志"加强政治能力建设"培训，在国家级干部院校对市（地、州、盟）党政正职进行全覆盖培训，同时指导各地区抓好县（市、区、旗）党政主要负责同志全员培训。

三、着眼抓好后继有人这个根本大计，持续加强中青年干部理想信念教育

从 2019 年春季学期开始，习近平总书记连续 6 次为中央党校（国家行政学院）中青年干部培训班学员上"开学第一课"，亲授成长成才之道。着眼加强年轻干部政治训练、忠诚教育，全面改进中青年干部培训班次设置、课程方案、教学方法、管理模式，有效提升了培训的时代性系统性和针对性有效性。

各地区各部门各单位加强对年轻干部的理论教育和党性锻炼，帮助年轻干部扣好"第一粒扣子"。江苏在省委党校中青年干部培训班中选派正厅级以上干部担任政治辅导员全程跟班辅导，发挥思想导学员、从政教练员、价值传道员、干部观察员、工作研究员的作用。

——根据《光明日报》2023 年 10 月 19 日要闻整理

结合材料回答以下问题：

(1)阅读上述材料，请你谈谈为什么说在领导干部干好工作所需的各种能力中，政治能力是第一位的。

(2)上述材料中，为了提高领导干部的政治能力，采取了哪些具体的对策？

第三章　领导职能与领导执行力

本章主要介绍领导职能与领导执行力两个方面问题。领导职能是领导的职责和社会功能,领导执行力是领导干部准确贯彻党和政府的决策部署、高效履行职责使命、顺利实现既定目标的工作能力。要成为一名优秀的领导干部,既要清晰地认识自身的职能,也要深刻理解组织发展的目标和使命;既要有敏锐的政治洞察力,能够做出科学正确的决策,更要有坚强有力的执行力,能够带领团队共同为实现组织目标而努力奋斗。

第一节　领导职能

任何人一旦走上领导岗位,就担任一定的领导职务,担当一定的社会责任,发挥一定的社会功能。领导者必须明确应该做哪些工作、抓哪些问题、工作的主要内容是什么等。

一、领导职能的内涵与地位

（一）领导职能的内涵

领导职能是指领导者运用组织赋予的权力,组织、指挥、协调和监督下属人员,完成领导任务的职责和功能。就领导的职责和社会功能而言,包含两方面内容:一方面是指领导在社会组织中的地位与作用;另一方面是指领导工作所具有的社会职责,它是领导本质的具体体现。每一个社会和组织的领导职能都呈现出两种属性:自然属性与社会属性。[①] 自然属性职能是由社会共同劳动过程产生的职能,如预测、决策、计

[①]　黄东阳、林修果:《领导科学》,北京大学出版社 2016 年版,第 53 页。

划、指挥、组织、协调等;社会属性职能是由特定生产关系产生的职能,具有阶级性,主要适用于统治阶级内部或有共同利益的社会集团内部。自然属性存在于社会属性之中,社会属性也表现出一定的自然属性。领导职能的社会属性占主导地位,起决定作用。随着社会生产和领导活动的发展,在不同行业、不同时期,领导职能也处于不断变化当中。

(二)领导职能的地位

分析领导职能在领导科学范畴中所处的地位,有助于全方位、多层次了解和学习领导科学。

第一,领导职能的基础地位。领导职能在领导科学范畴体系中居于基础地位,是从管理科学中分离出来的。领导与管理的关系问题,在理论界早期并未达成一致认识,一些学者把领导作为管理的组成部分。如法国管理学家法约尔提出管理"五要素"说,把"计划、组织、指挥、协调和控制"统归于管理,把"计划"即决策作为管理的组成部分;美国行为主义学者西蒙更是提出"管理就是决策"的观点。20 世纪 80 年代,我国一些专家学者突破了这个论域,把领导与管理加以区分,建立起具有中国特色的领导科学。领导职能与管理职能相分离,为领导科学的产生奠定了基础。

第二,领导职能的支配地位。所谓领导职能的支配地位是指所有领导者的领导活动,都受其职能的支配。领导活动是领导者个人或领导群体根据职能的本质要求,在其职能的支配下,与被领导者相结合,实现某一预定目标的活动。[①] 对于领导干部来说,职能的本质就是全心全意为人民服务,这是领导活动的出发点和归宿。这一本质的体现,要求领导活动必须受其职能的严格支配,否则活动将会陷入混乱,甚至产生负面作用。

第三,领导职能的核心地位。之所以说领导职能在领导科学范畴体系中居核心地位,在于它包含着领导科学研究对象的一切矛盾,紧系领导科学的全部理论,客观地占据着核心位置,发挥着核心作用。应该说,正是由于"职能"这个核心细胞的存在,领导科学研究对象的一切矛盾才得以展开,领导科学的全部理论才能确立起来。

二、领导职能的主要内容

领导职能主要包括决策、用人、协调、控制和教育五大基本职能。决策贯穿于所有

[①]　柴永庆、王淑贞、宋国柱:《领导职能在领导活动中的地位与作用——再谈领导职能应是领导科学的逻辑起点》,《领导科学》1994 年第 5 期。

领导职能之中,用人是领导的灵魂,协调是领导工作实现组织目标的有效手段,控制是领导既定目标得以实现的保证,教育是传承工作方法与组织文化、培育人才的有效途径。

（一）决策

决策是指领导者在正确理论指导下,按照科学、民主、法定的体制与程序,运用科学的方法与先进的技术手段,选择和决定未来行动和恰当人选的过程。科学决策包括确定目标、方案拟制、方案优选、方案执行、实施反馈等多个关键步骤和环节,是一个循环往复的创造性活动。决策是领导者最主要的职能,决策的科学与否关系到领导活动的成败。

（二）用人

治国之道,惟在得人。知人善任是领导活动的又一基本职能,体现在领导者具体领导活动中对人才的全面考察、选拔、使用之中。毛泽东曾经指出:"领导者的责任,归结起来,主要地是出主意、用干部两件事。"①所谓"用干部",就是指领导者知人善任。要使决策付诸实施,必须对组织群体进行合理调配,将人员安排到最适宜的位置上,充分发挥组织成员的聪明才智,使职得其人、人尽其才。邓小平指出:"任何事情都是人干的,没有大批的人才,我们的事业就不能成功。"②由此可见,领导者制定的战略决策目标以及各项路线、方针、政策的实现,必须通过一定的人去贯彻执行,选才用人是领导者的重要职能之一。

（三）协调

协调是指领导者为了实现战略目标,针对领导活动中出现的矛盾和问题进行调整的过程。具体而言,就是领导者采取各种措施和方法,解决和消除组织内部各要素之间以及组织与外部环境之间在目标、利益、行为等方面的分歧、矛盾与冲突等,使各方相互间协同一致,形成合力,高效实现组织目标的行为过程。领导者应有效发挥协调职能,充分调动各方面的力量,促使组织内部各部门和人员之间密切协作,减少内耗,以更好地实现决策目标。

（四）控制

控制是领导活动的一个重要环节和基本要素。所谓控制是指领导者为确保组织

---

① 《毛泽东选集》第二卷,人民出版社1991年版,第527页。
② 《邓小平文选》第二卷,人民出版社1994年版,第221页。

目标的顺利实现,遵照一定的科学程序,对组织内部各项工作的进展情况和实际效果进行监控和评估,并在其偏离预定轨道时采取措施加以纠正的过程。控制是实现决策目标的保证,可以及时发现问题并迅速补救工作失误,有助于促进资源的合理配置和有效利用,有助于从整体上维护组织利益,减少不确定性和风险。

（五）教育

领导的教育职能是指领导者对其下属进行宣传、动员、培养、训练等,进而从各方面提高组织成员素质和能力的领导活动。一般来说,领导的教育职能可分为思想政治教育和业务技能教育两大类。思想政治教育的目的在于解决人们的思想认识问题,以正确的世界观、人生观和价值观去引导下属,将党的路线、方针、政策转化为他们的自觉行动,是实现领导决策的保障,是一切工作的生命线;业务技能教育则侧重于提升员工的专业知识和工作能力,使他们更好地适应工作中的各种挑战,提高工作效率和质量。领导通过教育活动,不仅可以传承专业的工作方法与技巧,提升下属的职业能力,激发组织成员的潜力,了解下属的思想动向,促进相互间的沟通与信任,还可以传播组织文化,有助于增强下属对组织的认同感和归属感。

三、领导职能有效履行的条件与保证

领导者在领导活动中所拥有的权威和影响力,与其在组织中的职位、权力和责任存在密切的联系。领导者职位、权力、责任的统一,是实现有效领导的重要原则之一。

（一）领导者的职位、权力与责任

第一,职位。职位是指权力机关和人事行政部门根据法律的规定,按照规范化程序选举、聘用或者依据法定程序任命领导者担任的职务和承担的责任。职位是领导者有效履行领导职能的首要条件,它由职务和职责两部分构成。职务意味着相应的工作指挥与统御权,职责意味着担任某一领导职位的人负有对该组织的领导责任。领导者的职位赋予了领导者在组织中一定的权威和地位,使其能够调配资源、指挥团队成员开展工作,并对工作结果负责。

第二,权力。权力泛指一个人或组织对他人或其他组织产生的控制力和影响力。任何人被组织或群体正式授予某种领导职务时,就意味着其获得了与此相适应的权力,这种权力受法律的保护。故领导者在履行领导职责时,也必须按法律规范行动。权力是领导者实现组织目标不可或缺的手段和工具,同时又具有很强的腐蚀力,一旦经不起诱惑,便会成为权力的俘虏。

第三,责任。领导者的责任涵盖两层意思:一是职位、职权由权力部门、上级组织或选举者所规定和要求;二是在一定职位上具有一定权力的领导者,担负着与权力相当的成败荣辱的个人重担。领导者的责任主要由政治责任、工作责任、法律责任三个层面构成:一是政治责任,就是一个领导者依照权力机构或授予者的要求进行工作,完成工作过程之后造成的客观社会影响。二是工作责任,指的是领导者担任某一职务所应承担的义务,以及对成败的个人担当。三是法律责任,则是指领导者担任某一职务、运用某种权力,而对法律所应作出的工作效率和社会影响的回应。[①]

(二)明确领导履职中的职、权、责关系

领导者的职位、权力、责任三者是相互关联、相互依存且相互制约的关系。三者的协调统一,是实现有效领导、履行领导职能的必要条件。

第一,职与权的统一。职位是权力的基础,也是前提条件,权力是职位的表现形式。所谓职与权的统一就是指领导者的职位与拥有相应的权力一致,领导者所处的职位决定了其在组织中的层级和角色定位,当领导者担任了特定的职位时,就应被赋予相应的权力,以便能够有效地履行职责、完成工作任务。在组织中,职位和所拥有的权力应当相互匹配,确保职权统一,避免权力分配随意性的问题。

第二,权与责的统一。所谓权与责统一就是指权力主体履行的责任要与其所拥有的权力相当。有权必有责,权责统一是开展领导工作的基石。一方面,权力是责任的基础和条件,没有足够的权力,责任主体就无法顺利履行责任;另一方面,责任对权力起制约和约束作用,行使何种权力就应承担何种相应的责任,权力越大,责任也就越大。真正称职的领导者必须做到尽职尽责。

第三,职与责的统一。所谓职与责的统一就是指领导职务与领导担当责任相匹配,职务越高,责任越大,在什么职位就担当什么职务。2021年9月,习近平总书记在中央党校(国家行政学院)中青年干部培训班开班式上强调:"干事担事,是干部的职责所在,也是价值所在。"[②]领导干部在其位就要谋其政、尽其责,这既是政治使命所赋,也是职业操守所系。

(三)确保领导职能的有效履行

第一,培养责任担当意识,提高履职尽责能力。领导干部身负何种职务就应承担

---

① 黄东阳、林修果:《领导科学》,北京大学出版社2016年版,第61页。
② 《信念坚定对党忠诚诚实事求是担当作为 努力成为可堪大用能担重任的栋梁之才》,《人民日报》2021年9月2日第1版。

相应的责任,而有些领导干部往往只有当官和掌权意识,却缺乏责任意识。要通过加强思想政治教育,带来"看不见的变化"和"思想的增量",使领导干部养成尽责为荣、失责为耻的责任道德,培养"权力就是责任"的意识,做到愿意担当,乐于担当。[1] 与此同时,还要提升领导干部履职尽责的能力。职权责的统一,需要有与之匹配的能力,大材小用与小材大用,都会使权责利原则难以真正落实。"打铁必须自身硬",党员领导干部应勤练内功,切实增强履职尽责的能力,做到能够担当、善于担当。

第二,健全权责体系,为领导职能全面落实提供制度保障。权责界定清晰、权力运行规范、责任主体明确,要有严格的监督检查,为领导职能得以全面、准确、高效落实提供制度支撑。一是建立健全岗位责任制。要细化岗位责任,量化岗位目标,明确责任主体以及各岗位工作职责、任务标准、考核办法等,确保每项工作都有专人负责,落实到位;要划分好责任层级,厘清上下级之间的权责分工,构建环环相扣、责任明晰的执行责任体系,使每个人按责任履责。二是完善责任考核制。权力的运行是权责体系健全的关键,权力运行是否合理与制度规范、责任约束息息相关。建立科学、完善、可操作的考核制度,是衡量工作成效、促进责任落实的重要手段。要通过考核制度真正找出差距和优劣,并实施合理的奖惩,以此激励大家履职尽责。三是健全问责制。明确责任主体是权责体系运转的保障,严以问责是增强领导干部责任担当的重要动力机制。要建立健全责任追究机制,对失责、失职、渎职等行为严厉追究,以强化领导干部的责任意识,倒逼领导责任的落实。

第三,营造良好社会环境,激活领导干部尽职尽责的潜能。要创造公平竞争的用人环境,旗帜鲜明地选用、保护、宣传敢于负责、敢于担当的干部,形成人人担当谋发展的良好氛围。当前,一些官员存有"不求出彩、但求无过"的心态,畏手畏脚,一味"求稳",不利于经济社会的进一步发展。要贯彻落实习近平总书记提出的"好干部"标准,形成正确的选人用人导向,"能者上、能担当者上",为那些敢于担当的领导干部撑腰鼓劲。同时,建立健全容错免责机制,宽容挫折,容忍失败,激励领导干部从"求稳"到"求变",以更加开放和积极的心态去尝试新的思路和办法,推动各项事业的发展。

四、当前领导职能履行中的突出问题

当今组织管理中,一些领导干部履职存在重决策领导而轻伦理领导、重简单激励而轻复合激励、重指导内务而轻外部环境等问题,值得我们注意。

---

① 刘卫常:《权责利原则视角下领导干部责任担当的强化》,《中国井冈山干部学院学报》2017 年第 4 期。

第一,注重决策领导,而忽视伦理领导。决策是各级领导者一项最基本的职能。部分领导者仅仅依赖决策性领导这一单一的领导方式,而忽视伦理领导的作用,甚至完全缺乏伦理领导的意识。伦理领导指的是领导者通过个人行动和人际交往向下属展现规范适当的行为,并通过双向沟通、强化和决策等,促进下属形成伦理道德行为的领导风格。伦理领导有别于仅仅发挥角色任务的领导方式,它更注重人的主观能动性。将伦理领导与决策领导有机结合,更有益于促进组织领导目标的实现。

第二,注重简单激励,而忽视复合激励。在管理学理论研究中,激励被认为是"最伟大的管理原理",它是指通过满足组织成员的各种需要来激发人的动机,发挥人的潜力,调动人的积极性,增强组织对人才的吸引力,从而提高工作绩效,实现组织目标。建立良好的激励机制,是吸引人才的有效手段,是领导用人水平的集中体现。但在实际工作中,领导的激励方式仍比较单一,主要以口头表扬奖励、年度评选先进以及配以低额的奖金为主要手段,对目标激励、使命激励、组织文化激励等手段的综合运用重视不足,尚未构建一套有效的复合型激励机制,没有完全有效激发组织成员的积极性。

第三,注重指导内务,而忽视外部环境。一些领导者常常疲于组织内部稳定运行,而忽视了外部环境的利用,甚至对服务对象的真正需求重视不足,缺少利用组织外部资源的意识。在实际工作中,跨部门之间的合作以及与服务对象之间的联系互动不足,导致获得的社会认可度也不高。作为组织领导者,必须兼顾各方,协调发展,通过加强内部管理,为外部环境营造提供坚实的基础和保障。同时,通过外部环境改善,为组织内部发展赢得良好的社会氛围和支持条件。

第二节　领导执行力

"天下之事,不难于立法,而难于法之必行。"好的政策法规、好的战略规划,其生命力都在于执行,而执行的关键在于增强执行力。对个人而言,执行力就是办事能力,对团队而言,执行力就是战斗力。

一、领导执行力的内涵

所谓执行力,简单地说,就是保质保量地按时完成工作任务的能力。对于领导干部而言,执行力就是贯彻执行党和国家的理论路线、方针政策、法律法规,以及上级的决策部署、决定决议、指示意见、规划方案等,从而实现战略目标和任务的能力。执行力是执政能力的重要体现,是领导干部的基本素质之一。增强领导干部的执行力,是确保党的路线方针政策和重大决策部署贯彻落实的必然要求,是推动经济社会和各项事业科学发展的重要保证。习近平总书记指出:"如果不沉下心来抓落实,再好的目标,再好的蓝图,也只是镜中花、水中月。"①这个重要论述强调了落实和执行的重要性。新时代新征程推进伟大事业,更需要高效的执行力,这样才能出实招、干实事、创实绩。

二、领导执行力的核心要素

领导干部队伍的执行力建设是一项系统工程,既要提升领导干部高效执行的思想意识和行动自觉,又要依赖其自身学习与锻炼提升执行能力。要进一步提升领导执行力,必须注重以下四个核心能力的提升。

第一,提升学习能力是基础。领导干部的执行力包含多种能力要素,其中最基础的是学习能力。学习能力通常是指人们在正式或非正式学习环境下,自我求知、做事及发展的能力。领导干部要适应新形势、新任务的要求,不断提升执行力,就要不断加强学习、更新知识、积累经验,为有效地执行任务提供必要的知识储备和技术支持。比如,认真学习马克思主义哲学及辩证法,有助于拓宽视野和思维方式;深入学习党的理论、路线、方针、政策等,有助于提升科学决策与政治判断力。在学习中,领导干部要不断总结经验,反思自己的行为和决策,能更好提升应对挑战和问题的能力;与人交流、分享,建立人际关系网络,有助于工作中协调各方资源,形成合力;用心学习语言文字应用,可以增强理解力和沟通能力。

第二,提升决策能力是关键。决策能力是决策者根据既定目标,认识当前状况,预测未来走向,并决定最优行动方案的能力。决策贯穿于领导活动的始终,提升决策能力是培养领导干部执行力的关键。树立现代决策理念,掌握和运用现代决策方法,努力提高科学决策、民主决策、依法决策的水平,是摆在各级领导干部面前的重大课题。领导干部既要尊重科学和事实,唯实不唯上,依据客观规律、实际情况做出判断和制定方案,又要虚心求教,从善如流,倾听来自各方面的声音,包括下属、群众以及专家的意见和建议;既要善于领悟上级的决策,准确把握上级的意图和战略方向,又要充分考虑本部门的实际条件和特点,创造性地做出科学可行的决策。所有决策都要经得起实践的检验、人民的检验和历史的检验,切实实现决策的科学化与民主化。

第三,提升组织协调能力是核心。组织协调能力是指根据工作任务,对资源进行

---

① 《习近平对全国党委秘书长会议作出重要批示》,《秘书工作》2014 第 11 期。

分配,同时控制、激励和协调群体活动过程,使之相互融合,从而实现组织目标的能力。各类资源的有效整合、优化配置,能够为高效执行提供强有力的支撑。作为领导干部,职责涉及方方面面的工作,要有效地进行组织实施,就要善于统率和调动各方力量,最大限度地调动各方面的积极性,形成强大的合力,以最小的投入取得最大的成效,实现既定的目标。

第四,提升创新能力是目标。创新是民族进步的灵魂,是国家兴旺发达的不竭动力,也是一个政党永葆生机的源泉。提升领导干部的创新能力,事关全面建设社会主义现代化强国的大局。领导干部要在中国式现代化全新的事业中把握大势、统揽全局,切不可墨守成规,故步自封,要敢于尝试新方法,敢于应对新挑战。在履职尽责过程中,领导干部要一切从实际出发,敢于发现问题和提出问题,要不拘泥于书本和经验,练就深邃的洞察力和敏锐的观察力,增强在执行中的坚定性和灵活性,创造性地开展工作,把工作做到实处。

三、领导执行力与领导力的联系与区别

现代管理学原理告诉我们,领导力与领导执行力是统一于领导者身上的两种职务行为取向。领导力决定执行力,执行力保障领导力,二者相互联系、相互依存、相互促进。

第一,从组织目标实现的角度来看,领导力是前提,执行力是基础。领导在于做正确的事,执行在于把事做正确。没有执行的领导力,组织目标便无法实现,而没有领导的执行力,要么事倍功半,要么目标根本无法达成。因此,领导力与执行力是相互支持、彼此保障,是辩证统一的整体,在组织目标实现的过程中,二者缺一不可。

第二,从领导者职能发挥角度来看,领导力与执行力是领导者的一体两面。领导力既反映在组织目标的制定、资源的分配、关系的协调上,也反映在实施目标的过程中对成员的激励与影响。而领导执行力不仅反映在组织目标的细化、工作任务的明确以及执行过程的指导、控制、监督上,还反映在将组织职能与任务联系在一起,因人因事地贯彻组织目标。由此可见,任何一名领导者既承担着组织目标的确立与组织任务的分配,也担负着执行过程中管理、控制、评价、反馈等职能。领导执行力与领导力是领导者实现组织目标、推动组织发展的必要素质与能力。

第三,从实现途径角度来看,领导力关注领导者的素质与影响,领导执行力关注制度与文化。领导力主要表现在领导者的德(思想、政治、修养、道德)、识(认识、分析、处理问题的知识与能力)、才(解决问题的能力)、学(理论知识水平)四大方面;而执行

力更多地体现在组织成员对制度的落实、对命令的服从以及组织的执行文化之中。①作为一个组织的领导者,其个人的执行力体现在以身作则的表率作用上;作为下属而言,执行力体现在对组织制度的坚决服从与对上级领导的令行禁止上,而对一个组织来说,其执行力体现在组织的作风纪律与风气之中。

四、当前领导执行力不强的主要表现

党和国家历来高度重视领导干部的执行力建设。特别是党的十八大以来,从中央到地方各级党委政府狠抓反腐倡廉建设与干部队伍执行力建设,领导干部的执行力在整体上有了很大提升。中国特色社会主义进入新时代,对广大领导干部执行力提出了新的、更高的要求。当前领导干部的执行力还不能完全适应新目标、新形势、新任务、新发展的要求,存在一些不容忽视的问题,主要表现在以下几个方面:

第一,因循守旧,机械式执行。一些领导干部对上级政策缺乏深入理解,在实施过程中没有充分考虑客观环境,漠视实际情况和条件,生搬硬套上级政策或外地经验,导致一些好的政策得不到有效贯彻落实。也有一些领导干部过于依赖政策,被动等待上级指示和安排,在执行中照本宣科,对实际情况缺乏主动分析与思考,从而影响了执行效果。

第二,安于现状,敷衍式执行。一些领导干部在执行过程中,习惯于用文件落实文件,以会议贯彻会议,形式上看似完成了任务,实际上什么问题都没有解决。一些领导干部畏首畏尾,缩手缩脚,不愿得罪人,怕惹事,在面对繁杂的工作时无法理清思路,遇到工作难题时也无法有效解决,遇事避重就轻,碰到问题绕道走,歪风邪气不敢管,安于现状,不愿作为。

第三,不讲大局,选择性执行。一些组织领导者在对上级政策的实际执行中,过于关注本部门利益或个人利益,缺乏顾及整个团体利益与发展意识,将小群体作为政策执行的起点,有丰厚的利益就争相去干,没有利益则避而远之,无视整体的发展大局。这种行为必然要给组织带来一定的经济损失,降低办事效率,损害整体的利益。还有的领导干部不顾群众权益唯上欺下,上面领导喜欢什么就干什么,上面领导说什么就做什么,选择性地做工作。

第四,不求进取,简单粗暴式执行。有的领导干部自认为在其本职工作中积攒了很多的经验,缺少学习更新知识的主动性,缺乏接受新事物的勇气,管理能力停滞不

① 朱建业、苏欣平、杨建明:《领导力与执行力辨析》,《海军工程大学学报(综合版)》2014年第2期。

前。在实际领导工作中，无法应对新问题、新挑战，照搬以往的工作经验和工作方法，不可避免地使领导工作缺乏科学性，甚至影响政策的执行效果。

第三节　在履行领导职能中提升领导执行力

领导者正确认识自己的领导职能，认真做好本职工作，对于提高领导效率，促使领导工作科学化，有着十分重要的意义。新时代新征程推进伟大事业，更需要高效的执行力，这样才能实现高质量发展。

一、坚决做到"两个维护"

党的十八大以来，我们党高度重视维护党中央的核心、党中央权威和集中统一领导。2023 年 12 月，新修订的《中国共产党纪律处分条例》把"两个维护"作为一项严肃的政治纪律，并旗帜鲜明地强调："坚决维护习近平总书记党中央的核心、全党的核心地位，坚决维护以习近平同志为核心的党中央权威和集中统一领导。"这是在党规中再次完整表述"两个维护"。2021 年 2 月，中共中央印发的《关于在全党开展党史学习教育的通知》指出："开展党史学习教育……引导广大党员干部增强'四个意识'、坚定'四个自信'、做到'两个维护'，不断提高政治判断力、政治领悟力、政治执行力。"①随着一系列党内法规和中央文件的出台，对"两个维护"的认识不断深化，坚决做到"两个维护"已经成为中国共产党最根本的政治要求和最重要的政治纪律。

（一）"两个维护"的内涵与基本要求

2018 年 8 月，修订的《中国共产党纪律处分条例》把"两个维护"作为一项严肃的政治纪律，在党规中第一次完整表述"两个维护"。2019 年 7 月，习近平总书记在中央和国家机关党的建设工作会议上指出："'两个维护'的内涵是特定的、统一的，全党看齐只能向党中央看齐，不能在部门打着维护党中央权威的旗号损害民主集中制。党员、干部不论做什么工作、级别多高，都是党的干部、组织的人，要牢记第一职责是为党工作，重要提法都要同党中央对表。凡是重大问题、重要事项、重要工作进展情况，都必须按规定及时请示报告党中央。"②这里特别强调了"两个维护"的内涵是特定的、统一的。

① 《中共中央印发〈通知〉，在全党开展党史学习教育》，《人民日报》2021 年 2 月 27 日第 1 版。
② 习近平：《论坚持党对一切工作的领导》，中央文献出版社 2019 年版，第 311 页。

第一，全党只有党中央权威，只有向党中央看齐。2017年2月，习近平总书记在省部级主要领导干部学习贯彻党的十八届六中全会精神专题研讨班上指出："全党只有党中央权威、只有向党中央看齐，各地区各部门各方面都必须维护党中央权威、向党中央看齐。这个逻辑不能层层推下去。层层提权威、要看齐，这在政治上是错误的、甚至是有害的。"①只有坚决维护党中央权威，向党中央看齐，不断增强政治意识、大局意识、核心意识、看齐意识，党的领导才会坚强有力，党和人民的事业才能长盛不衰。

第二，党中央的权威是一锤定音、定于一尊的权威。2017年2月，习近平总书记在省部级主要领导干部学习贯彻党的十八届六中全会精神专题研讨班上还指出："我们这么大一个党、这么大一个国家，如果没有党中央定于一尊的权威，公说公有理，婆说婆有理，争论不休，不仅会误事，而且要乱套！"②2018年2月，习近平总书记在党的十九届三中全会第二次全体会议上又指出："我们这么大一个党、这么大一个国家，如果没有党中央定于一尊的权威，党中央决定了的事都不去照办，还是各说各的话、各做各的事，那就什么事情也办不成了。"③2018年6月，习近平总书记在主持十九届中央政治局第六次集体学习时还指出："要引导全党增强'四个意识'，自觉在思想上政治上行动上同党中央保持高度一致，确保党中央一锤定音、定于一尊的权威。"④完成中华民族伟大复兴的一系列艰巨任务，我们必须坚决维护以习近平同志为核心的党中央定于一尊、一锤定音的权威，这是当前我们党的政治建设最核心的要义和首要任务。

（二）旗帜鲜明地做到"两个维护"

在新时代坚持和发展中国特色社会主义，必须坚持以党的政治建设为统领，牢牢把握政治定力和不断提高政治能力，为做到"两个维护"营造良好政治氛围。

第一，必须坚持"两个确立"，坚决做到"两个维护"。"两个确立"是指"确立习近平同志党中央的核心、全党的核心地位，确立习近平新时代中国特色社会主义思想的指导地位"。党的二十届三中全会强调："必须深刻领悟'两个确立'的决定性意义，增强'四个意识'、坚定'四个自信'、做到'两个维护'，保持以党的自我革命引领社会革命的高度自觉，坚持用改革精神和严的标准管党治党，完善党的自我革命制度规范体系，不断推进党的自我净化、自我完善、自我革新、自我提高，确保党始终成为中国特色社

---

① 习近平：《论坚持党对一切工作的领导》，中央文献出版社2019年版，第186页。
② 习近平：《论坚持党对一切工作的领导》，中央文献出版社2019年版，第186页。
③ 习近平：《论坚持党对一切工作的领导》，中央文献出版社2019年版，第230页。
④ 习近平：《论坚持党对一切工作的领导》，中央文献出版社2019年版，第254页。

会主义事业的坚强领导核心。"①"两个确立"与"两个维护",紧密联系,相互贯通。"两个确立"是"两个维护"的政治前提和思想基础,"两个维护"是"两个确立"的政治责任和实践要求,只有这样,领导干部才能做好新时代的领导工作。

第二,必须增强"四个意识"、坚定"四个自信",使维护权威意识入脑入心。牢固政治意识、大局意识、核心意识、看齐意识是做到"两个维护"的必然要求,坚定中国特色社会主义道路自信、理论自信、制度自信、文化自信是做到"两个维护"的立场坚守。"四个意识"不强,"四个自信"动摇,就不可能做到"两个维护"。增强"四个意识"、坚定"四个自信"、做到"两个维护"是新时代中国共产党人统一的实践准则和一致的行动目标。

第三,必须在全党领袖和党中央权威上达成高度一致,以"事在四方,要在中央"落实坚持和加强党的全面领导。"坚持和加强党的全面领导,最重要的是坚决维护党中央权威和集中统一领导;坚决维护党中央权威和集中统一领导,最关键的是坚决维护习近平总书记党中央的核心、全党的核心地位。"②现在有一种错误认识,即把权威与民主对立起来,认为强调权威就必然排斥民主,这无疑是偷换概念的错误思维。党中央权威是建立在民主基础之上的,把权威与民主对立起来完全不在逻辑的理路上。

第四,必须把全面从严治党不断向纵深推进,夯实做到"两个维护"的基础。习近平总书记强调,全面从严治党,"不从政治上认识问题、解决问题,就会陷入头痛医头、脚痛医脚的被动局面,就无法从根本上解决问题"③。党的十八大以来,全面从严治党取得卓著成效的一个重要原因就是政治意识进一步增强了,政治方向进一步明确了,政治自觉进一步提高了。继续推进新时代全面从严治党实践,把党的政治建设这一具有根本性意义的建设抓好,必须增强全党坚决做到"两个维护"的深刻思想自觉和坚定有力的行动自觉。

第五,必须发挥制度效力,为做到"两个维护"提供制度保障。党的十九届四中全会通过的决定要求完善坚定维护党中央权威和集中统一领导的各项制度。具体任务包括:一是健全党中央对重大工作的领导体制;二是完善推动党中央重大决策落实机制;三是严格执行向党中央请示报告制度;四是健全维护党的集中统一的组织制度,形成党的中央组织、地方组织、基层组织上下贯通、执行有力的严密体系,实现党的组织

---

① 《中共二十届三中全会在京举行》,《人民日报》2024 年 7 月 19 日第 1 版。
② 中共中央党史和文献研究院:《十九大以来重要文献选编》(上),中央文献出版社 2019 年版,第 798 页。
③ 习近平:《习近平著作选读》第二卷,人民出版社 2023 年版,第 181 页。

和党的工作全覆盖。① 中共中央政治局制定了《关于加强和维护党中央集中统一领导的若干规定》，其他党内法规也有相关规定，做到"两个维护"必须以严格执行这些制度为保证。

二、坚定贯彻以人民为中心理念与新发展理念

(一)贯彻落实以人民为中心的发展理念

以人民为中心是马克思主义最鲜明的品格，是中国共产党的根本政治立场。中国共产党一经成立，就把为中国人民谋幸福、为中华民族谋复兴作为自己的初心使命。党的十八大以来，以习近平同志为核心的党中央坚持"人民对美好生活的向往就是我们的奋斗目标"，把"以人民为中心"的根本价值取向贯穿于治国理政全过程、各领域，谱写了新时代中国共产党人践行初心使命的新篇章。习近平总书记指出："以人民为中心的发展思想，不是一个抽象的、玄奥的概念，不能只停留在口头上、止步于思想环节，而要体现在经济社会发展各个环节。"②这就说明，坚持以人民为中心的发展思想，不仅是一个重大理论问题，更是一个重大实践问题。因此，广大领导干部要在履职尽责中，必须抓好以下几个着力点。

第一，树立以人民为中心的政绩观。人民是推动发展的根本力量。马克思主义要求领导干部站在人民群众的立场上想问题，把最广大人民根本利益作为一切工作的出发点和落脚点，把全心全意为人民服务作为自己的根本宗旨。树立正确的政绩观，既要做让老百姓看得见、摸得着、能得到实惠的事，也要做为后人铺路、利于长远发展的事；既要通过发展经济，为持续改善民生奠定物质基础，又要通过持续不断改善民生，为经济发展创造更多有效需求，实现两者的良性循环。"民之所好好之，民之所恶恶之。"以人民为中心是树立正确政绩观的出发点，也是检验政绩观是否正确的标尺。追求什么样的政绩，是为人民群众谋利益，还是为个人谋利益，是衡量领导干部政绩观正确与否的分水岭。

第二，建立贯彻落实以人民为中心的发展思想的保障机制。落实以人民为中心的发展思想，关键是建立确保其顺利实施的保障体系。一要创新科学决策制度。提高决策的民主化、科学化水平，建立健全决策咨询工作有关制度和机制，广泛听取群众的意见建议，尤其是不同意见和反对意见；要加强对决策过程的监督和评估，及时发现并纠

---

① 《中国共产党第十九届中央委员会第四次全体会议文件汇编》，人民出版社 2017 年版，第 24—25 页。
② 习近平:《习近平谈治国理政》第二卷，外文出版社 2017 年版，第 213—214 页。

正决策中的偏差和失误,防止决策的盲目性。二要健全决策执行制度。提高决策执行效率,实现以人民为中心的发展思想在具体实践中的有效转化;加强决策执行的过程控制,避免多头指挥、信息阻塞、推诿扯皮等问题的发生,使以人民为中心的发展思想落到实处。三要完善绩效评价机制。综合考虑各方面因素,根据不同地区的功能定位和区域发展格局的要求,探索具有地方特色的考核指标体系;改进考核评价方法,坚持群众评判,以民意调查为依据,将考核结果用于干部考察。四要完善监督机制。实行党内外监督相结合,充分发挥人大、政协、民主党派、政府专门机关和司法监督的作用,依靠群众和舆论监督,创新绩效考核监督,形成强大的监督网络。

第三,不断提升引导群众与服务群众的能力。能否将以人民为中心的发展思想真正落到实处,很大程度上还取决于各级领导干部的领导能力和水平。一要不断提高引导群众的能力。如果没有正确的引导,群众无限的创造力就难以发挥出来。如何正确地教育和引导呢?"命令主义""包打天下"等工作方式肯定是行不通的,还会造成群众的逆反心理、消极依赖心理等负作用。要充分地相信群众、依靠群众,激发群众干事创业的内在动力,领导干部要充分发挥示范带头作用,使"带头""带领"起到"四两拨千斤"的效果。二要不断提高服务群众的能力。创新服务模式和管理方式,更好地满足群众需求,积极利用互联网、大数据等现代信息技术,搭建便捷高效的服务平台,优化服务流程,提高服务效率,让群众办事更方便、更快捷;提高解决实际问题的本领,切实解决好群众关心的热点难点问题,让群众看到实实在在的成效,以实际行动赢得人民群众的信任和支持。

(二)科学把握与切实贯彻新发展理念

2021年1月,习近平总书记在省部级主要领导干部学习贯彻党的十九届五中全会精神专题研讨班开班式上的重要讲话中指出:"新发展理念是一个系统的理论体系,回答了关于发展的目的、动力、方式、路径等一系列理论和实践问题,阐明了我们党关于发展的政治立场、价值导向、发展模式、发展道路等重大政治问题。全党必须完整、准确、全面贯彻新发展理念。"[1]新发展理念是改革开放40多年来党对我国发展问题持续探索、不断总结经验、丰富发展的结果,是引领我国经济高质量发展实践、适应我国社会主要矛盾变化的必然选择。[2] 领导干部要科学把握和切实贯彻新发展理念,当好践行新发展理念的躬先表率。

① 习近平:《把握新发展阶段,贯彻新发展理念,构建新发展格局》,《求是》2021年第9期。
② 蔡清伟:《改革开放以来党对五大发展理念的阐释与丰富》,《理论导刊》2016年第5期。

第一，从根本宗旨出发，把握新发展理念。新发展理念牢牢把握马克思主义人民性的价值取向，始终坚持发展为了人民、发展依靠人民、发展成果由人民共享。为人民谋幸福、为民族谋复兴，是新发展理念的"根"和"魂"。因此，领导干部在领导工作中，必须坚决摒弃与党的根本宗旨相违背的、危害和损害人民利益的发展模式，切实把以人民为中心的发展思想贯彻落实到各项决策部署和实际工作中，以新发展理念推动地区差距、城乡差距、收入差距等问题的解决，不断满足人民日益增长的美好生活需要，不断增强人民群众的获得感、幸福感、安全感，推动社会的全面进步和人的全面发展。①

第二，坚持问题导向，精准务实求发展。尽管我国的经济社会发展领域拥有诸多优势，但发展不平衡不充分的问题依然突出。在新发展阶段，领导干部应当以问题为导向，更为精准地寻求发展方向和发展目标，推动高质量发展。党的十九届五中全会明确提出推动高质量发展是"十四五"时期经济社会发展的主题。从问题导向把握新发展理念，意味着站在新的历史起点，依据新发展阶段要求，找准问题，精准发力。例如，我国产业结构尚待优化，一些核心技术仍受制于人，区域发展、城乡发展不平衡，生态环境保护任务艰巨等。要聚焦创新发展中的"卡脖子"短板，增强自主创新能力；着力推动区域协调发展、城乡协调发展及"两个文明"协调发展；加快解决发展中不平衡、不协调、不可持续的突出问题；坚定推进绿色发展，让人民群众真真切切地体会到经济发展带来的环境效益等。

第三，树立忧患意识，科学应对新风险。新发展理念不仅指明了实现更高质量、更有效率、更加公平、更可持续发展的必由之路，也深刻揭示了实现更为安全发展的必由之路。解民之忧、安民之乐，既是新发展阶段对领导干部提出的新要求，也是贯彻落实新发展理念的必然之举。当前全球经济下行压力加大、全球风险点显著增加，新老问题叠加、新旧矛盾交织，领导干部要保持清醒的头脑，对当前面临的复杂形势和突出问题进行科学研判，充分预估发展中的不确定性因素；要进一步增强忧患意识，不断提高防范化解风险的能力，有效应对各类危机事件；要凭借坚定的战略定力，逐步破解制约高质量发展的各种障碍，沉着应对未来的风险挑战，扎实有效地做好以新发展理念推动高质量发展的各项工作。

第四，坚持系统思维，激发全社会发展活力。习近平总书记指出："坚持创新发展、协调发展、绿色发展、开放发展、共享发展是关系我国发展全局的一场深刻变革，全

①　李春华：《完整准确全面贯彻新发展理念》，《人民论坛》2021 年第 7 期。

党全国要统一思想、协调行动、开拓前进。"①在新发展理念的理论体系中,五个子系统既各自独立,又相互关联、高度耦合,共同支撑新发展理念的整体系统。领导干部要坚持系统思维,把新发展理念贯穿到"五位一体"总体布局与"四个全面"战略布局之中,贯穿于经济社会发展的各领域和全过程,激发全社会的创造力和发展活力,实现更能满足人民美好生活需要的发展,从而整体推进全面建设社会主义现代化国家过程。

第五,善于平衡新矛盾,寻求协同合力。广大人民群众是新发展理念的实践主体,各级领导干部更是责无旁贷的关键性主体,承担着理顺各种重要关系、平衡各种矛盾、优化配置资源等重要职责。领导干部要加强全局观念,在多重目标中谋求动态平衡,优化配置各要素,实现综合效益最大化;要统筹兼顾,打好政策组合拳,让各种不和谐、不平衡的因素相互协调,互为补充;要妥善处理好局部和全局、当前和长远、政府部门与各类经济主体之间的关系,使得各方能够在化解矛盾的过程中达成共识,汇聚成强大的合力。

三、提升党内法规的执行力

党的十八大以来,党中央把党内法规建设作为重点工作加以推进,坚持一手抓制定和完善,一手抓实施和执行,截至2023年6月底,全党现行有效党内法规共有3802部。② 随着党内法规体系建设不断完善,基本实现了有规可依,党内法规执行力建设也迈上新的台阶。党的二十大报告指出,"坚持制度治党、依规治党""完善党内法规制度体系,增强党内法规权威性和执行力"。③ 在健全全面从严治党体系的大背景下,解决当下党内法规执行过程中存在的问题,进一步提升党内法规执行力具有至关重要的意义。

（一）提升党内法规执行力的重要意义

党内法规为管党治党提供了明确的条文规范,在维护党中央集中统一领导、保障党长期执政和国家长治久安方面有着重大作用。然而,要将这种应然效果转化为实然效力,就需要重视党内法规执行力的提升。

第一,提升党内法规执行力是加强党的自身建设的前提条件。要适应新时代的要求,走好新的赶考之路,就必须先要处理好党内问题,把党建设好。在实践领域,进一

① 习近平:《论把握新发展阶段、贯彻新发展理念、构建新发展格局》,中央文献出版社2021年版,第500页。
② 李永利:《发挥党内法规和国家法律协同共振效用》,《学习时报》2023年9月1日第1版。
③ 习近平:《习近平著作选读》第一卷,人民出版社2023年版,第54页。

步增强党内法规执行力,切实落实相关规定,有助于提升党自身建设的质量和水平。一方面,提升党内法规执行力是规范党员干部履职尽责的前提。每一位党员干部能否履行自身应尽的职责,关乎党的整体能力和执政水平,而提升党内法规执行力就是要求党员干部积极践行党内法规相关规定,依据党纪国法认真履行自身职责。另一方面,提升党内法规执行力是党内政治生活严肃认真开展的保证。只有要求全党各级组织和全体党员干部严格按照党内法规办事,才能使党内政治生活更加具有政治性、时代性和战斗性,推进新时代党的建设新的伟大工程,锻造出更加坚强有力的政党。

第二,提升党内法规执行力是推进全面依法治国的支持因素。党内法规体系在法治体系中具有不可取代的位置,依规治党与依法治国属于有机统一的整体,能够达成良性互动,为彼此提供制度保障和有利环境。一方面,强化党内法规执行力就是为全面依法治国工作提供可参考的经验。在党内法规执行实施环节所取得的经验教训,如宣传教育、监督机制等方面,对贯彻全面依法治国战略部署具有借鉴价值。另一方面,依规治党有助于形成党内党外遵纪守法、依法办事的良好风气。要通过强化党内法规执行力,增强用党内法规管党治党的实效,在提高党的工作制度化、规范化水平的同时,引导干部和群众自觉学法、遵法、用法,以党内法规制度建设引领法治中国建设。

第三,提升党内法规执行力是国家治理体系和治理能力现代化的现实需要。党的十八届三中全会提出了“国家治理体系和治理能力现代化”的重大命题,党的十九届四中全会明确了推进国家治理体系和治理能力现代化的重大意义和总体要求,其中提到要“加快形成完善的党内法规体系”。由此可见,提升党内法规执行力对国家治理现代化也有着重要意义。“国家治理体系是在党领导下管理国家的制度体系”,推进国家治理体系和治理能力现代化的关键也在于坚持党的领导。党内法规制度作为坚持党的领导、法治思维和从严管党治党相结合的产物,是具有中国特色的政党治理模式。① 提升党内法规的执行力,可以增强党在顶层设计层面的领导权威,提升党的执政能力和领导水平,有益于使党的领导方式程序化、制度化,让权力运行更加行之有效,确保构建新型国家治理体系的正确方向。

(二)提升党内法规执行力的路径

随着党内法规执行力建设不断深入,党的管党治党能力得到了显著加强,但在良规和善治有效衔接和协同发展层面,存在党内法规制度刚性约束不强、执行主体素养

---

① 吴亚霖:《党内法规执行力建设现状与提升路径研究》,《产业与科技论坛》2024 年第 1 期。

不够、执行监督机制不完善等问题。新征程上,需要以全面系统的思维厘清党内法规执行的逻辑架构,整合规范各方面要素,综合发力,全面提升党内法规执行力。

第一,构建科学完备的党内法规体系。科学立规是提升党内法规执行力的基本前提。一是统筹协调和整体规划,进行党内法规的立、改、废、释工作,盘活现有党内法规制度资源,促使党内法规体系内部相融合,使各项党内法规相衔接,注重党内法规体系与国家法律体系之间的协调性,要厘清二者边界,促进同频共振、同向发力,避免党内法规与国家法律就某一事项进行重复规定,全面提升党内法规体系化建设的水平。二是平衡程序性规范和实体性规范。程序性规定是党内法规有效实施的保障,要重视其在推进依规治党中的作用。针对现行党内法规体系中"重实体性规定、轻程序性规定"的问题,要加强党内法规的程序性规范建设,使党内法规体系朝着科学化、规范化的方向发展,促进党内法规的执行更加顺畅与有效。

第二,提升执行主体的综合素养。人是制度设计、实施和管理中最主要、最积极的因素。在党内法规的执行过程中,执行主体的素养直接影响着党内法规的实施效果。因此,要将抽象的法规文本转化为具体的实践活动,就必须注重提升执行主体的执规意识和执规能力。一方面,增强执行主体的执规意识。只有执行主体认同尊崇党内法规,才会自觉主动地加以严格执行。加强党性修养,使党员干部认识到,遵守党内法规是本分所在,执行、维护党内法规是责任所在、义务所在。强化广大党员干部依规治党的意识,运用法治思维和法治理念,增强对依规治党的认同。同时,还需强调法治思维的重要性,让党员干部在工作实践中以身作则,做到法定职责必须为、法无授权不可为。努力培养广大党员干部自律意识,让其成为以身作则的典范,充分发挥执行者在依法治国与依规治党中的引领作用,防止其成为依规治党的破坏者、逾越者、规避者。另一方面,增强执行主体的执规能力。执行主体要及时跟进学习党内法规新知识,准确把握党内法规发展新动向,善于总结执规过程中的经验和教训,以发展的思维关注执行本身,及时发现和解决存在的问题。要提高执行主体的应用实践能力,针对不同层级的党组织、不同工作领域的党员干部,设计分层次、多角度、场景化的培训板块,提升执行主体在党内法规执行过程中的思辨能力、协作能力和实操能力。

第三,建立健全党内法规保障机制。一是严密监督机制。只有落实监督,才能真正发挥党内法规的威慑作用。一方面,加强党内监督。在强化纪委专责监督的基础上,针对党内不同层级的监督,制定相应的监督程序和标准。对上级监督应该以严格的纪律要求,展开定期督查和专项检查;对下级监督既要主动行使法规赋予的监督权,又要自觉遵守执行党内法规;对同级监督则要摒弃思想顾虑,坚决杜绝搞变通、打折扣的现象,从而推动形成全覆盖的监督格局。另一方面,加强党外监督。在重视发挥民主党派监督作用的同时,注意引导发挥公众监督的正面作用,畅通群众提出意见和建议的合法通道,提升党内法规执行的监督实效。二是强化问责机制。要明确责任主体和责任清单。《中国共产党党内法规执行责任制规定(试行)》界定了责任主体的双重性,各级党组织和全体党员既是守规主体,又是执规主体,同时也明确了责任内容、执规责任分配等问题。要完善终身问责制,问责需要做到事务范围上的全覆盖,对苗头性问题批评教育,对重大违纪情况要以"零容忍"的态度严肃问责。

第四,提升党内法规的宣传教育力度。党内法规约束的对象是全体党员及各级党组织,要让全党对其充分知晓。唯有如此,党内法规执行才有可靠保障,执行效能方能得以充分发挥。一是加大党内法规的公开力度。《中国共产党党内法规制定条例》明确规定:"党内法规经批准后一般应当公开发布",其主要目的是保障全体党员和广大群众的知情权,避免将生效的党内法规锁在"文件柜"与"保险箱"里,沦为摆设。① 应当严格遵循以公开为原则、不公开为例外的要求,做好党内法规及时公开工作,让全体党员和广大群众最大限度地了解、知悉、掌握每一项党内法规,不断提升党内法规执行力。二是拓宽党内法规的宣传渠道。现行多数党内法规都经过多次修订完善,种类繁多、内容复杂、版本多样,而不同地区和部门的宣传力度参差不齐。要不断发展和完善党内法规的宣传机制,丰富宣传方式、优化宣传内容、创新宣传方法。通过宣传教育,不仅要使党员干部知晓党内法规的根本要求和核心要义,而且要在知规基础上明晓法规制度的严肃性和纪律性,从而增强遵规守规执规的自觉性。

四、提振领导干部干事创业的精气神

人无精神则不立,国无精神则不强。习近平总书记曾多次强调,要充分调动广大干部的积极性,提振干事创业的精气神。

(一)新时代提振领导干部干事创业精气神的作用

在中国古代哲学体系中,精气神乃是构成宇宙万物的起源之所在。《管子·内业》有云:"精也者,气之精者也。"中医亦认为,精气神是人体生命活动之根本。所谓"精"者,身之本也,"气"者,人之本也,"神"者,形之本也,三者为人之三宝。精气神蕴藏着中国数千年传统文化之积淀,至今仍是中华民族干事创业的基本条件。

---

① 石佑启、李杰:《论提高党内法规的执行力》,《学术研究》2018 年第 5 期。

第一,提振领导干部干事创业精气神是推进党建工作新常态的必然要求。"为政之要,莫先于用人",领导干部是党的骨干力量,加强党的建设、推进中国特色社会主义事业的发展,首要任务是抓好干部队伍建设。自党的十八大以来,以习近平同志为核心的党中央从"事关党和国家生死存亡"的高度实行全面从严治党,取得了一系列历史性成就,党建工作进入新常态。党的建设新常态即为更全面、更严格的管党治党新常态,要求把党的建设与中心工作、服务大局结合,着力提升党建标准和党员干部的办事能力,以适应新时代的要求。因此,改进领导干部作风,落实责任担当,激发干事创业精气神,是党建工作新常态的应有之义。

第二,提振领导干部干事创业精气神是提高政府执行力的有效手段。高效的政府执行力关键在于"干",领导干部是否作为、如何作为,直接影响政策、制度的落实,影响机关效能及政府公信力。当前领导干部队伍中,存在诸如为官不作为、责任心不强、执行方式方法简单机械、能力提升滞后等问题,这是削弱政府执行力的重要症结所在。因此,作为"关键少数"的领导干部要有"等不起""慢不得""坐不住"的拼搏精神,加压奋进,真抓实干,打造高效政府。

第三,提振领导干部干事创业精气神是全心全意为人民服务的必要举措。党的各级领导干部都是人民的勤务员,当好勤务员是各级领导干部干事创业的初心与使命。干事创业的精气神是一种不畏艰难、积极进取、担当作为、为民服务的良好精神风貌,体现了领导干部的信念和思想境界。领导干部只有始终秉持这一精神状态,把人民的利益放在首位,才能处理好主观与客观、局部与整体、当前与长远、经济与生态等矛盾,想人民所想、为人民所想、对人民负责,不断展现新作为,创造出人民满意的成绩,满足人民群众日益增长的美好生活需要。

(二)进一步提振领导干部干事创业的精气神

党的十八大以来,党的政治建设、组织建设、思想建设和作风建设等不断深化,全面从严治党和干部管理工作取得了明显进展。然而,一些干部积极性不高、精气神不足的问题较为突出,成为干部管理工作面临的一道难题和隐忧,需要引起高度重视并着力解决。

第一,强化领导干部的使命感与责任感。要实现第二个百年奋斗目标,实现中华民族伟大复兴,必须全面贯彻新时代党的组织路线,努力造就一支忠诚干净担当的高素质干部队伍,这就必须要增强领导干部的使命感和责任感。只有"不忘初心、牢记使命",才可能在各自的工作岗位上勇于担当,有所作为。领导干部要把本职工作看作整个事业不可或缺的组成部分,工作中不担当、不作为,就会影响整个工作大局。领导干部要深切领悟到,做好本职工作就是为实现党的发展、国家兴旺和中华民族伟大复兴作贡献。

第二,秉持德才兼备的领导干部标准选人用人。领导干部的提拔任用是影响其工作积极性、主动性和创造性的重要因素。只有严把德才标准,坚持公正用人,才能激发干部积极性、激励他们增强干事创业精气神。否则,将会极大挫伤干部的积极性,打击他们干事创业的精气神。在任用干部时,应强调德才兼备、以德为先。要提拔任用模范遵循政治品德、职业道德、社会公德、家庭美德的干部,要提拔任用有专业能力、专业素养和专业精神,经过实践锻炼、能力突出、业绩突出的干部。只有这样的干部得到提拔任用,才能让大家心服口服,有助于激励干部增强干事创业的精气神。

第三,培育有利于激发领导干部积极性的政治生态。一段时间以来,一些部门、单位在不知不觉中形成一种政治生态,即对不担当、不作为的现象予以理解和宽容。相反,敢于担当、愿意作为的领导干部却未得到认可和尊重,甚至被视为好出风头、好大喜功。一些领导干部工作拖拉、敷衍了事、得过且过,助长了不担当、不作为的风气。广大领导干部应坚决抵制和改变这种政治生态,毫不留情地批评不担当、不作为的现象,让敢于担当、努力作为成为良好风尚。

第四,确保把领导干部从"无谓事务"中解脱出来。一些领导干部积极性不高,精气神提不起来,存在多方面的缘由,其中之一就是一些干部整天忙于"无谓事务"中无法自拔。在工作中,检查考核名目繁多、频率过高,多头重复,文山会海现象有所回潮,形式主义、官僚主义不断滋生蔓延。这些问题不但造成机构臃肿、效率低下,对中央重大决策的贯彻落实以及党和国家机关的正常工作造成影响,对干部队伍建设不利。这些"无谓事务"占用了干部的大量时间,耗费了他们大量精力。工作烦琐忙碌而效果不明显,付出的劳动多但收效甚微,这使得一些干部成就感较低,积极性不高,精气神不足。要严格控制各类检查考核,减少各类汇报材料和统计数据,推进数据信息共建共享,减轻基层领导干部工作负担,让干部队伍有更多时间精力深入群众、深入基层,把更多时间精力投入到抓工作落实上。这样才能更好地激发领导干部积极性,增强领导干部干事创业的精气神。

【思考题】

1.阅读材料回答问题

1947 年,党中央作出重大战略决策,"以主力打到外线去,将战争引向国民党区域,在外线大量歼敌,彻底破坏国民党将战争继续引向解放区、进一步破坏和消耗解放区的人力物力、使我不能持久的反革命战略方针",解放战争转入战略进攻阶段。同时,党中央将大别山区作为我军战略进攻的主要突击方向,作出"直出大别山""在大别山站住脚"的部署要求。

1947 年 8 月,邓小平和刘伯承坚决执行中央战略决策,率领晋冀鲁豫野战军主力历时 20 多天,冲破国民党军围追堵截,于 8 月 27 日千里跃进至大别山区。自此,至1948 年 2 月 20 日转出大别山,邓小平(时任中共中央中原局书记、晋冀鲁豫野战军政治委员)在这一时期,围绕如何贯彻中央战略决策、如何创建和巩固大别山根据地,进行了艰辛努力和艰苦斗争,以实际行动创造性地贯彻中央战略决策和指示要求,赢得了大别山斗争的伟大胜利。

——摘自张建军《大别山斗争时期邓小平贯彻中央战略决策的实践与启示》(《邓小平研究》2021 年第 1 期)

结合材料回答以下问题:

(1)结合上述材料,谈谈领导者在面对任务和挑战时展示出的优秀品质。

(2)结合上述材料,分析领导者执行力的重要意义。

2.阅读材料回答问题

材料一:促进教育公平,保障人民发展权利。教育是人们获得知识的主要途径,是人成长成才不可或缺的重要阶梯。改革开放以来,中国教育事业飞速发展,国民科学素养和文化水平显著提高。但是,毋庸讳言,当前中国的教育事业还存在诸多不足,与人民的期待还有很大差距,其中最为人诟病的就是教育公平问题——城乡差距、区域差距、校际差距、群体差距,宛如一道道鸿沟,阻挡了人们前进发展的脚步。"教育公平是社会公平的重要基础,要不断促进教育发展成果更多更公平惠及全体人民,以教育公平促进社会公平正义。"为了促进教育公平,以习近平同志为核心的党中央积极推动教育事业改革,加大薄弱学校改造力度、大幅提高乡村教师待遇、减免贫困家庭学生学费、推行小学初中免试就近入学、增加中西部地区和人口大省高考录取名额等等。上述改革"组合拳"的出台,成功引导优质教育资源向农村延伸、向基层倾斜、向普通学校转移,教育差距的鸿沟慢慢弥合,每个人都站在同一起跑线上,迎来人生出彩和梦想成真的机会。

材料二:实施精准扶贫,推进人民共同富。党的十八届五中全会提出,到2020年全面建成小康社会。全面小康,是人人共享的小康。"全面实现小康,一个民族都不能少""小康路上一个都不能掉队。"习近平总书记一再强调,我们要的小康是13亿中国人民共同富裕的小康。"全面建成小康社会,最艰巨最繁重的任务在农村、特别是在贫困地区。"为了帮助贫困地区走出困境,在广泛调研的基础上,习近平总书记提出"精准扶贫"思想。他认为,扶贫工作要想取得实效,必须做到"六项精准":①扶持对象精准,精准识别扶贫对象,确保扶贫对象的真实性和有效性;②项目安排精准,做到因人因地施策,最大限度地发挥贫困地区、贫困家庭的优势;③资金使用精准,严格监管,保证扶贫资金专款专用,"好钢用在刀刃上";④措施到户精准,确保党和政府的扶贫政策真正入户到人,惠及每一个困难群众;⑤因村派人精准,贫困地区需要什么样的干部就派什么样的干部,做到"对症下药""有的放矢";⑥脱贫成效精准,建立量化指标,对脱贫工作进行公正全面考核,奖优罚懒,调动扶贫干部的积极性、主动性和创造性。"精准扶贫"思想推行仅仅一年,中国就有1000万人摆脱贫困,成效显著。长期坚持下去,全面建成小康社会的目标一定可以如期实现。

——摘自李伟《以人民为中心:习近平治国理政思想的内在指引》(《理论导刊》2017年第7期)

结合材料回答以下问题:

(1)结合上述材料,分析其中体现的以人民为中心理念的做法。

(2)如何将以人民为中心的理念应用于实际工作中?

第四章　领导决策与领导用人

　　本章主要介绍领导决策与领导用人两个方面问题。毛泽东曾指出:"领导者的责任,归结起来,主要地是出主意、用干部两件事。一切计划、决议、命令、指示等等,都属于'出主意'一类。使这一切主意见之实行,必须团结干部,推动他们去做,属于'用干部'一类。"①因此,对领导者来说,决策和用人是领导者相辅相成的两个重要职责。领导者在领导活动中,必须系统掌握和运用领导决策的科学理论和方法,实现民主决策和科学决策,并学会知人善用去实施决策,以有效地完成领导职能。

第一节　领导决策

　　美国学者马文曾提出这样两个问题:领导者最重要的是什么? 最费时间的是什么? 其正确答案应该是:最重要的是决策,最费时间的也是决策,约用去一天的90%的时间。管理学者西蒙认为,"管理即决策"。② 由此可见,决策是领导者的基本职责,也是领导工作的核心。一个领导者的领导能力如何,最根本的取决于他的决策能力水平。因此,领导者必须全面掌握领导决策的相关理论和知识并形成过硬的决策能力。

一、领导决策的内涵与特点

(一)领导决策的内涵

　　决策有广义和狭义之分,狭义的决策是指在几种备选方案中做出抉择的过程,即

---

　　①　《毛泽东选集》第二卷,人民出版社1991年版,第527页。
　　②　西蒙在1960年出版的《管理决策新科学》中说:"在管理中决策起什么作用呢? 我发觉稍微对英语冒昧一下,把'决策'当作'管理'的同义语使用是很方便的。"

我们一般说的"拍板定案"。广义的决策则是指一个过程,包括做出最后抉择前后必须进行的一切活动,包括搜集信息进行预测,在正确预测的基础上拟订方案,并对多种方案进行分析筛选,选择一个最优方案形成决策,以及对决策执行的情况进行追踪反馈并不断完善等一系列过程。

领导科学上的决策是从广义上来界定的。所谓领导决策是指领导者在领导活动过程中,为了解决他所领导的群体或组织中的重大现实问题,通过采用科学的方法和技术,根据已有信息在科学预测基础上,对组织未来行动方案进行设计和决定,并在实施过程中不断加以完善,以实现领导目标的活动过程。领导决策的定义强调以下几点:

第一,领导决策的主体是领导者。尽管在领导决策中也有被领导者以及辅助人员的参与,但领导者起主导作用;

第二,领导决策的客体是事关组织生存和发展的重大问题;

第三,领导决策的内容是组织未来行动的计划或方案;

第四,领导决策的过程是一个系列活动过程,不仅包括对方案的选择和决定这一关键环节,而且包括在选择方案前的方案设计过程,还包括在实施过程中反馈修改完善的过程。

(二)领导决策的特点

根据领导决策的概念及其实际运作过程,并把领导决策与一般管理决策进行比较,领导决策有如下特点:

1.战略性

领导决策的性质通常表现为战略性的。战略决策是指有关组织重大战略问题的决策,它既包括组织的总体发展方向和远景规划,也包括现实中的一些重大问题。这类决策往往具有全局性、长远性和稳定性的特点。诸如,重大发展目标的决策、长远计划的选择、重大方针政策的决定等。这与一般管理决策不同,一般管理决策通常是偏重战术性的,它往往具有局部性和灵活性,是领导决策的延续和具体落实。

2.创造性

一个组织中的事务大致可以分为两类:一类是例行性或者常规性的事务,这类事务一般可以根据先前的处理经验或模式来加以解决;另一类是非例行性或非常规性事务,其中就包括组织发展的战略问题,这类事务的解决无先例可循,只能创造性地解决。对于第一类事务的决策,一般管理人员在已有的决策经验或模式基础上加以改进、发展和提高就可以作出;而对于第二类事务的决策,一般管理人员无权作出也无法胜任,因此这类决策就是组织中领导决策的主要职责和内容。也就是说,领导决策往往是针对那些组织中的非常规性事务,作出的决策具有明显的创造性的特点。

3. 权威性

领导决策的内容是组织未来的行动计划,因此它是要产生或引发集体行为的特殊行为。组织的领导者做出的决策,为组织直接提供现实行动的依据。决策一经作出,整个组织就必须在此决策下展开相应的行动,并产生相应的重大行为结果。这与一般的管理决策或个人决策也不相同,后者的效力是局部的,其对组织的影响也是相对有限的。因此,任何一个组织的领导者对决策的权威性所带来的后果要有清醒的认识,为此必须秉持科学的态度,采用科学的方法和技术进行决策,来不得丝毫粗疏马虎。

二、领导决策类型与原则及其程序

(一)领导决策的基本类型

按照不同的划分方法,领导决策可分为以下几种类型:

1. 按决策的方式划分,可以把领导决策划分为经验决策与科学决策

经验决策是决策者依靠个人的经验、智慧和胆略做出的决策。科学决策是指在现代科学理论、知识和技术的指导下,决策者依靠专家和群众,采用现代科学技术手段做出的决策。

经验决策与科学决策的本质区别不在于正确与错误之分,而在于方式方法的不尽相同。二者的区别在于:第一,经验决策的主体一般表现为个体,而科学决策的主体是集体;第二,经验决策主要凭借决策者个人的素质,如知识、智慧、胆略和经验等,科学决策则凭借的是集体的智慧,尽可能采用科学的理论以及技术和方法;第三,经验决策没有严格的程序,随意性较强,而科学决策有严格的程序,规范性较强。二者的联系在于科学决策不排斥经验,只是注重在理论的指导下处理决策问题。因此,应该把经验决策和科学决策结合起来,实现决策的科学化。

2. 按决策主体划分,可以把领导决策划分为集体决策与个体决策

集体决策是由领导集体进行的决策。其优点在于集思广益,提高决策优化的概率,不出或少出纰漏,同时也防止了个人专断;其局限性在于沟通情况、协调意见需要很多的时间,有时会因意见不一致而久议不决,贻误时机,同时决策责任不明,在决策失误时难以确定承担责任的主体。个体决策就是最后由一个人作出决断的决策。个

体决策的长处是决策者能够迅速、灵活、机动地做出决策,决策的效率较高,而且决策责任明确,可以克服决策失误情况下因责任不明难以追责的弊端。个体决策的局限性在于决策者个人素质决定着决策质量,如果缺少必要的制约,很可能出现决策中的家长制、一言堂现象,并容易导致决策的失误。

因此,采用集体领导和个人分工负责制,可以把两种决策方式的长处结合起来形成最佳选择。凡属重大问题,如方向性、全局性、战略性、规划性、政策性、协调性的重大问题,都应该由集体讨论后最后由一个人决策;而日常工作中应急性、具体性、技术性、执行性、随机性的事情,则由分工负责的领导者个体进行决策。

3. 按决策所涉及的内容划分,可以把领导决策划分为战略决策与战术决策

战略决策也称宏观决策,是指关系到较大范围的带有全局性问题的决策。战略决策涉及的范围大、因素多,带有明显的整体性、长期性、稳定性特点,主要表现为制定路线、方针、政策、规划等。这是领导决策中最常见也是最重要的一种决策。

战术决策也称微观决策,是指对带有局部性的某一具体问题的决策。战术决策主要以实现战略决策所规定的目标为决策标准,是宏观决策的延续和具体化,具有单项性、具体性、定量化的特点。这里应当指出的是,全局具有相对性。因此,各级领导者都涉及战略决策和战术决策的问题。

战略决策与战术决策是紧密联系、相互作用的。战略决策主要是确定决策目标,解决决策目的、性质等问题,而战术决策则要进一步解决怎样实现目标的问题,所以它必须服从于战略决策。反过来说,只有制定出正确的战术决策,才能保证战略决策的实现。所以,领导者在领导活动中,要重视战略决策,把主要精力用来做好战略决策,但也不能忽视战术决策。

4. 按决策所具备的条件划分,可以把领导决策划分为确定型决策、风险型决策与不确定型决策

确定型决策是指在决策条件比较清楚、据此提出的不同方案的结果也是比较确定的前提下,根据决策目标所做的决策。这类决策相对来说比较简单,但若可供选择的方案很多,找出最佳方案也非易事,往往需要求助于线性规划、排列论、库存论等数学方法。

风险型决策是指决策者对作为决策条件的未来客观状态不能完全掌握,只能根据出现的概率(概率是可以确定的)及各方案的期望值做出决策。这种决策,虽然决策者事先能够估计到各种客观状态出现的可能性和概率,但还是要承担一定的风险,一般多采用最大可能规则、期望值准则等进行决策。

不确定型决策是指决策者面临未来可能出现的客观状态有多种,而且各种客观状

态出现的概率无法确定的决策。由于未来客观状态的不确定性,这种决策的风险性更大。常用处理不确定型决策的方法有:悲观法(小中取大准则)、乐观法(大中取大准则)、折中法(乐观系数准则)、最小遗憾法(大中取小准则)、平均法等。

(二)领导决策的原则

领导决策的基本原则是领导决策活动中客观规律的体现和具体化。当前,世界百年未有之大变局加速演进,各种不确定性不断上升,领导者要实现决策效能,就必须掌握领导决策的基本原则,以实现领导决策的科学化,以下原则是领导决策过程中必须遵循的一些原则。

1. 信息准全原则

信息是领导决策的重要基础,领导决策必须遵循信息准全原则。所谓信息准全原则是指领导者在进行策时,决策系统对信息的掌握必须全面、准确,把它作为领导者做出正确决策的前提和基础。根据该原则,领导者在决策过程中,必须把握丰富的信息,并对之进行系统的归纳、总结、整理、比较、选择,通过加工筛选去伪存真,形成全面而准确的决策信息,最后做出科学的领导决策。

2. 科学可行原则

决策的成功必须建立在科学的、可靠的基础之上,因此领导决策必须遵循科学可行原则。科学可行原则是指决策时要运用科学的程序、方法和技术对决策方案进行可行性推断,预测出可行性。这一原则要求在设置目标、拟订方案时必须考虑是否可行及可行的程度,并依据这种可行性来综合选择方案。领导者要保证决策科学可行,首先必须保证决策符合自然发展规律、经济发展规律、社会发展规律等事物发展的客观规律;其次决策必须从客观实际出发,对现有的客观约束条件进行分析,在这些条件允许的范围内进行决策。

3. 实事求是原则

领导者要使自己的决策符合客观事物的规律性、能解决实际问题,首先最根本的就是要坚持实事求是的原则。这一原则要求:首先要从决策对象的实际出发,全面认识和把握决策对象的客观实际,做到有的放矢;其次要从决策环境的客观实际出发,对自然物质条件等客观因素和民情民意等主观因素进行全面分析,做到心中有数;最后还要从决策者自身的实际出发,要对自己的决策信息、知识、能力以及性格、魄力等精神素养以及个人与决策层成员及整个组织成员间的关系状态有清醒的认识,做到量力而行。

4. 对比择优原则

对比择优是决策的实质,也是成功决策的关键步骤,因而是决策的重要原则。对比优选原则是指在决策过程中,决策者要对多个备选方案进行反复比对,力求寻找到最优的决策方案。根据这一原则,决策者在决策过程中,一是要寻求尽可能多的备选方案,并对每个备选方案的优缺点有全面而客观的把握;二是要确定好选择方案的价值标准,该标准应该把目标价值放在选择的首位,回避那些价值不大的非本质性的问题;三是要通过对备选方案各自的利弊反复对比分析,初步确定价值相对最大化的方案,一般而言,在对比的过程中要遵循利取其大、弊取其小的原则;四是要注意把淘汰掉的方案的优点吸收到选定方案之中,使选定的方案达到更优化。

5. 集体决策原则

坚持集体决策原则是实现民主决策的重要要求,也是决策成功的重要保证。在复杂多变的情况面前,任何一个领导者的知识和能力以及掌握的情况都是有限的,而且还有可能在决策过程中受个人非理性因素(如性格、爱好、决策时的情绪等)的影响。因此,在绝大多数情况下,单凭领导者个人决策成功的把握性不大,如果坚持集体决策就可以有效地克服个人决策中的弊端,保证决策的成功率。当然,如果情况紧急,决策具有极强的时效性,因而需要发挥主要领导者个人才智迅速果断决策时,就不必受这一原则的约束。

6. 分层决策原则

一项重大决策的决策目标往往可以分解为若干项不同层级的具体子目标,实现这些子目标需要不同层级的领导者进行相应的决策。因此分层决策是重大决策必须遵循的一个原则。根据这一原则,本系统、本单位各层级领导要分别参与相应决策的制定,对决策分别承担一定的职责,由此既可以更好地保证各层次的决策符合本部门、本层级的实际,还可以充分调动组织中各层级领导者的积极性和主动性。分层决策原则要求,上级领导不必过多干预下级领导负责的决策,下级的领导者也不能把自己的决策职责无原则地推给上级领导。

7. 民主参与原则

决策民主化是社会主义民主政治的主要内容,是我国全过程人民民主的具体要求和生动体现,同时也是实现决策民主性和科学性的重要保证。为此,领导决策必须坚持民主参与原则。民主参与原则是指领导者在制定决策时要高度重视群体智慧的作用,在决策前和决策后的实施过程中,要广泛收集社会各界特别是政策利益相关方对决策的建议和意见,并对这些建议和意见在科学评估的基础上予以吸纳。为此,领导

新编领导科学实务教程

者在进行决策过程中,应创造充分的条件让不同的群体充分表达意愿,并以开放包容的心态对待不同的意见,特别是反对意见。

此外,还有依法决策原则,即领导者必须根据法定的权限、程序进行决策;动态决策原则,即领导者要根据决策环境和问题发展态势进行跟踪决策,以保证决策与外部环境和问题发展态势保持动态平衡,等等。

（三）领导决策的程序

尽管领导决策有不同类型上的差异,但还是可以抽象出领导决策具有的共同性、规律性的程序和方法。领导决策所大致遵循的、具有相对普遍性的一般程序,包括以下几个步骤:

1. 发现问题,确定目标

所有决策都是从发现问题开始的。所谓问题就是现实的情形与理想之间的差距。问题常常不是一目了然的,需要决策者去发现。为了能及时地发现问题从而保证有效决策,领导者应当培养采集重要信息的技能,学会寻找问题的方法,如例外原则、偏差记录、组织诊断等。问题一旦被察觉到之后,领导者需要进一步做的工作就是界定问题、确认问题。所谓界定问题就是要把问题的性质,发生的时间、地点、范围,对本组织的影响和需要解决的迫切性以及产生问题的原因等方面摸清楚,以求准确地把握问题。

问题确定后,就要确定解决问题所要达到的结果,这就是决策目标。决策目标是一个组织希望通过决策实施达到的目的。确立目标是领导决策的一个重要环节,这是因为:第一,目标的确立为决策指出了方向。决策如果没有明确的目标,决策就变得毫无意义;只有确定了目标,才能使解决问题有明确方向进而顺利展开。第二,确立的目标为后续方案选择环节提供了衡量标准。决策方案的优劣与否在很大程度上取决于它对于实现目标的意义的大小,有了明确的目标就能够为方案的选择提供有效的评价标准。

鉴于确定的目标有如此重要的意义,领导者一方面要遵循正确的原则,如客观性原则、明确性原则、系统性原则、可行性原则、时效性原则等;另一方面还要掌握科学的方法,在发现问题、确定目标阶段,主要运用调查研究法与科学预测法。

2. 集思广益,拟制方案

目标确定之后,就要进入制订方案的环节。方案制订得好坏直接关系到目标是否能够实现。所以这一步也是决策过程的重要环节。因此,在拟制方案阶段,领导者一

· 94 ·

定要发扬民主作风,与研究人员、有多方面知识的人员、有实践经验的人员等平等地、民主地讨论问题,广开思路,广开言路,充分发挥各方面人员特别是咨询参谋人员的作用,拟制出尽可能多的可供选择方案。只有拟定多种可供选择的方案,才能比较鉴别,以选择最佳的方案。

由于内容、作用不同,决策的可行方案可分为三种不同类型:一是积极方案。积极方案是指从正面保证决策各项目标和指标实现的方案。这是方案的主要类型,它包含着促使目标实现的各项积极措施。二是应变方案。应变方案是指在情况发生变化时使本组织适应这种变化的各项措施。不论是环境朝着有利于本组织的方向变化,还是朝着不利的方向变化,都应当制定相应的应变措施。三是临时方案。临时方案是指组织内问题已经发生,但是原因尚未查明时所制定的各项临时性措施,其目的是暂时抑制问题,以争取时间,使决策者能够进一步界定问题、寻找产生问题的原因。

拟制方案要遵循创新原则、约束原则、时间原则、多样原则、相互排斥原则,按照先发散、后收敛的思维步骤,即先大胆寻找,从各个不同方向列举和设想各种方案,数量越大越好,然后在此基础上,对各种方案精心设计、严格论证和反复推敲。在拟制备选方案过程中,比较通用的是智囊技术和数学分析法。智囊技术也称专家创造方法,它是把有专长的专家学者组织起来、充分利用现代科学技术和社会科学的研究成果协助决策的方法。数学分析方法的主要内容是数学化、模型化和计算机化,其中心是建立数学模型,就是把变量同目标及变量之间的关系用数学关系表达出来。

3. 分析评估,方案选优

方案的分析评估和方案选优是决策全过程的关键,二者密切相连,方案评估是方案选优的前提,方案选优是方案评估的结果。

所谓方案评估,即采用一定的方式、方法,对已经拟订的可行方案进行效益、危害、敏感度、风险度等方面的分析评估,以进一步认识各方案的利弊及其可行性。无论对哪种方案进行分析评估,其涉及的范围主要有两个方面:一是产生的后果,二是方案实施的过程。后果分析又包括效益分析和危害分析,过程分析则包括实施条件分析和敏感度分析。方案评估的任务主要由智囊团来承担,其主要任务是采取经验分析法、抽象分析法、试点分析法,通过定性、定量的分析,评价各个方案的后果得失,最后交决策者定夺。

方案选择就是进行决断,亦即"拍板",即从各种可供选择的方案中权衡利弊,然后选取其一,或综合成一。这是领导者的决策行动,是制定科学决策、形成政策、作出决定的最后步骤,是决策过程中最关键的环节,也是一项极其复杂的工作。要做好方案选优,必须注意:

第一,要求正确处理专家与领导者的关系。现代决策中,领导者与专家之间的关系表现在:其一,专家是决策科学化必不可少的因素;其二,领导者是决策的主体,专家只能帮助领导者决策,而不能代替领导者决策;其三,领导者要正确发挥专家在决策中的作用,必须要放手让专家独立研究,允许和提倡专家提出不同的意见,以收兼听则明、正误比较之效。

第二,要有明确的、科学的价值准则,把它作为落实目标、评价和选择方案的基本依据。它包括两方面内容:一是要把目标分解为若干层次的确定的价值指标。价值指标一般有四类:政治价值、经济价值、科学价值和社会价值。每类价值指标又可以分解成若干项,每项又可以分成若干条等,从而构成一个价值系统。由于大量的决策是多目标决策,在进行这类决策方案的选择时,就是根据分层目标系统进行。但要同时达到整个价值系统的指标是困难的,因此要坚持全局性、长远性、合理性、效益性、伦理性等选择标准。二是要根据实现这些指标的约束条件,正确处理最优和满意的关系。最优决策是指在理想条件下,实现最优目标的决策。满意决策则是在现实条件下,有把握地求得一个满意目标的决策。任何决策都是在一定环境下制定的,都有一定的约束条件,包括各类资源条件、决策权力的范围以及时间限制等。因此我们只能从现实可能性出发,在方案选择时,采取满意原则,从已有几个方案中选择一个基本上能够满足目标要求,其效益令决策者感到满意的方案。总之,在选择方案时,努力追求方案优化但反对把优化绝对化,只要在现实约束条件下,求得合理与满意就行。

4.实施方案,反馈调节

领导决策的目的是实现预定目标,而决策的实施则是通往预定目标的必由之路,是实现目标的一个关键阶段。因此,要抓好以下几个环节:

一是试验证实。当方案选定后,采取科学态度进行局部试验,以验证其可靠性,就是试验证实。可靠性的含义是指在规定条件下和预定的时间内完成既定任务的可能性,一般用"概率"来表示,其中失效率是相当重要的标志。"失效"与"可靠"是作为一对矛盾的两个方面出现的,要保证可靠就要控制失效。

根据可靠性理论分析,在决策实施的全过程中,其失效一般可分为早期失效、偶然失效和损耗失效三个阶段。我们应运用"浴盆规律"①对失去效率变化情况作出具体分析,根据不同情况正确处理,不要盲目地为一时失效而轻易改变方案。

二是制订实施计划。经过试验证实后,就进入全面实施阶段,这就要有实施的计划。这一计划应由决策机关责成有关部门,吸收有关专家和全体工作人员共同制订。制订计划的总要求是把决策具体化,做到周密、细致、具体而又灵活。计划一旦制定就要由决策机构向执行机构下达,通过各方面的工作,把实施计划变为广大群众的自觉行动。

三是反馈调节。反馈是控制论的主要概念。所谓反馈是指由控制系统把信息输送出去,又把结果反送回来,并对信息的再输出发生影响,以达到预期的目的。简言之,反馈是用系统活动的结果来调整系统活动的方法。由于现代决策的复杂性和领导者个人认识能力的局限性,使得已经作出的决断不符合或不完全符合客观实际情况的事情是经常发生的。这就要求领导者在进入决策实施的阶段之后,必须注意追踪和监测实施的情况,根据反馈原理对决策不断地进行调节。

三、现代领导决策体制

所谓领导决策体制就是指由承担决策的机构和人员所形成的组织体系。它包括参与决策工作的机构和人员及各自承担的职责和任务,以及它们之间的相互关系等。现代领导决策工作,是组织的领导机构或领导者不能单独胜任的,而通常是依靠由信息系统、咨询系统、决策中枢系统、执行系统和反馈系统五部分构成的领导决策体制来完成的。它们是领导决策工作的专门实体,是实现决策民主化、科学化的组织保证。

(一)信息系统

信息系统是指为领导决策进行广泛收集、加工、整理信息并提供全面、及时、准确的有效信息的工作系统,其主要任务就是为决策提供全部信息资料。

决策信息系统及其工作在现代领导决策中有着重要的作用。一方面,在领导决策前,领导者必须以充分而准确的信息作为前提,否则领导者的决策如同盲人骑瞎马,以至于寸步难行;另一方面,领导决策完成后,决策的执行和完善也离不开信息。从决策

---

① "浴盆规律"是指在决策实施过程中,由于失效率的变化而呈现的一种规律。在早期失效阶段,由于决策对新环境的不适应或了解不充分,导致决策较高的失效率;在偶然失效阶段,政策经过一段时间的适应和调整,决策进入了一个相对稳定的阶段,失效率处于一个较低且稳定的水平;在耗损失效阶段,随着时间的推移,由于主客观条件的变化,决策开始进入老化阶段,失效率逐渐增加,这表明决策需要被更新或替换,以避免进一步的失效。"浴盆规律"的图形呈现为一个曲线,类似于浴盆的形状,因此得名。

的执行来看,领导决策的意图需要通过计划和命令等信息形式传达给下属执行者;从决策的完善来看,领导决策方案需要不断地借助反馈信息对决策进行修正和改进,甚至是放弃。从这个意义上说,信息系统是现代领导决策的基础。因此领导者必须在决策过程中建立运转良好的信息系统,为科学决策提供信息保障。

（二）咨询系统

咨询系统是指由专门从事决策研究的人员组成的、为领导决策提供建议、方案和计划的参谋机构。决策中的咨询系统在国外称为"智囊团""思想库",包括官方的咨询机构和非官方的咨询机构。

决策咨询系统的主要职责是从事决策研究,帮助领导者进行决断。其工作在现代领导决策中是极为重要的组成部分。这是因为,在现代社会,领导决策面临的问题日益复杂,决策涉及的知识日益广泛和专业,在此背景下决策决非单一的领导者个人所能完成,还需要由各方面的有关专家组成的决策咨询机构的辅助才能胜任。

因此,在现代领导决策过程中,决策者必须充分重视咨询系统的作用。通过发挥专家的咨询功能,来设计决策方案、决断方案、制定决策的实施方案以及根据实施后的反馈信息来完善政策方案,从而为科学决策提供智力支撑。

（三）中枢系统

中枢系统又称决策中心,是现代领导决策体制的核心,由负有决策责任的领导者组成。它的主要任务是根据信息系统提供的有关信息,在对咨询系统提交的各种决策方案进行分析和比较、权衡利弊的基础上择优定案,并组织和领导下级部门将抉择的方案付诸执行。具体职责至少包括以下几个方面:确立决策目标;组织决策备选方案的制订;负责决策方案的抉择;领导决策方案的实施;在实施反馈基础上对决策进行完善。

决策中枢系统对科学决策具有决定性作用。古今中外无数实践证明,从来没有决策中枢系统失误而这个决策系统还能获得满意效能的先例。

（四）执行系统

执行系统是指将决策变为现实行动和过程的组织系统,即实施决策、将领导者指令转化为实际效能的组织系统。之所以将决策执行系统作为现代决策系统中一部分,首先是因为制定决策是为了决策得到执行,将计划变为行动,将目标变为现实。一个决策是否有效,最终要体现在执行上。其次还在于现代决策过程不是一次性地拍板定案,还包括实施后的反馈调节活动。决策不经过执行无法对选择的方案进行检验和评估,也就无法进行后续的反馈调节。

对于决策执行系统的执行决策而言,除了必须忠实地贯彻执行决策中枢系统抉择的决策方案中的基本要求外,还需要在充分把握决策方案基本原则、总体目标的基础上,因地因时制宜,创造性地执行决策方案,使决策方案在付诸具体实践中达到预期效果。

（五）反馈系统

反馈系统是将决策实施过程中或实施后出现的情况和问题反馈到决策中枢系统,以便决策中枢系统根据新的情况或动向对决策指令做出适当的控制和调整,从而使决策保持动态适应的组织系统。

决策反馈系统是现代决策系统中不可或缺的组成部分,这既是现代决策难以完全而准确地预料到决策在执行过程中将会遇到的全部问题所决定的,也是现代决策过程中进行反馈调节的必然要求。因此,现代领导决策体制必须设置专业的反馈人员和机构,采用先进技术手段,实现信息反馈系统的现代化,保证决策实施信息反馈的畅通、灵敏、快速、准确,为决策中枢系统更好地调整和完善决策方案服务。

四、现代领导决策发展趋势

随着社会的发展和科学技术的进步,领导者要充分把握现代领导决策的发展趋势,使决策工作做到与时俱进。在新的社会发展阶段,领导决策呈现出以下的发展新趋势。

（一）经验决策向科学决策转变

过去领导需要决策的问题比较单一、联系少、变化不快,人们习惯按常规办事。因此,领导决策往往凭领导者个人的经验、阅历、知识、才能、胆量来进行决策。但是社会发展到今天,由于科学决策的重要性,科学决策不断取代经验决策作为一种主要的决策方式已经成为人们的共识。

因此,在现代社会领导决策过程中,首先应树立科学决策的理念,发扬科学精神,尊重和反映客观规律,注意用科学的决策知识充实头脑,用科学的决策方法指导实践;其次应健全科学决策的体制,进一步健全决策信息机构、决策评估机构、决策执行机构、决策监督机构和决策咨询机构等,健全科学决策的预警机制、沟通机制、公众和专家参与机制、制约机制等,避免"拍脑袋",脱离实际;再次应规范科学决策程序,合理设定决策事项,科学划分决策权限,完善决策议事规则,尤其注重专业性、技术性较强的重大事项,认真进行专家论证、技术咨询、决策评估。此外应改进决策手段,善于运用现代科学技术和科学方法,降低决策成本,提升决策绩效。

(二)少数人决策向民主决策转变

过去在小生产方式条件下,传统的领导管理方式具有强烈的单方性、神秘性、强制性,其决策往往是少数人专断决策,搞一言堂为主。但现在是社会化大生产,大工程、大项目、大集团、大企业多,技术水平高,规模庞大,结构复杂,个人或少数人专断决策难以适应,因此必然为民主决策所取代。

要提高民主决策水平和程度,决策机关和领导者要建立和完善重大决策的规则和程序,建立社情民意反映制度,建立与群众利益密切相关的重大事项社会公示制度和社会听证制度,通过多种渠道和形式,广泛集中民智,汇聚民意,听取民声;完善专家咨询制度,实行决策的论证制和责任制,避免"长官意志",防止决策的随意性。总之,领导者在决策过程中要努力拓宽人民群众各种利益表达渠道,拓宽其决策思想的来源,从而实现决策民主化、科学化、法治化和高效率的统一。

(三)静态、封闭决策向动态、开放决策转变

静态决策把决策对象看成是凝固不变的,因此常用老眼光看待新问题,用老经验来解决新问题。而现代领导活动越来越复杂,也越来越多变,其影响也越来越大。领导者要由静态思维向动态思维转变。动态决策是用发展、变化的观点审视决策对象,把握对象的现状,预测对象的趋势,还要善于根据实际的变化不断修正完善。封闭思维是只考虑自己一个单位、一个部门、一个地区的情况,把自己局限在一个很小的天地里,因此思维片面,导致决策失误,常常是"头痛医头,脚痛医脚"。开放决策要求充分利用系统思维的方法,不仅要考虑决策问题的多个因素,而且要把握多个因素之间的联系;不仅要审视系统内部的因素及其联系,而且要放眼外部的因素及其联系,以适应知识经济时代和经济全球化发展的需要。

(四)定性决策向定性、定量相结合决策转变

过去领导决策时,十分重视定性决策,缺乏数量概念,只凭印象做到大概估计。现代社会是一个科学与理性的社会,新时代新征程领导决策意见的精确性更加突出。恩格斯曾经断定,一门科学只有成功地运用数学,才能真正登上科学的殿堂。随着社会的发展,数学方法也越来越多地渗透到领导决策科学之中,使领导决策意见的精确性大为提高,有利于完善公共政策,改善领导者决策绩效。这就要求领导在决策中,注重运用现代决策理论和科学方法,借助现代计算机技术、仿真技术、信息技术等手段,建

立数据库、模型库和实时处理计算机网络等决策信息支持系统,积极推行电子政务,进行定性、定量相结合分析,以不断提高领导决策水平。

（五）微观战术决策向宏观战略决策转变

过去政府在高度集权的计划经济体制下的作用是全方位的、万能的。政府领导不仅要发挥传统的维护公共秩序和社会利益的守夜警察作用,而且要发挥分配资源、安排生产、照顾社会的家长作用。企业和普通老百姓不是找市场,而是找"市长",使得他们的经营和衣食住行活动都依赖政府。这样政府领导很容易陷入事无巨细、统包统揽、忙忙碌碌、疲于应付的境地。发展完善的社会主义市场经济体系,要求党和政府正确定位,进一步转变职能,各级领导者要把主要精力放在谋划社会经济发展大局上来,由过去计划体制下重微观战术决策向现在市场经济体制下重宏观战略决策转变。

第二节　领导用人

古人云:"为政之要,莫先于用人。"习近平总书记也指出:"治国之要,首在用人。"[1]这些论述深刻揭示了领导用人对于治国理政的重要意义。古往今来,用贤人成就大业、用小人痛失江山的案例不可胜数。因此,领导者必须深刻认识到科学用人的重要意义,系统掌握用人的科学知识和本领,自觉克服用人中的不良心理影响,做到知人善任,选贤任能,实现人尽其才、才尽其用、事竟其功,确保组织目标的达成和组织的兴旺发达。

一、领导用人的内涵

（一）领导用人的含义

在我国,一般意义上的领导用人是指领导者对本组织的中层干部和基层干部的使用,即领导者根据其领导职权、按照一定的程序和方式对本组织中的中层和基层干部进行任免和使用的领导行为。在这一概念中,领导用人的对象是本组织中的干部;用人的内容是对组织中的干部委以职务并赋予其职权和职责或免去其职务并剥离其职权、职责的使用行为。

在领导科学中,领导用人一般是指领导者或领导集团在实施领导活动的过程中,

---

① 习近平:《习近平著作选读》第一卷,人民出版社 2023 年版,第 129 页。

凭借自身的职权,按照一定的隶属关系和干部管理权限对下属加以选拔、使用和培养的组织行为过程。① 该定义与一般意义上的领导用人的含义有所不同。首先,在领导用人的对象上,用人对象是领导者的下属。从字面上理解,下属应该既包括其直接下属也包括间接下属,既包括组织中的干部即管理人员也包括组织中一般成员,因而应该是组织中的全体成员。其次,在领导用人的内容上,不仅包括使用干部即任免干部的职务及相应的职权、职责,还包括选拔、培养等一系列的管理活动。

由于上述定义中的"下属"外延并不明确,容易被理解为一般意义上的"干部";领导用人的内容也不全面,除了选拔、使用和培养外,还应该包括识别、激励等环节的管理工作,而且"选拔"在我国的用人话语体系中适用的对象往往是干部。因此,本书认为,领导用人是领导者或领导集团在实施领导活动的过程中,为了实现组织中的人事协调、完成组织目标,根据其用人权限,按照一定的程序和方式,对组织中的成员进行识别、选配、任用、培养、激励等一系列人事管理行为。这一定义的内涵包括:

(1)领导用人的主体是组织中的领导者或领导集团,即日常所说的组织中的领导班子。

(2)领导用人的对象是组织中的所有成员,既包括组织中的干部即管理人员也包括一般的组织成员。领导对组织中的干部或管理人员的用人问题,本书将从领导使用人才的视角进行专门讲述。

(3)领导用人的目的是实现组织中的人尽其才、才尽其用,最终达到事竟其功,从而完成组织目标。

(4)领导用人必须根据领导者的用人权限并按照一定的程序和方式来进行。其中,用人权限既包括法规制度中规定的权限范围,也包括管理学意义上的用人权限要求(如分层用人);用人的程序一般包括考察、提名、任用、试用等环节,用人的方式中最常见的是直接委任。

(5)领导用人的内容包括识别("识人")、选配("选人")、任用("任人")、培养("育人")、激励("励人")等一系列人事管理行为,而不仅是任用一个环节。

(二)领导用人的内容和要求

1. 领导识人

领导识人就是领导通过对组织中成员的品行、学识、才干等各方面进行识别,形成

---

① 参见黄东阳、林修果:《领导科学》,北京大学出版社 2016 年版,第 188 页;孙立樵、邵殿国、张国梅:《领导科学案例教程》,中共中央党校出版社 2004 年版,第 132 页。

对组织成员的一个全面而客观的认知,为选人用人等其他环节做好准备工作。要做好领导识人工作:一是要遵循全面原则,即识别的内容上要做到全面。既要考察其德,又要考察其才学,还要考察其爱好、性格等人格特征;既要考察一时一事上的表现,又要考察长期的惯常表现;既要考察在组织中的工作能力、工作态度、工作作风、工作成绩等组织中的表现,又要考察社会生活和家庭生活中的表现;等等。二是要掌握辩证的识别方法。对人既要看优点也要看缺点,既要看长处也要看短处,既要看成绩也要看不足,既要看主流也要看支流,并且要分清主次,既要看眼前也要看长远。总之,领导者识人就是要对组织中的每个成员进行全面而准确识别,为将组织成员配置到相应的岗位上并委以重任打下坚实基础。

2. 领导选人

领导选人就是在领导识人的基础上,把组织中成员与工作岗位进行合理的配置,以使他们能到适合自己的职位上,实现人与事的科学结合,以推动事业的发展。领导选人要求领导者在识人的基础上,对部门岗位的性质、职责和要求进行准确分析,要因事择人,使事得其人,人事协调,避免大材小用或小材大用;还要求领导者把每个人的性格特点、专长、兴趣和职位的特点结合起来,做到扬长避短,才尽其用;此外,还要做到合理搭配,将不同特质的人员进行合理组合,以产生整体效能。总之,领导选人就是要解决人与岗位的"匹配"问题,实现人与位、人与事的匹配合理。只有这样,才能高质量地完成组织的目标任务,反之,则不利于组织的发展。在领导选人中,尤其要注意对组织中的管理人员即下级领导人员的选拔和配置,要把组织中德才兼备、具有符合组织事业需要的担当和本领的组织成员选拔到合适的领导岗位上去,使之成为完成组织目标的中坚力量。

3. 领导任人

领导任人就是在领导选人的基础上,使组织成员走上相应的职位,并委以与职位相称的职务、职权和职责。这是领导用人的核心和关键环节,因此做好领导任人工作对领导用人的效能至关重要。做好领导任人工作的要求:一是要坚持量才适用的原则,要根据工作任务的繁简难易和人才能力的高低大小,让他们各得其所,用当其才;二是要坚持职、权、责、利相一致的原则,切实做到有职必有权、有权必有责,防止有职无权、有权无责或职大权小、权大责小等职权责不匹配的情况发生,同时根据履职尽责给予相应的待遇;三是要坚持动态调整原则,根据事业的需要和组织成员自身条件的变化,对所任用的人员进行适时的动态调整,做到能进能出、能上能下;四是要坚持分层任人的原则,充分尊重和保障各级领导者的下级领导的用人权;五是要坚持公平竞争、择优任人的原则,确保有效防止和克服组织中重要人事任命中的不正之风,确保组织中的能人能脱颖而出。领导任人实际上是"用好人"的问题,只有把选拔的人才用好,才能真正发挥好人才资源的作用。

4.领导育人

领导育人就是领导在用人过程中对组织成员进行的培养教育。这是领导用人必不可少的延伸内容,也是持续发挥组织中人才资源积极作用的重要保证。领导育人的要求是:领导者要注重建立多样化和常态化的培养教育的平台,使组织成员通过经常性地参加学习,实现思想和认识的提升以及知识和技能的更新;领导者要对组织成员的自主性学习和培训活动给予支持和帮助,要深刻地认识到学习和培训是组织成员个人全面发展的权利,也是对组织事业发展应尽的义务;领导者还要以自己的行动教育人,用自己的做法示范人,在高度自律的前提下对组织成员高标准、严要求,同时注意方式方法,做到严中有宽、严中有道。总之,领导育人是领导用人的一项重要职责,也是现代领导的责任心和使命感的要求。

5.领导励人

领导励人就是领导者通过各种方式和手段来对组织成员进行激励,以激发组织成员干事创业、为组织目标的实现作出更大贡献的意愿和热情。这是实现领导用人效能的重要保障。激励的方式包括物质激励和精神激励两个方面。物质激励的手段主要包括给予组织成员以合理的薪资、奖金、福利等个人待遇,充分保障工作所需的场所、设备、资金等工作条件;精神激励则主要通过领导者给予组织中成员以信任、关爱、尊重、鼓励等精神抚慰和及时的表扬、晋职晋级等方式来实现。在领导励人过程中,领导者一要坚持精神激励和物质激励相结合、以精神激励为主的原则,这是因为单纯的精神或物质激励都难以起到激励的作用,而且精神激励的作用具有根本性、长效性;二要坚持针对性原则,领导者要根据每个成员的特点有针对性地对其进行精神激励或物质激励,在一定的条件下可以进行反向激励,如激将法;三要坚持适度激励的原则,所有的激励包括精神激励要做到恰如其分、程度适中,过度的激励只能适得其反,在进行物质激励时尤其要注意这一点。

二、用好人才是领导的主要职能

(一)人才及其重要地位和作用

1.人才的概念及其内涵

关于什么是人才,学术界比较有代表性的观点是,人才是指那些具有良好的素质,能够在一定条件下通过不断地取得创造性劳动成果,对社会的进步作出较大贡献的人。①

2010 年 4 月,国家发布的《国家中长期人才发展规划纲要(2010—2020 年)》在序言中指出:"人才是指具有一定的专业知识或专门技能,进行创造性劳动并对社会作出贡献的人,是人力资源中能力和素质较高的劳动者",并强调"人才是我国经济社会发展的第一资源"。

根据中央文件和学术界对人才的界定,人才的本质内涵应该包括以下三点:

(1)人才具有超过一般人的高素质。这里讲的高素质包含两种情况:一是综合素质高,在政治思想素质、道德品质、知识储备、思考和解决问题能力等方面全面发展,从而表现出强大的综合素质;二是某种素质突出,即在某一方面拥有强大的专业知识和高超的专业技能,并且其他素质合格。这是判断人才的内在依据。

(2)人才能够通过创造性劳动取得显著成果。人才和一般的劳动者相比,由于具有较高的素质,因而能够进行创造性劳动,为社会创造新的价值或解决问题的方法,从而取得创造性的劳动成果。这是判断人才的外在表现。

(3)人才能够为社会进步作出较大的贡献。由于创造性劳动成果既可以用来促进社会的进步,也可以用来危害社会,阻碍社会的进步。真正意义上的人才,其创造性劳动和成果应该是推动社会进步和发展的。这是判断人才的价值标准。

2. 人才的重要地位和作用

对于人才的重要地位和作用,古人早有很多论述,如"盖有非常之功,必待非常之人"(班固《汉书·武帝纪》)、"功以才成,业由才广"(《三国志·蜀志·董允传》裴松之注引《襄阳记》)等等。党的十八大以来,以习近平同志为核心的党中央根据党和国家事业发展的新方位,顺应社会发展新潮流,不断强调人才在当代的重要地位和作用。2013 年 3 月,习近平总书记指出:"推进自主创新,人才是关键。没有强大人才队伍作后盾,自主创新就是无源之水、无本之木。"②习近平总书记在党的十九大报告中又提出了"人才是实现民族振兴、赢得国际竞争主动的战略资源"③的论断。在 2021 年 9 月中央人才工作会议的讲话中,习近平总书记明确指出:"综合国力竞争说到底是人才竞争。人才是衡量一个国家综合国力的重要指标。人才是自主创新的关键,顶尖人

---

① 罗洪铁、周琪:《人才学原理》,人民出版社 2013 年版,第 6 页。
② 中共中央文献研究室:《习近平关于科技创新论述摘编》,中央文献出版社 2016 年版,第 107 页。
③ 习近平:《习近平著作选读》第二卷,人民出版社 2023 年版,第 53 页。

才具有不可替代性。国家发展靠人才,民族振兴靠人才。"①党的二十大报告又把人才同教育、科技一起作为"全面建设社会主义现代化国家的基础性、战略性支撑",并作出了"人才是第一资源"的新论断。②

根据习近平总书记关于人才地位和作用的重要论述,人才在当代中国的重要地位和作用,可以概括为以下三点:

（1）人才是实施创新驱动发展战略的关键所在。党的十八大报告明确提出:"科技创新是提高社会生产力和综合国力的战略支撑,必须摆在国家发展全局的核心位置。"③提出和实施创新驱动发展战略,是我们党放眼世界、立足全局、面向未来作出的重大决策,对实现国家经济和社会高质量发展、实现中国式现代化具有决定性意义。实现创新发展的基础在创新,包括理论创新、观念创新、路径创新以及制度、体制和机制等各个方面的创新;而创新关键在人才,要实现各个方面的创新,只有具有创新思维、创新知识和创新能力的高素质的人才才能完成。从这个意义上说,人才是实施创新驱动发展战略的关键所在。

（2）人才是赢得综合国力竞争的重要保障。当今国家间综合国力竞争愈演愈烈。20世纪60年代第三次科技革命发生以来,国家间综合国力竞争的实质就是科技竞争,归根到底是人才竞争。当前随着知识经济的不断深入发展,新一轮科技革命快速推进,科技和人才在综合国力竞争中的地位越来越突出,谁能拥有更多更优秀的人才资源,谁就能把握竞争主动权。改革开放以来,我国的经济实力、科技实力和综合国力大幅度提升,国际竞争力得到很大的增强,就是因为我国的各类人才在各行各业中发挥了巨大作用、作出了巨大贡献才得以实现的。在当前全球范围内人才竞争越来越激烈、人才优势决定着一个国家的国际竞争优势的大背景下,我们要不断提升我国的综合国力、赢得新的国际竞争优势,就必须把人才作为重要保障。

（3）人才是全面建成社会主义现代化强国和实现中国梦的强大支撑。国以才兴,业以才旺。古往今来,人才都是富国之本、兴邦大计,更是现代社会竞争与发展的重要生产力。习近平总书记深刻指出:"国家发展靠人才,民族振兴靠人才""人才是兴国之本、富民之基、发展之源""办好中国的事情,关键在党,关键在人,关键在人才",这些重要论述深刻阐明了人才在社会主义现代化强国建设和民族复兴伟业中强大的支

---

① 习近平:《深入实施新时代人才强国战略　加快建设世界重要人才中心和创新高地》,《求是》2021年第24期。

② 习近平:《习近平著作选读》第一卷,人民出版社2023年版,第27—28页。

③ 《胡锦涛文选》第三卷,人民出版社2016年版,第629页。

撑作用。这种强大的支撑作用,从近些年来人才在服务创新驱动发展、决战脱贫攻坚、决胜全面建成小康社会、推动区域协调发展等国家重大战略和重大工作中取得重大成效中得到了鲜明的体现。当前,党提出深入实施新时代人才强国战略,正是基于对人才在强国建设中的强大支撑作用的深刻认识而作出的重大战略部署。

(二)领导用好人才的重要意义及其职责

1. 用好人才对领导工作的重要意义

"尚贤者,政之本也。"古今中外历史已经反复证明,任何一个国家、一个政党的领导者,如果能拥有大批高素质的人才队伍,并能人尽其才,国家就富强,事业就兴旺,就会在激烈的竞争中立于不败之地。中国共产党在百余年奋斗历程中,正是"始终重视培养人才、团结人才、引领人才、成就人才,团结和支持各方面人才为党和人民事业建功立业"①,才创造了党的百年伟业。

国家层面如此,对任何一个地区、部门和组织的领导者来说同样如此。用好人才是做好全部领导工作的关键,领导者是否能用好人才决定了本地区、本部门、本组织的领导工作的成败得失。

首先,领导者进行正确的决策需要依靠人才。在现代社会里,任何一项较大的决策,需要大量有关专业知识的支撑,这些专业知识涉及政治、法律、经济、社会、生态、心理等各方面。在这样的背景下,要做到科学决策,光靠领导者个人的智慧才能是远远不够的,而必须借助于各方面人才的集体智慧,特别是依靠由高端人才组成的智囊团的辅助作用。

其次,实施决策需要依靠人才。决策一旦形成之后,就进入了执行实施过程,如果决策方案离开了人去执行和实施,再好的决策也是纸上谈兵。列宁说:"要研究人,要发现有才干的工作人员。现在关键就在这里;不然的话,一切命令和决议不过是些肮脏的废纸而已。"②毛泽东也指出:"政治路线确定之后,干部就是决定的因素。"③因此,人才在决策实施过程中起着重要的作用。同样一个决策,如果领导者选用执行的人才得当,决策就能顺利地实施,并取得良好的社会效果;如果领导者选用人才不当,再好的决策方案也不能很好地实施,决策目标就难以实现。

再次,完成各项工作任务需要依靠人才。决策是实现科学领导的中心环节,围绕

---

① 习近平:《深入实施新时代人才强国战略　加快建设世界重要人才中心和创新高地》,《求是》2021年第24期。

② 转引自习近平:《摆脱贫困》,福建人民出版社1992年版,第40页。

③ 《毛泽东选集》第二卷,人民出版社1991年版,第526页。

这个中心环节,领导者还有许多工作要做。领导者所面临的任务是十分繁重的,面对这些繁重的领导任务,即使领导者才智超群,也往往难以独自完成。况且,领导者不可能样样工作都懂,也不可能事必躬亲,因此,领导者要完成领导工作的各项任务,就必须善于选用人才,必须在自己身边聚集一批卓有才华的得力干将,只有这样,才能更好地实行科学领导,实现决策目标,完成领导任务。

最后,用好人才也决定了组织的文化生态和发展前途。用什么样的人,反映了组织文化的价值取向,也反过来塑造着组织的文化生态,进而决定了组织发展的前途和命运。诸葛亮在《出师表》中有云:"亲贤臣,远小人,此先汉所以兴隆也;亲小人,远贤臣,此后汉所以倾颓也。"任何一个组织领导者如果始终坚持做到选贤任能,就能创造出积极向上、生机勃勃的组织文化生态,组织事业也会兴旺发达;反之,就会形成颓废的组织文化,组织事业也必然走向衰败。

综上所述,用好人才在领导工作中占有十分重要的地位。领导者必须从思想上观念上真正认识到用好人才的重要性和紧迫性,把用好人才作为自己的一项重要职责。毛泽东曾说:"领导者的责任,归结起来,主要地是出主意、用干部两件事。"①今天我们对"干部"的理解,应该扩大为有过硬本领、能堪当大任的人才。习近平总书记在党的十九大报告中,就是把人才工作放在建设高素质专业化干部队伍部分来讲的。

2. 领导者用好人才的职责和要求

领导者如何用好人才? 早在 20 世纪 90 年代初,习近平作为福州市委书记时就提出了领导干部用好人才的"知、举、用、待、育"五字"人才经";党的十八大以来,习近平总书记站在党和国家事业发展全局的战略高度,先后提出"择天下英才而用之"②,强调"要大兴识才爱才敬才用才之风"③;要以"识才的慧眼、爱才的诚意、用才的胆识、容才的雅量、聚才的良方"④做好人才工作;"要完善人才管理制度,做到人才为本、信任人才、尊重人才、善待人才、包容人才"⑤,要"深入实施新时代人才强国战略""真心爱才、悉心育才、精心用才"⑥,聚天下英才为党和人民的伟大事业而接续奋斗。

---

① 《毛泽东选集》第二卷,人民出版社 1991 年版,第 527 页。
② 《加快实施创新驱动发展战略　加快推动经济发展方式转变》,《人民日报》2014 年 8 月 19 日第 1 版。
③ 习近平:《为建设世界科技强国而奋斗——在全国科技创新大会、两院院士大会、中国科协第九次全国代表大会上的讲话》,《人民日报》2016 年 6 月 1 日第 2 版。
④ 习近平:《习近平著作选读》第二卷,人民出版社 2023 年版,第 53 页。
⑤ 习近平:《深入实施新时代人才强国战略　加快建设世界重要人才中心和创新高地》,《求是》2021 年第 24 期。
⑥ 《中共中央关于党的百年奋斗重大成就和历史经验的决议》,《人民日报》2021 年 11 月 17 日第 1 版。

根据习近平总书记的重要论述,领导者使用人才的职责可以归纳为以下四个方面:

(1)识别人才。识别人才是指发现和判定人才,这是用好人才的前提。千里马常有,而伯乐不常有。识别人才是领导者的重要职责。领导者要做好识别人才工作:首先要牢牢把握"德才兼备,以德为先"的人才标准,这是党选人用人一贯遵循的核心导向,也是新时代评判人才的标准所在。其次要树立识别人才的辩证思维,即用辩证的思维多维度地考察人才,既要看其局部表现,又要看其整体;既要了解他的优点、特点和成绩,又要了解他的缺点、弱点和不足;既要看其现在,又要看到他的过去和将来,从而形成一个客观而全面的认识。最后还要有正确的方法,那就是深入实践、深入群众。是不是人才,实践是检验的唯一标准;是不是真正的人才,人民群众最有发言权。同时领导者还要细心观察,在这方面诸葛亮的"察人七法"①值得借鉴。

(2)选拔人才。选拔人才就是要把人才挑选出来并予以举荐、培养和任用,这是用好人才的基础。领导者选拔人才时:一是要遵循公平公正的原则,避免任人唯亲,防止论资排辈,破除各种歧视,杜绝不正之风,切实做到任人唯贤、任人唯才;二是要具有礼贤下士的胸怀,真正的人才往往恃才傲世,很少不请自来,甚至是请而不来,即便有来者也会因领导的漠视而退离,因此需要领导者以求才若渴的心态、以"三顾茅庐"的精神和行动去打动和说服人才,激起其为组织贡献才智的热情;三是要坚持民主集中制,在选拔人才时,领导者要广泛听取各个方面的意见,防止偏听偏信、独断专行带来的用人失察从而引起的严重后果,也避免真正的人才得不到提拔重用而导致人才的浪费。

(3)使用人才。使用人才是用好人才的关键。有才不用,或者用才不当都是对宝贵人才的极大浪费。领导者在使用人才时:首先要敢用人才。要大胆地向人才下放权力,委以重任,以让有真才实学的人才有用武之地,从而充分发挥人才的潜能,为组织的事业发展作出最大的贡献。其次要善用人才。具体要求是:一是要加强对各类人才的甄别筛选,深入挖掘每个人才的特点优势,精准定位,合理安排,确保用当其长;二是要为人才搭配高效的团队,"一个好汉三个帮",再大的人才必须有团队的协助才能充分发挥个人能力,因此领导者必须要为人才组建一个结构合理的工作团队,使其年龄梯队、知识互补、专业配套、气质协调,以达到整体的最佳效能;三是要在人才作用发挥

---

① 诸葛亮的"察人七法",即"问之以是非而观其志;穷之以辞辩而观其变;咨之以计谋而观其识;告之以祸难而观其勇;醉之以酒而观其性;临之以利而观其廉;期之以事而观其信"。

的最佳时期及时启用,做到用当其时、人尽其才。

(4)激励人才。激励人才是人才发挥可持续作用的重要保障。激励人才要从精神和物质两个方面综合发力。在精神方面,要做到信任人才、尊重人才、关爱人才、包容人才。信任人才就是领导者要做到用人不疑,为人才放开手脚干事创业创造良好条件;尊重人才就是领导者要尊重人才的才智,在特定问题决策中主动征询并认真听取人才的意见和建议,树立其在组织中应有的地位和威望;关爱人才就是领导者要关心人才的成长,切实帮助人才解决工作和生活中各方面的困难,为人才干事创业解除后顾之忧;包容人才就是领导者要接受人才无关大局的缺点、与自己主张相异的合理意见、人才超越自己的发展趋势,尤其是要包容人才工作中的失误。对人才的创造性工作,要勉励和帮助其敢为、善为、有为。要确保人才获得合理的收入和待遇,使其创造性贡献与其获得成正比;要保障人才完成其工作职责所必备的职权、设施设备和资金,使其开展工作具有充分的工作条件。

三、影响领导用人的心理障碍与社会心理效应及其克服

领导选人用人,除受社会客观因素影响外,还与领导者个人心理以及受社会心理影响所产生的用人观念密切相关。其中,领导者由于自身不良心理变化或受社会心理不良影响所导致的各种错误的用人观念,会引发十分严重的负面影响。对此,领导者尤其是成功的领导者一定要给予高度的重视,密切注意并严加防范,避免自身和社会错误的心理给领导用人工作造成不良后果。

(一)当前领导者的用人心理障碍及其危害

任何一个组织,如果领导者能够重用德才兼备的人员,那么这个社会组织就会事业成功、兴旺发达;否则,就只能获得相反的结果。这个道理,说起来没有一个领导者是不明白的。但是,在领导用人实践中,却存在着某些领导者不能重用德才兼备的人员的不良现象。究其原因,有关心理障碍的存在,不能说不是一个重要的因素。因此,领导者必须清楚地认识到自身在用人过程的心理障碍并自觉地进行调适。

所谓领导者的用人心理障碍是指领导者用人过程中出现的不健康且不利于领导活动开展的心理因素。当前领导者的用人心理障碍,主要有以下几个方面:

1.任人唯亲心理

任人唯亲心理是指某些领导者在决定人员任用问题时,以人员与自己关系的亲疏情况为主要根据的心理倾向。在这种心理倾向的影响下,只要是与自己关系亲密的,

哪怕无才无德的,也可以提拔重用;而对于那些与自己关系不睦的,则哪怕他是德才兼备的人才,也不予以任用。

任人唯亲心理可以区分为如下几种具体情况:(1)根据血缘关系任用人员。与自己有亲属关系的人员加以重用,与自己非亲非故的人员则不予任用。这是一种最极端的任人唯亲心理。(2)根据心理关系任用人员。对与自己是老同学、老朋友、老同事关系的人员予以任用,而对与自己没有这种关系的人员则不予任用。(3)根据个人恩怨任用人员。对于曾经支持、帮助过自己即有恩于自己的人员予以任用,而对于曾经对自己造成妨碍或伤害的人员则不予任用。(4)根据个人利益任用人员。对于能够为自己谋取某些利益的人员予以任用,而对于不能给自己带来利益的人员则不予任用。(5)根据对方态度任用人员。对于无原则地顺从自己,并且经常对自己进行恭维和奉承的人员予以任用,而对不太顺从自己,有时甚至敢于冒犯、顶撞的人员则不予重用。(6)根据与个人距离的远近来任用人员。对于与自己走得近或是在自己身边工作的人员予以重用,而对于与自己距离远的人员则不予任用。

任人唯亲这种心理障碍对于领导用人工作具有严重的危害:(1)给组织的人员任用工作造成严重危害。任人唯亲心理必然会严重阻碍那些德才兼备的人员,特别是那些敢于坚持真理、敢于发表正确意见、敢于与不正之风作斗争、不跑不要的优秀人员的选拔和任用,从而给组织造成人员素质下降、工作效率低的严重后果。(2)给组织的人际关系带来严重消极影响,恶化组织的文化生态。领导者任人唯亲的结果,必然会在组织中形成亲亲疏疏、团团伙伙的关系,从而使得组织成员之间的团结遭受严重破坏,也使得组织中阿谀奉承之风盛行、实干创业之气消解,从而极大地削弱组织的战斗力。

2.论资排辈心理

论资排辈心理是指领导者在决定人员任用问题时,以资历深浅和辈份高低为主要根据的心理倾向。在这种心理倾向的影响下,领导用人总是根据资历和辈份来依次排座。辈份高、资历深的,即使能力水平不足以胜任也要提拔任用,辈份低、资历浅的,能力水平再高也不提拔任用。

论资排辈心理具体有以下几种表现:(1)根据年龄任用人员。在选人用人时,根据成员的年龄大小,对年龄大的先用或重用,对年龄小的不用或不予重用。(2)根据年限任用人员。在选人用人时,根据工作年限的长短,年限长的先用或重用,年限短的不用或不予重用。(3)根据原任职务高低任用人员。在选人用人时,原任职务高的先用或重用,原任职务低的后用或不予重用。(4)根据学历任用人员。在选人用人时,只根据文凭的有无、高低和名气大小用人,有文凭的、文凭高的、文凭是名校(包括海外文凭)的得到重用,反之不会得到重用。(5)根据所获得的荣誉和名气用人。在选人用人时,注重因为过去工作成绩取得的荣誉和名声,而不管当下的表现。

论资排辈这种心理障碍对于领导用人工作的严重危害有:(1)严重阻碍中青年人员的成长。人员任用上论资排辈使优秀的中青年人员得不到合理的提拔和任用,这不仅使得优秀中青年人员得不到在重要岗位上增长知识、积累经验、锻炼才干的机会,而且还会挫伤他们的进取心、积极性和创造性。(2)造成组织中的领导集体的年龄结构不合理。合理的领导集体的年龄结构应该是老中青人员的结合,但论资排辈势必造成组织中同一层次机构的领导集体都由同龄人员组成的结果。(3)给组织的人员素质造成严重的消极影响。一个人的知识经验和工作能力与其资历不能画等号,领导用人时不应该只看资历,更应该看知识经验和工作能力。而论资排辈的心理影响,不仅会使得那些具有真才实学的优秀中青年人员得不到合理任用的机会,而且还可能会使得那些虽然资深辈高却并无真才实学、年老体弱的人员被任用到那些他们根本无法胜任的职位上去。很显然,这种用人势必会对组织的人员素质水平产生严重的消极影响。(4)助长追求假文凭的不正之风。论资排辈中的唯学历、唯文凭的用人心理会导致一些虽有文凭却并无真才实学的人员受到重用,而一些虽无文凭或是低文凭但具有真才实学的人员得不到合理任用,甚至受到歧视。由此不仅会严重影响组织的工作,而且还会助长一些人的崇尚虚名、不务实事的错误心理,从而使得他们不是去努力追求实际工作能力水平的提高,而是去片面追求学历和文凭,甚至不择手段地骗取文凭或造假文凭。

3. 求全责备心理

求全责备心理是指某些领导者在任用人员问题上表现出来的要求被任用者必须完美无缺的心理倾向。在这种心理倾向的影响下,领导者在考察有关人员时,总是不注重其长处,而是在其短处斤斤计较,有时以某一个不足之处对整个人加以否定。这种求全责备心理,实质上是一种"苛求于人"的心理。

求全责备心理主要表现在两个方面:一方面是在评价人员的"德""才"品质时,不重视其优势和长处,只重视其劣势和短处,有时甚至对鸡毛蒜皮之类的小事也决不放过,其结果是面对着一大堆人员,却是看谁都不顺眼,发现不了一个人才;另一方面是在评价人员的工作情况时,不重视其工作中的优点和成绩因素,只重视其工作中的缺点和失误因素,其结果是对于那些本来应该作出肯定评价的人员却作出了否定的评价。

求全责备这种心理障碍对于领导用人工作的危害有:(1)对组织成员产生消极的心理影响。领导者在人员任用问题上所持的求全责备的态度,势必会促使组织成员形成一种过分注重纠正自己心理上的劣势和短处,过于重视防止自己工作上的问题和失误的谨小慎微的工作态度。其结果,只能是人员的心理优势和长处难以获得进一步的发展,甚至是人员的积极性和创造性受到压抑,从而造成严重影响工作效率的提高,严重阻碍人才成长的消极后果。(2)优秀人才特别是优秀中青年人才难以受到重用。"金无足赤,人无完人",再优秀的人才在心理上存在某些劣势和短处、在工作上存在某些缺点和失误都是在所难免的。特别是优秀的中青年人才,他们本来就处在发展和成长阶段,因此在心理和工作上存在某些不足之处是完全正常的。具有求全责备心理的领导者在用人时,只是对优秀人才的短处提出种种责难,却看不到他们的长处,其结果,必然是优秀人才难以得到任用,从而埋没人才,甚至是扼杀人才。(3)对处于改革创新时代的开拓型人才造成更大的危害。改革和创新没有现成的道路可走,只能在探索中前进,因而改革过程中产生这样那样的缺点和失误都是不可避免的。因此,那些在人员任用问题上具有求全责备心理的领导者,就特别容易在改革者身上发现"问题"和"失误",从而使得改革者更容易受到打击和伤害。

4.嫉贤妒能心理

嫉贤妒能心理是指领导者因害怕他人胜过自己,憎恨他人优于自己,将别人的优越之处视为对自己的最大威胁,因而在选才用人时,比较喜欢那些各项能力比自己弱的人,以此来显示自己能力的"超群",甚至为此给予能力强于自己的人以压制和打击的一种心理倾向。这是一种极其恶劣的用人心理障碍,在这种心理的影响下,领导者常常任用那些缺德少能的平庸人员,而对那些德才兼备比自己强的优秀人才却予以排斥甚至是打压。

嫉贤妒能这种心理障碍对于领导用人工作的危害性,主要表现在以下三个方面:(1)压制甚至扼杀优秀人才。一个具有嫉贤妒能心理的领导者,绝不可能去任用那些在才能上比自己强的优秀人才,更不可能去努力寻找和发现优秀人才。相反,他们只会想方设法地去排斥、压制这样的人才,特别是当那些优秀人才对他们的地位和利益构成了现实或者潜在的威胁时,他们甚至还会不择手段地去打压这些优秀人才,从而造成扼杀优秀人才的严重后果。(2)恶化人才成长环境。嫉贤妒能心理导致优秀人才不敢冒头、不敢担当的结果。我国民间流传的"人怕出名猪怕壮""枪打出头鸟""出头的椽子先烂"等俗语,就是此现象的一种消极反映。在一个组织中,如果领导者自身就具有嫉贤妒能心理,那么该组织的人才成长环境便只会更加恶化。(3)阻碍人才成长进程。领导者在人员任用问题上具有嫉贤妒能的恶劣心理,会使组织中那些立志成才的优秀成员学习和工作的积极性受到严重的打击,他们增长才干的进取意识也会减弱甚至泯灭,从而在组织中造成阻碍人才成长的严重后果。

5. 能上不能下心理

能上不能下心理是指某些领导者在任用人员问题上,表现出来的一种认为一个工作人员只要是没有犯大错误,他所担任的职务就只能升而不能降的心理。在这种错误心理的影响下,有些领导者在处理用人问题时,对于那些明显不称职的人员,不仅不将他们降职使用,甚至还会提升他们的职务。

能上不能下这种心理障碍对于领导用人工作的危害性有:(1)给组织人员队伍的质量造成严重的消极影响。这是因为,任何一个社会组织要想达到保证人员群体结构优化的目的,都必须采取"动态保优"措施,即让不符合职位要求的人员离开重要岗位或领导群体,而让符合职位要求的人员走上岗位或进入领导群体。这就要求组织执行一种人员职务"能上能下"的政策。否则,如果每个组织成员所担任的职务都只能上不能下,那么组织队伍的质量就难以得到保证。(2)减弱人员的进取意识。如果只要不犯严重错误就不能降低职务,那么就容易促使下属形成一种不求有功、但求无过的思想,从而减弱其进取意识。(3)给组织成员工作积极性的发挥带来消极影响。"能上不能下"的直接结果,使得那些不符合职位要求的人员缺乏心理压力,这不仅会使他们的工作积极性难以达到较高的水平,而且还会严重阻碍人员的才智特别是创造力的发挥,从而对他们的工作效率产生消极影响。[①]

(二)影响领导者用人的社会心理效应

影响领导者用人的主观因素,除了上述个人心理障碍外,在以往的社会实践中形成的习惯化、固定化的认知模式也是一个非常重要的因素。这种习惯化、固定化的社会认知模式,就是影响领导者识人用人的社会心理效应,具体包括首因效应、近因效应、晕轮效应、月光效应、投射效应和定型效应等。认识这些社会心理效应对领导者识人用人可能造成的不良后果,并进行有效的防范和克服,对领导者正确识人用人意义重大。

1. 首因效应

首因效应也被称为首次效应、优先效应或第一印象效应,是指人们在与某人或某物首次接触时形成的第一印象对其后续行为和评价产生重要影响的一种心理现象。

---

① 洪波:《试析人员任用的心理障碍问题》,《培训与研究(湖北教育学院学报)》2002 年第 6 期。

就领导用人而言,首因效应往往导致领导者以对组织成员的第一印象决定对该对象的整体评价。

因为第一印象主要来自于人的外部特征,包括人的仪表、容貌、举止言谈、动作行为、性别年龄等等或者人在一时一事中的表现,因此这种评价犯了以外部特征取代内在本质的形而上学的错误。领导者如果受此影响,仅凭第一印象来形成对下属的本质评价并作为选人用人的依据一定会失之偏颇,它会导致错过人才的不良后果。因为真正的有用之人往往不显山露水、行事低调,难以引人关注。

2. 近因效应

近因效应是指人们往往根据他人与自己最近一次接触时留下的印象,并作为对其评价的重要依据的一种社会心理现象。由于近期印象来自于被评价者眼前表现,这种表现可能掩盖了过去,也不能说明将来,因此如果领导者在用人过程中,受近因效应的影响,过多地依赖下属最近的表现来作出用人决定,而不考虑他的一贯表现和未来的发展,也具有明显的局限性,它极有可能导致有用之人因一时的不足而被放弃。

3. 晕轮效应

晕轮效应亦即光环效应,是指在人际交往过程中,人们常将对方所具有的某个特征扩散为其整体印象的社会心理现象。通俗地说,就是"一俊百俊""一丑百丑"。晕轮效应给识人最大的负面影响就是一叶障目、以点带面。领导者如果仅仅根据下属的个别特征,就对其本质或全部特征下结论,因某人某项优点比较突出,就忽视其不足,或者因其某种不足就对其全盘否定,进而决定任用与否,这显然是片面的。

4. 月光效应

月亮本身并不会发光,但却可以借助太阳而发出皎洁迷人的光辉,使人产生众首仰望的效应。在社会生活中也有类似的现象,人们在看待或评价他人时,如果有名人的支持或推介,就会认为对象有实力和价值,从而作出肯定性的评价。其实有的人自己缺乏真才实学,只是靠名门、名校、名师、名人这些发光体来给自己添上一道光环而已。因此在用人过程中,如果领导者陷入月光效应的心理误区,只要一听说某人是名门出身、名校毕业、名师指导、名人推荐,立刻就对他刮目相看并予以重用,这显然是犯了唯心主义的错误。

5. 投射效应

投射效应是一种把自己的感情、意志、特征投射到他人身上并强加于人的一种认知障碍。具体表现为以自己的好恶为标准来识别和评价人,自己认定某个人是否是人才,认为别人也一定会有相同的评价。投射效应还经常表现为对自己喜欢的人越看越喜欢,越看优点越多;对自己不喜欢的人越看越讨厌,越看缺点越多。

如果不能摆脱投射效应的影响,领导者在选人用人时,自然倾向于选择那些与自己脾性、风格相近的人。领导者如果这样用人,导致的直接后果是相似性太多,差异性不够,使得团队由于太多的相似性而在研究问题、决策时听不到不同的观点和意见,往往会作出错误的决断,影响长远发展。

6.定型效应

定型效应又称刻板效应、刻板印象,是指人们在判断和评价他人时,往往会根据该人的外表、行为特征,结合自己头脑中已有的对某类人的固定看法来进行归类和评价。如商人精明,军人正直,南方人温柔,北方人豪爽等。

这种效应导致人们在认识他人时经常忽视个体差异,从而可能产生偏见和不公正的评价。受其影响,领导者在用人时会用刻板印象去看待下属。比如,认为爱挑毛病的人一定是"刺儿头",沉默寡言的人一定城府很深,活泼好动的人一定办事毛糙,性格内向的人一定老实听话等,此外,还有地域上的刻板印象,这些都极有可能把真正的人才排除在外。

(三)领导用人心理障碍与心理误区的防治

1.加强学习,提高文化与理论水平

用人心理误区往往与领导者的无知愚昧联系在一起,胸无点墨的领导者绝大多数目光短浅、心胸狭隘、嫉贤妒能,对待人才则采取压制和迫害的态度。历史上无知、昏庸的皇帝和权臣无不嫉妒、压抑人才。反之,凡是知识渊博的领导者,大都志向远大、高瞻远瞩、心胸宽广、品德高尚,在用人方面则表现出健康的心理品质。因此,领导者要走出用人心理误区,最根本的是要加强学习,不断提高自己的文化和理论水平。主要包括加强马克思主义理论的学习,学会用辩证唯物主义的观点和方法分析用人问题;加强关于人事管理和人才任用的知识和理论学习,始终坚持用领导科学的理论和方法来解决用人问题;加强对历史的学习,从历史中成功者身上汲取用人的智慧,并深刻领会用好人才对组织发展的重要意义。实践证明,学习是改变心理和行为的重要条件之一。领导者必须勤于学习,向书本学、向社会学、向实践学、向历史学,把通过学习得到的知识和理论作为涵养健康用人心理的沃土。这是防治领导用人心理障碍和误区的一剂良方。

2.强化公心,增强事业心与责任感

私心是用人心理障碍的温床和滋生地。私心偏重的领导者,很难有健康的用人心理品质。这是因为,领导者的私心往往会导致领导者在用人时以自我为中心,总是将个人的地位、情感和看法置于组织的发展大局之上,哪怕用人不当威胁组织的前途和命运也在所不惜;反之,一个领导者如果有强烈的公心意识,始终坚持以组织事业的发展大局为重,从组织发展中获得心理的满足和自我价值的实现,因而一定会具有强烈的事业心和责任感,在选才用人时,一定会将自我置之度外,做到唯才是举、任人唯贤。因此,领导者要破除用人心理障碍,一定要加强思想道德修养,强化公心意识,树立强烈的事业心和高度的责任感,把实现组织兴旺发达的理想和使命作为用好人才的强大精神动力。这是有效克服领导者用人心理误区的强有力武器。

3. 提高站位,树立正确的权力观

领导者在用人中的种种不良心理,很大程度上与领导者对用人权力的误解相关。在有些领导者看来,用人权力不过是个人的玩物,想怎么用就可以怎么用,于是不自觉地陷入了用人的心理误区,并在放飞自我中不断地强化着不良的用人心理。因此,要克服用人中的不良心理,领导者正确认识用人权力,树立正确的权力观至关重要。所谓权力观是指人们对权力的来源、本质以及权力运行、权力监督、权力责任的理论化、系统化的根本观点。习近平总书记指出:"党员、干部特别是领导干部要清醒认识到,自己手中的权力、所处的岗位,是党和人民赋予的,是为党和人民做事用的,只能用来为民谋利。各级领导干部要树立正确的权力观、政绩观、事业观,不慕虚荣,不务虚功,不图虚名,切实做到为官一任、造福一方。"[①]根据这一重要论述,就用人而言,领导者应该树立的正确权力观是:任何领导者手中的选人用人的权力都是人民赋予的,而不是一己之私,这一权力只能用来为人民谋利益,而不是为自己谋私利、徇私情、报私恩、泄私愤的工具,这一权力要受到人民的监督而不能为所欲为。而正确的用人权力观的树立,与领导者的政治思想站位,即具有坚定的人民立场,始终把人民作为中心是分不开的。因此,领导者要克服用人的心理障碍,走出用人的心理误区,必须不断地提高自己的政治思想站位,始终坚持以人民为中心,做到心怀国之大者,以此来生成正确的用人权力观,把实现人民的福祉作为用人的出发点和落脚点。

4. 控制情绪,加强情感和意志品质的修养

领导工作是与人打交道的工作。人的经历、阅历、品性、文化、职业、年龄、出身、所处环境不尽相同,就会出现素质、修养上的良莠区别。优秀的领导者应具有真诚、开朗、廉洁、友善的性格,热爱组织,在选才用人过程中善于运用情感激励,注意与下属的

---

① 习近平:《必须坚持人民至上》,《求是》2024 年第 7 期。

感情沟通,尊重、爱护、关心下属,激发下属的积极性,提高用人绩效。因此,领导者要理智地控制自己的情绪,保持情绪的稳定和乐观,对维护自己的心理健康有重要意义。要能够很好控制个人情绪,领导者要做到:进行积极的情绪体验;控制消极情绪的蔓延,化解消极情绪;适时转移注意力,释放压抑心理,谅解他人的失礼或不周之处,进行角色互换;为他人着想,为别人、为社会、为组织多做好事,求得心理的安慰和满足。

第三节　实现领导决策的科学化民主化

科学决策和民主决策是现代领导决策的两个基本要求,前者指向决策的真理性,后者指向决策的价值性,二者相辅相成、缺一不可。在当代,实现领导决策的科学化和民主化是提高党执政能力的重要途径,也是实现国家良政善治的根本保障。各级各类领导者对此必须予以高度重视,并努力实现领导决策科学性和民主性的有机统一。

一、发挥现代领导决策体制中的智囊团作用

智囊团也称"智库""思想库""头脑公司"或"外脑",是指专门从事开发性研究的咨询研究机构,其组成人员即"智囊"是具有超强的智慧、学识和能力并以此为政府或企业出谋划策与科学决策提供咨询的专家。现代智囊团将各学科的专家学者聚集起来,运用其集体智慧,为应对社会、经济、军事、科技发展中的问题提供科学依据,提供满意的或最优的方案、策略和方法,以帮助政府或企业领导进行科学决策。因此,它是现代领导决策体制极为重要的组成部分。

(一)现代智囊团的特点

智囊作为领导决策的参谋或顾问,在历史上早已有之。在我国春秋战国时期就有"养士"之风,西方17世纪30年代在军队中设置助手,这些"士"(亦称"食客")或助手就是今天的智囊。但智囊团作为一种组织形式,大体上产生于20世纪40年代,是现代科学技术进步和社会化大生产发展的产物。与古代社会的智囊相比,现代智囊团在产生和发展过程中,形成了一系列新的特点。

1. 咨询研究方式的集体性

与古代智囊人物主要采取以个人的智慧独立为领导者出谋划策的个体活动方式不同,现代智囊团往往是一个多学科专家的集合体,在进行咨询研究时,除了发挥个人的聪明才智外,特别注重发挥集体智慧。智囊团在研究某一个决策方案时,总是把与

决策议题相关的各个学科的专家组合在一起,运用各个专家的专业知识和特长来共同完成某项咨询任务,确保其咨询意见的全面系统性。

2. 咨询研究过程和结果的独立性

与古代智囊人物依附于贵族、官僚因而其咨询受制于依附主体的意志不同,现代智囊团是一个独立的或相对独立的研究机构,注重于研究工作和成果的独立性和客观性。在现代智囊团的研究咨询活动中,专家只尊重科学和实践,只对研究的课题负责,不以任何领导或上级的主观意愿为转移,从而确保其咨询意见的客观准确性。

3. 咨询研究手段的科学性

与古代智囊人物只靠个人智慧和经验进行推理判断来提供咨询不同,现代智囊团凭借现代科学理论和先进技术手段开展研究工作。现代智囊团的研究人员重视运用现代思维方式,利用电子计算机等技术手段,从信息的收集、整理、分析到备选方案的制订以及可行性分析,将全部的政策研究建立在现代科学理论和技术手段之上,因而其政策咨询的意见具有极强的科学可靠性。

(二)现代智囊团在领导决策中的功能与作用

现代智囊团的特点决定了它在现代领导决策活动中可以扮演着多重角色,发挥多方面的作用。可以这么说,除了领导者的拍板定案和执行系统的政策执行功能外,现代决策体制中其他所有系统的角色功能,现代智囊团均可胜任。具体说来:

第一,收集和加工信息,充当情报信息机构。领导者进行决策时,必须收集、加工有关该问题的大量可靠的情报、信息、数据,同时还要掌握有关的背景材料、预测发展趋势的各种资料,以作为决策的科学依据。由于智囊机构具有巨大的情报信息系统以及专业的情报信息分析手段和技术,因而在这方面可以发挥独特的作用。智囊机构除了收集整理信息外,还能根据所收集的信息来分析、估计形势,对未来发展方向和趋势作出科学的预测和评估。

第二,提供备选方案,充当参谋咨询机构。在现代领导决策过程中,能否尽可能多的备选方案以供领导者选择,关系着决策的质量和效能。对决策项目进行咨询研究并出谋划策是智囊机构的本职和优势所在,如果领导者把某个决策项目委托给智囊机构,由他们组织有关专家就决策的科学性、合理性、可行性及其后果等进行全面、系统的研究分析,并找出影响决策的各种因素及其相互关系,提出平衡这些因素的办法,必能产生一系列有价值的备选方案供领导决策时择优决断。

第三,跟踪反馈信息,充当信息反馈机构。现代领导决策往往是不能毕其功于一役的,恰恰相反,一项决策一般需要经过执行过程中多次信息反馈并不断地跟踪调整,才能达成目标。在决策方案付诸实施后,决策者可以委托智囊机构对政策执行过程跟踪调查,及时掌握和反馈执行信息,并针对政策执行过程中出现的偏差或产生的新问题向决策者提出优化建议,供领导者"再决策"参考。这是智囊机构难以被替代的重要功能。

（三）重视发挥智囊团在领导决策中的作用

由于现代智囊团在决策咨询研究中的特点和优点,领导者要作出正确决策,必须借助于现代智囊机构,将其作为领导者在决策活动中的"外脑"。因此,各级领导者必须把智囊团的工作看成领导决策不可缺少的重要组成部分,重视发挥智囊团的作用。

首先,领导者要用好智囊团开展决策。一是要将重大决策经过智囊团专家咨询论证作为一项制度确定下来,把发挥智囊团的决策作用制度化。根据《重大行政决策程序暂行条例》(国务院 2019 年 5 月 8 日发布)第二章规定:县级以上地方人民政府重大行政决策的作出和调整必须经过专家论证,这对于各级领导来说都具有普遍性的意义。二是要多形式、多层次地向智囊团广泛开展决策咨询。既可以将决策前的信息收集、方案拟订和决策后的跟踪调查等决策工作,委托给党政领导机关设置的专门决策研究机构或社会的科研机构、高等院校,也可以聘请与决策议题相关的专家参加决策方案的咨询论证。三是要充分尊重智囊机构及专家的工作,充分保障其独立咨询地位和作用。领导者在引入智囊团进行决策咨询时,要为他们独立开展决策研究工作提供良好的环境条件,切忌将个人的主观意志强加于专家,并施加压力迫使专家去"论证"自己结论的合理性;对于专家独立研究的咨询意见要充分吸收,尤其是反对性意见。四是要合理利用智囊团作用。一般说来,领导者在进行战略性决策或非程序化决策、风险型决策和不确定型决策时,必须引入智囊团专家的咨询作用,对于一般性决策可以交给本组织的有关部门去完成。

其次,要正确处理决策中领导者与智囊团人员的职责关系。领导者对于重大决策必须依靠智囊团及其专家的咨询作用,但是依靠不是依赖。领导者必须明确,领导者自身在决策中的核心地位是智囊机构及专家不可替代的。这是因为,尽管智囊团在收集信息资料、拟订备选方案、进行可行性分析等方面具有专长,但是领导者所具有的纵观全局、深谋远虑、富有经验以及决断魄力等优势则是智囊团专家所不具备的,而这些素质对于拍板定案来说极端重要,这对于那些带有风险性的、不确定性和难以量化的决策尤其如此;同时,在各种备选方案中择优决断也是领导者在决策中的职责所在。

因此,在决策中,智囊团专家参与决策的职责只能是"谋","断"的职责只能是领导者自身,这是不可混淆的。

二、坚持"三圈决策"模型

(一)"三圈理论"及其对领导者决策的要求

"三圈理论"是美国哈佛大学肯尼迪政府学院的学者马克·莫尔教授在1995年出版的《创造公共价值:政府战略管理》中提出的关于领导者战略管理的一种分析工具。莫尔认为,公共管理的终极目的是为社会创造公共价值。决策过程中要充分遵循价值(即政策的公共价值)、能力(即政策实施的能力)与支持(即政策作用对象的支持)三个因素相互统一的原则,因通常以三个圆圈分别代表价值、能力与支持而得名(如下图)。

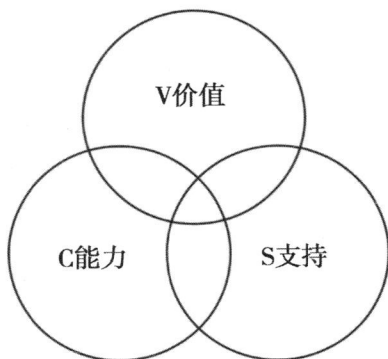

"三圈理论"示意图

该理论的基本思想是:在制定一项公共政策时,首先,必须考虑该政策方案的目标能否体现公共价值,确保将公共利益作为政策方案的最重要诉求;其次,必须考虑政策方案的实施与执行中的约束条件,即达到政策目标的人、财、物条件是否具备,确保政策能够得到实施;最后,必须考虑政策方案所涉及的利益相关者的态度与意见,即他们的价值取向与政策目标的关系如何,确保决策实施能够得到支持。

根据代表三个因素的三圈相交的情况(即三个因素具备的情况),可以对一项政策方案进行分析和评估。只有处于三圈相交领域(即三个因素同时具备)的政策才能得到有效执行,达到预期效果;反之,处于三圈不能相互重叠的区域(即三个要素不能平衡)的政策或决策,可能无法实现预期的效果。具体说来:

处于三个圈相互重叠的区域(V+C+S)的决策方案既有价值,同时组织又具备足够的能力,还有来自利益相关者的支持,这样的决策极有可能获得成功。因此可以放手去制定和实施("放手去做"是耐克公司的口号,故将这一区域称为耐克区)。

处于价值圈不与另两个圈相交的区域(V)的政策方案,从理论上说都有公共价值,是好的或比较好的愿景目标,但它的实施既没有足够的能力,又缺乏支持,只能是停留在梦想阶段(故这一区域称为梦想区)。

位于价值与能力两个圈相交的区域(不包括耐克区,即 V + C)的政策方案有价值,同时也组织有足够的资源能力,但因缺乏支持暂时难以实施。如通过努力赢得支持,梦想就可以实现(故这一区域称为梦想实现区)。

处于价值和支持两个圈相交的区域(不含耐克区,即 V + S)的政策方案有价值,同时也会获得支持,但因资源能力不足,实施有风险(这一区域称为风险项目区)。

处于支持圈不与另外两个圈相交的区域(S)的政策方案,仅有利益相关者的支持,而没有公共价值和组织能力,说明支持者与决策者价值认同出现偏差甚至背离。从领导者角度看,属于别人的梦想(这一区域称为别人梦想区)。

处于能力和支持两个圈相交的区域(不包括耐克区,即 C + S)的政策方案有广泛支持,且组织又有足够的能力完成,但它毫无价值。一旦实施将造成极大损失,结果成为"通往无人之区的桥梁"(这一区域称为噩梦区)。[①]

总之,在"三圈理论"看来,一项好的决策应具备价值、能力、支持三个要素,缺少任何一个要素,决策都将无法有效实施。因此,领导者在决策中应寻求公共价值、提高决策实施能力、争取群众支持,推动三个要素最大限度接近和重合,以达到最佳决策效果。

(二)"三圈决策"模型在我国领导决策中的应用

"三圈理论"为组织决策提供了一个分析框架,通过对"价值""能力""支持"三要素分析,可以判定一项公共政策或计划项目是否科学合理、优劣程度如何,因此有助于提高决策的科学化、民主化和规范化,使决策更加具体化和易于操作。各级各类领导者在进行决策时,应该利用这一科学决策模型,提高领导决策的科学性和民主性,实现决策效能。

应用"三圈决策"模型的总的要求是:要坚持以人民为中心的价值观,确保决策以人民群众的根本利益作为根本的价值导向;要深入开展调查研究,做出符合实际情况的决策,确保有能力实施决策;要充分发扬人民民主,做出符合民意的决策,确保得到大多数人民群众的支持。具体来说:

---

① 曹俊德:《"三圈理论"的核心思想及决策方法论意义》,《国家行政学院学报》2010 年第 1 期。

第一,坚持以人民为中心的决策价值观,避免决策价值偏离。

"三圈理论"把公共价值摆在制定政策的重要位置,强调了价值的根本性,要求决策者必须坚持正确的决策价值观并以此为基础来构建政策目标。对领导者而言,人民至上的主体地位决定了领导决策要创造最大和唯一的公共价值就是实现人民的根本利益。

人民是历史的创造者,是党的根基和血脉所在。中国共产党自成立以来,就把全心全意为人民服务作为党的根本宗旨,把为中国人民谋幸福、为中华民族谋复兴作为党的初心使命,把一切为了人民、一切依靠人民的群众路线作为党的生命线和根本工作路线。党的十八大以来,以习近平同志为核心的党中央不断强调人民对美好生活的向往就是党的奋斗目标;实现好、维护好、发展好最广大人民根本利益是党的一切工作的出发点和落脚点;人民拥护不拥护、赞成不赞成、高兴不高兴、答应不答应是衡量一切工作得失的根本标准;坚持发展为了人民、发展依靠人民、发展成果为人民共享的以人民为中心的发展思想是实现中国式现代化的重大原则。

要确保领导决策以人民根本利益为公共价值,各级领导者在做决策时要做到以下两点:

首先,要坚持以人民为中心的决策价值观,确保决策价值取向的正确性。领导者首先要强化政治思想修养,牢固树立宗旨意识,坚定地站稳人民立场。人民立场是一切为了人民、一切依靠人民的价值导向,它"是中国共产党的根本政治立场,是马克思主义政党区别于其他政党的显著标志"①。一切领导干部要深刻认识人民作为历史创造者的主体地位和决定事业兴衰成败的主体作用,牢记民心是最大的政治,始终把人民放在心中最高位置,始终坚持人民地位至上、人民利益至上,从而确保决策的价值取向体现以人民为中心,坚决杜绝决策中的"以权力为中心""以资本为中心""以部门(地区)工作为中心""以个人利益为中心"等的错误价值取向。

其次,要准确把握好人民群众的根本利益,保证决策价值追求的准确性。总的说来,更好的教育、更稳定的工作、更满意的收入、更可靠的社会保障、更高水平的医疗卫生服务、更舒适的居住条件、更优美的环境等,这些都是人民的根本利益所在。但对于领导决策所追求的具体价值,领导者决不能闭门造车、坐而论道、流于空想,而是要深入人民群众中问需于民,深入了解人民群众反映的意见、群众表达的诉求、群众对美好生活需要中的急难愁盼问题,从中获得关于某项决策的具体价值定位。2023年2月,在新进中央委员会的委员、候补委员和省部级主要领导干部学习贯彻习近平新时代中

---

① 习近平:《在庆祝中国共产党成立95周年大会上的讲话》,《人民日报》2016年7月2日第2版。

国特色社会主义思想和党的二十大精神研讨班上的讲话中,习近平总书记深刻指出:"我们坚持党的群众路线,想问题、作决策、办事情注重把准人民脉搏、回应人民关切、体现人民愿望、增进人民福祉,努力使党的理论和路线方针政策得到人民群众衷心拥护。"①为此,在决策之前,领导者一定要深入基层人民群众中间,扎实有效地开展调查研究,准确把握人民群众的具体利益所在。此外,让人民群众参与决策,如开展决策听证,也是确保政策公共价值追求准确性的重要途径。

第二,全面深入了解组织能力,加强执行能力建设,防止决策执行能力不足。

无论公共政策的制定还是执行,都离不开对该组织"能力"因素的考量,没有能力支持,再好的愿景目标都是"空中楼阁"。因此,组织的资源能力是保证决策目标实现的基础条件。按照"三圈理论"分析的逻辑,当明确了决策要实现的公共价值后,接下来就要考虑组织是否有足够的能力来实施这项决策。这里所指的能力,包括实施决策所需的人力、财力、技术、设施、权力、空间、知识、信息等。如果一项决策方案不具备或不完全具备相应的能力,那么决策就不能取得成功。这就要求领导者在决策时:

一是要全面了解和掌握组织的能力资源的实际情况,根据本组织的能力实际进行决策。在现实中,有些领导者意气用事,在不掌握本部门、本地区、本组织的能力的情况下做决策,有的领导者则好大喜功,不顾组织自身人力、物力、技术等存在的不足去做决策。凡此种种,这些没有能力作支撑的决策,要么过早夭折,要么成为"烂尾楼"工程。这些教训告诉人们,一个领导者要做出有效的决策,一定要考虑能力上的可行性;而要保证决策具有能力上的可行性,决策者一定要深入调查研究,全面掌握组织能力的实际情况,以此为基础再确定目标形成符合实际的愿景,切忌拍脑袋决策。

二是要创造条件扩大组织能力资源,发展执行能力,以保证决策的顺利完成。领导者不能总是囿于组织能力短板而放弃决策,因为有些决策既具有良好的公共价值又受到政策对象的期盼和支持。这就要求领导者要不断地加强组织能力建设,提高组织的决策执行力。"三圈理论"分析框架中的"能力"与现代领导科学所讲的"执行力""政策执行"有大致相同的意义。"执行力,就个人而言,就是把想干的事干成功的能力;对于组织,则是将长期战略一步步落到实处的能力。""执行力是组织成功的必要条件。"②现代决策的质量取决于组织的能力,能力因素制约和影响决策的可行性、有效性。这就要求决策者既要高瞻远瞩,敢于大胆设想宏伟蓝图、美好愿景,又要脚踏实

---

① 习近平:《中国式现代化是中国共产党领导的社会主义现代化》,《求是》2023 年第 11 期。
② 转引自曹俊德:《"三圈理论"的核心及决策方法论意义》,《国家行政学院学报》2010 年第 1 期。

地、打牢基础,不断增强实力,努力达到理想目标与实际执行效果的统一。

第三,加强与群众沟通协调,防止决策支持缺失。

根据"三圈理论",一项政策即使事关组织成员的利益,即便也有充分的组织能力去实施,但是如果得不到组织成员的支持,这种决策的制定和实施是具有极大风险的。这就要求组织中的领导者在决策过程中,要注意与组织成员的沟通和协调,争取得到足够的支持,从而防止因支持不足而导致政策失效。

对于领导干部而言,要防止决策支持缺失,除了政策制定时要确保政策的价值取向是以人民为中心、真正地以实现人民利益为政策目标外,还要做好以下两个方面的工作:

一是做好政策宣传。任何一项政策,即便对人民群众的利益至关重要,在制定出来后并不会立即为人民群众所认同和接受。造成这种情况的原因是多方面的,包括政策的效果在初期难以显现、政策价值的长远性与人民群众的眼前利益不一致以及过去曾存在的与民争利而导致政策部门公信力不足等。为此,领导者不仅肩负着决好策的使命,还要通过各种方式和渠道做好政策的宣传工作,让人民群众特别是政策的直接作用对象全面深入地了解政策的价值取向、目标追求和主要的措施要求,让人民群众认同取向、认可目标,从而为政策实施提供支持。

二是做好利益协调。进入新时代,随着社会经济形式、组织结构的多元化,人民群众的利益多元化程度不断提升。在人民整体利益基本一致的基础上,不同地域、不同行业、不同层级的群体存在着一定的利益分化,有时甚至是矛盾。因此一项政策涉及的公共价值并不是均衡分布的,对一个利益群体有价值的相关性,对另一个群体可能没有价值的相关性或者没有直接的价值相关性;即便是同一个利益相关的不同群体,也有价值向度和强度上的区别:最大的受益者对政策支持度最强,其他的受益者次之,利益受损者则刚好相反,利益无关者对政策往往持冷漠的态度,在一定条件下甚至会走向不支持。这就决定了领导者要做好决策的利益协调工作,不断地扩大利益相关群体范围,使做出的决策尽可能多地让各群体受益,尽量让利益受损群体的利益受损最小。只有如此,才能使一项好的决策获得足够的支持,以实现决策效能。

三、切实发挥全过程人民民主的制度优势

(一)全过程人民民主与民主决策

1.全过程人民民主的内涵、特点和优势

全过程人民民主是中国共产党团结带领人民追求民主、发展民主、实现民主的伟

大创造,是党不断推进中国民主理论创新、制度创新、实践创新的经验结晶,是植根于社会主义民主长期实践取得的中国特色社会主义民主政治理论和实践的重大成果。

习近平总书记指出:"我国全过程人民民主实现了过程民主和成果民主、程序民主和实质民主、直接民主和间接民主、人民民主和国家意志相统一,是全链条、全方位、全覆盖的民主,是最广泛、最真实、最管用的社会主义民主。"①"全链条、全方位、全覆盖"是对全过程人民民主内涵的高度概括,也是全过程人民民主的特点所在。

所谓全链条是指我国人民民主在民主选举、民主协商、民主决策、民主管理、民主监督五个环节上环环相扣,构成了人民民主的完整链条。在民主选举环节,人民通过选举、投票行使权利,选出代表自己意愿的人来掌握并行使权力。在民主协商环节,人民在重大决策之前和决策实施之中进行充分协商,尽可能就共同性问题取得一致意见。在民主决策环节,人民通过多种方式广泛参与其中,越来越多的群众意见转化为党和政府的重大决策。在民主管理环节,人民行使宪法赋予的各项权利,广泛参与国家政治生活和社会生活的管理。在民主监督环节,人民可以对各级国家工作人员履职情况进行监督,保证人民赋予的权力始终用来为人民谋利益。这与西方国家把民主囿于民主投票一个环节形成了鲜明对比。

所谓全方位是指我国人民民主在国家政治体系中全面贯通,各政治主体间高度协同,实现了人民民主的全方位展开。具体表现为:人民按照国家一切权力属于人民的原则,通过人民代表大会制度行使国家权力;各级各类国家机关都按照民主集中制原则来组织并贯彻实施国家宪法法律和方针政策,保证国家治理充分体现人民意志、实现人民权益;政党、人大、政府、政协、人民团体、基层组织和社会组织根据"有事好商量、众人的事由众人商量"的原则进行广泛协商来发扬民主,实现人民当家作主。这与西方国家人民投票后再没有其他民主形成鲜明对比。

所谓全覆盖是指我国人民民主涵盖了国家各项事业各项工作,实现了人民民主在领域上的全覆盖。具体表现为:我国人民民主贯穿"五位一体"总体布局和"四个全面"战略布局的各个领域、各个方面;在国家政治生活和社会生活的各个领域、各个方面,民主原则覆盖各类议题、各个层级,充分保障了各个阶层、各个方面人民群众的利益。这与西方国家民主只限于政治领域形成了鲜明对比。

正是全过程人民民主的全链条、全方位、全覆盖造就了全过程人民民主的最广泛、最真实、最管用的显著优势。

---

① 习近平:《在中央人大工作会议上的讲话(2021年10月13日)》,《求是》2022年第5期。

最广泛体现在我国人民民主的主体具有最大的广泛性、人民的民主权利具有最大的普遍性、人民表达意志的渠道具有多样性;最真实体现在人民民主有坚实的制度保障、人民的利益诉求能得到切实的回应、人民的利益问题能得到高效的解决;最管用体现在全过程人民民主促进了国家的高效治理、实现了社会的和谐稳定、国家公权力运用得到了有效的监督和制约。

2. 全过程人民民主对民主决策的保障作用

2019年11月,习近平总书记在考察上海市长宁区虹桥街道基层立法联系点时指出:"人民民主是一种全过程的民主,所有的重大立法决策都是依照程序、经过民主酝酿,通过科学决策、民主决策产生的。"[1]全过程人民民主不仅实现了立法决策的科学性和民主性,而且根据全过程人民民主的实践和制度安排,全过程人民民主还通过确保人民作为民主决策主体的全方位、人民参与民主决策过程的全链条、人民利益和意志在决策客体上的全覆盖为我国一切决策的科学性和民主性提供了坚实的保障。

(1) 全过程人民民主保障了人民作为民主决策主体的全方位

宪法规定:"中华人民共和国的一切权力属于人民。……人民依照法律规定,通过各种途径和形式,管理国家事务,管理经济和文化事业,管理社会事务。"民主选举、民主协商、民主决策、民主管理、民主监督是我国人民民主的五大形式。在民主决策方面,我国所有公民不分民族、地域、性别、财产状况、受教育程度、职业背景、宗教信仰和所属党派,都有平等参与民主决策的权利和机会。公民既可以通过选举代表间接参与,也可以通过各种民主决策渠道直接参与,既可以应决策机关"邀请"参与,又可以通过提意见建议主动对决策过程产生影响,既可以个人身份独立参与,又可以依托社会组织参与,从而保障了人民作为决策主体的全方位,为实现民主决策奠定坚实基础。

(2) 全过程人民民主保障了人民参与决策过程的全链条

一个完整的决策过程应当包括议程设置、设计与制定、执行、评估、监督、调整优化等几个环节。在全过程人民民主实践中,强调人民参与贯穿决策的全过程,并赋予其相应的权利。在决策前的议程设置环节,凡是重大决策,必须通过人民的广泛协商来取得一致意见,而且人民还有权倡议启动决策程序;在决策中的政策制定环节,人民有决策的参与权、表达权和知情权,决策机关要采取召开座谈会、听证会、实地走访、书面征求意见、向社会公开征求意见、问卷调查和民意调查等方式,听取人民群众的意见和建议,要将政策方案向社会公开并说明公众意见、专家论证意见采纳的情况;在决策的

---

① 习近平:《坚持和完善人民代表大会制度　保障人民当家作主》,《求是》2024年第4期。

执行环节,人民对政策执行情况有知情权、监督权和申诉权;在政策评估环节,人民有参与权、表达权和监督权等。因此,全过程人民民主保障了我国人民在民主决策过程中的全链条参与,充分体现了民主决策的本质要求。

(3)全过程人民民主保障了人民的利益和意志在决策客体上的全覆盖

全过程人民民主对人民的利益和意志在决策客体上的全覆盖,首先表现为决策领域上的全覆盖,凡是涉及人民群众的利益和意志的政策议题,无论是经济、政治、文化、社会与生态文明建设的"五位一体"总体布局,还是全面建设社会主义现代化国家、全面深化改革、全面依法治国、全面从严治党的"四个全面"战略布局的领域,都会进入决策议程之中。其次还表现在决策层次上的全覆盖,大到国家,中到一个地方、一个部门,小到一个社区或单位,凡是涉及人民群众利益问题,都能列为各级决策机构的决策对象,作为决策的议题。

(二)践行全过程人民民主实现民主决策

根据全过程人民民主对民主决策的保障作用,领导者在进行领导决策过程中,必须发扬民主精神,大力践行全过程人民民主,把全过程人民民主对民主决策的保障功能转化为领导决策工作的效能。

1.尊重和保障人民群众在决策中的主体地位

人民是历史的创造者,是国家和社会的主人。一切为了人民、一切依靠人民是党和国家根本的工作路线,也是取得一切成功的密码所在。各级各类领导者要清楚地认识到,人民群众是决策群体中不可或缺的主体,这既是由人民群众的地位和作用所决定的,也是全过程人民民主制度安排的要求。习近平总书记强调:"在中国社会主义制度下,有事好商量,众人的事情由众人商量,找到全社会意愿和要求的最大公约数,是人民民主的真谛。"①任何一项决策的客体都是"众人之事",因而也就离不开广大人民群众参与其中。由此,领导者要高度重视人民群众在决策中的主体地位,始终坚持问策于民、决策共谋,把宪法、法律法规规定的人民群众在决策过程的知情权、参与权、建议权、表达权、监督权等各项权益落到实处,坚决杜绝脱离人民群众"闭门造车"的决策思维,这是实现民主决策的前提和基础。

2.加强人民群众参与决策的机制建设

人民群众有充分参与决策的平台和渠道是实现人民群众决策主体地位的重要保

①《习近平谈治国理政》第二卷,外文出版社 2017 年版,第 292 页。

障,同时也是实现民主决策的核心所在。因此,各级各类领导者要高度重视人民群众参与决策的机制建设,不断丰富人民群众参与决策的平台和渠道,确保人民群众能够有序参与决策的全过程。决策层可以通过深入基层群众中进行调查研究,举行民主议事会、协商会、听证会,建立官方微博、微信公众号和政务 APP 等构成的新媒体矩阵,依托包括工会等群团组织和智库在内的社会组织等途径和方式,来了解民众反映的意见和诉求,吸纳民众合理化建议,公开政策内容和执行情况,收集政策执行反馈信息,从而形成面向全体公民的系统化、常态化、即时化的民主决策参与机制。

3. 坚持以人民为中心的决策价值取向

坚持民主决策,不仅要体现在人民群众作为决策主体全程参与其中,而且要体现在决策的结果上实现人民群众的根本利益,这是民主决策的实质所在,也是全过程人民民主的价值依归。习近平总书记深刻指出:"民主不是装饰品,不是用来做摆设的,而是要用来解决人民需要解决的问题的。"[1]要保障和实现决策的民主化和科学化,决策者必须牢牢坚持以人民为中心的决策价值取向,从决策议题的设置、决策方案的制订、政策的执行等各个环节,始终要以人民需要解决的问题为出发点,以实现好、维护好、发展好人民群众的根本利益为落脚点,通过政策过程来不断增进人民群众福祉,不断提升人民群众的获得感、幸福感和安全感。

【思考题】

1. 阅读材料回答问题

四川通江南江禁止私自熏制腊制品

2023 年 11 月 15 日,四川省巴中市通江县发出通告称,城区禁止私自熏制腊制品,熏制腊肉、腊肠等需送到指定的集中熏制点;随后,11 月 20 日,巴中市南江县也发出类似通告。

通告指出,"随着熏制腊制品高峰期到来,熏制产生的烟尘将污染空气,影响市民生产、生活,并存在火灾安全隐患。为尊重传统、方便市民,同时保护生态环境、保障熏制安全,根据有关规定,禁止在县城区农贸市场、居民小区院内、楼道、阳台、屋顶以及岩坡旁、路边、河沟等非指定地点熏制腊制品;禁止在县城区内擅自搭建腊制品熏制设施;县城区腊制品实行定点集中熏制",并公布了集中熏制点。在通江县的通告中公

---

[1] 习近平:《在中央人大工作会议上的讲话(2021 年 10 月 13 日)》,《求是》2022 年第 5 期。

布的两个集中熏制点中的一家还注明"熏制限于在该公司购买的肉制品"。

同时,通江县、南江县通告中均指出,凡违反本通告的,将依法依规进行处理。其中南江的通告明确表示,凡未在指定地点熏制腌腊制品的行为,执法人员将予以劝导、制止,对拒不改正者,将按照《中华人民共和国大气污染防治法》第一百一十九条规定处以500元至2000元罚款。

两县通告一经发出,迅速在社会上引起了诸多关注,并围绕着"熏制腊肉是否会造成大气污染"以及"指定熏制点是否存在不当盈利问题"引起巨大争议。

11月23日晚,通江县综合行政执法局发出《关于在通江县城区腊制品集中熏制相关情况的说明》。该《说明》称"近日我局牵头发布的《关于在通江县城区集中熏制腊制品的通告》存在工作失误,特此致歉",并对设置集中熏制点及熏制集中点的有关情况进行说明。该《说明》还表示,将在城区周边适时配备流动熏制设备以充分满足群众需求。

结合材料回答以下问题:

(1)根据领导决策的相关知识,案例中相关部门做出禁止私自熏制腊制品的决策失误在哪里?

(2)要避免案例中决策失误的出现,相关部门应该如何决策?

2.阅读材料回答问题

任正非重用李一男

华为技术有限公司是一家中国民营通信技术企业。该公司创立于1987年,经过三十多年的发展,如今是全球领先的ICT(信息与通信)基础设施和智能终端提供商,是一个业务遍及170多个国家和地区,服务全球30多亿人口的世界五百强企业,也是中国排名第一的民营企业。

在华为的发展过程中,有一个人曾经被任正非寄予厚望也为华为作出过重大贡献,这个人就是"天才少年"李一男。

李一男少年时就展现出强大的天赋和学习能力,15岁考入华中理工大学少年班,22岁硕士毕业后加入华为。进入华为后李一男就展现了强大的天资和才华。李一男的表现很快就传到了任正非的耳朵里。任正非爱才如命,他当即拍板,将李一男提拔为工程师。此后,李一男深得任正非的赏识和器重,在华为飞速晋升,短短5年时间内就成了公司的副总裁。而李一男也没有让任正非失望,他主持开发了C&C08万门数字程控交换机、波分传输系统、数据通信产品等多个核心项目,为华为在国内外市场上取得了巨大的成功。

然而李一男这个人，智商出众而情商不足。一方面，他在产品规划与产品开发方面的能力有目共睹，可是另一方面，他在管理手法上简单粗暴，以高压政策和严厉批评为主，导致员工情绪不稳，流失率提高。

任正非看到了这一切，就挑选了一位在团队建设方面能力突出的管理者给李一男做副手，帮助他进行团队沟通和组织管理工作。这样的搭配，既保证了产品开发工作的高效推进，又确保了团队在和谐的氛围中健康发展。

在当时的华为内部李一男被视为华为的"接班人"，任正非对李一男倾尽全力培养。任正非既然想培养李一男，就不可能将他一直放在研发岗位上。于是在1998年，任正非将李一男从研究部调到了市场部，从事销售工作，想让李一男成为集研发、销售、管理的全能型人才。

李一男进入市场销售部之后感受到了巨大压力，仿佛"怀才不遇"一般。2000年正值血气方刚的李一男选择离开华为。任正非虽求贤若渴，但在李一男走的时候任正非也没有亏待他，该给的薪酬、分红一分都没有少，就这样，李一男带着1000万元的分红离开，同时还带走了1000多名核心骨干。

李一男离开华为后，建立了自己的公司，开始与华为对抗，并与美国资本合作，采取各种手段挖走了许多华为的核心人才。李一男的行为激怒了任正非，触及了他的底线。任正非迅速采取行动，将李一男的港湾网络公司告上法庭，并在市场上采取极端手段，宁愿亏损也要将港湾公司踢出市场。

2005年，李一男的败局已定，华为收购了港湾公司。任正非怀着一颗爱才之心，对李一男提出了回归华为的邀请，李一男也答应了，回到华为的李一男出任"华为副总裁兼首席电信科学家"。

结合材料回答以下问题：

（1）任正非为何如此重用李一男？

（2）结合华为当今的发展现状，谈谈任正非对李一男的重用给你带来的启示。

第五章 领导用权与领导监督

本章主要介绍领导用权和领导监督两个方面问题。权力与领导是密不可分的,领导科学研究的一个组成部分是领导如何运用权力实施对领导者本人、下属和组织的影响。权力对于领导行为的有效性至关重要,领导者可以运用拥有的权力来实施战略,实现组织目标。领导用权必须受到监督,领导监督有广义与狭义之分。

第一节 领导用权

领导的本质是领导者通过各种方式来管理下属以达到组织目标,在这一过程中,毫无疑问,权力是不可或缺的。权力作为可以影响并控制他人作出特定行为的能力,维系着领导活动的顺利进行。因此,权力是领导者实现目标的重要工具。

一、权力的定义与内涵

(一)权力的定义

权力乃构架人类社会制度之脊梁,其概念在法学、政治学和社会学等学科中都属于基石范畴,看似常识般简单,深究起来却有着极丰富的内涵。谈到权力,就要先从利益说起。"天下熙熙,皆为利来;天下攘攘,皆为利往",利益是人类生存和发展所必需的资源。资源具有稀缺性,而人是群居高级动物,具有社会性,不同的个体生活在一起,都想最大程度获取资源来生存发展,彼此之间就形成了竞争关系。如果为了资源发生矛盾冲突,激烈时甚至爆发斗殴甚至战争,无论是对个体还是对群体发展都是不利的,因此就需要个体或群体、组织担当起权衡、分配、协调、界定的责任,而要保障这一行为或活动,需要某种力量的作用。如果一种力量,专为社会民众、组织或其他主体的利益进行权衡、分配、协调和确认,那么即为权力。[①]

"权力"一词,在第七版《辞海》中解释为"政治上的强制力量""职责范围内的支配力量""一个人按照自己希望的方式影响另一个人行为的能力"。在中国古代典籍中,"权"有两个基本含义,即衡量度量,以及影响制约他人的能力。钱穆说:"中国人称权,乃是权度、权量、权衡之意。"[②]因此在最基本的含义上,权力是指一个人影响他人或对他人施加控制的能力。影响力指的是推动或改变他人行动进程的权力,权力与影响力几乎是同义的,毫无疑问,权力和影响力对领导者和管理者而言都是不可或缺的。如果组织内部各个层级的人以及组织外部的人都可以影响他人的态度和行为,那么就可以说他们也拥有权力。

(二)权力的内涵

狭义的权力概念强调由组织正式层级制度形成的领导权威,广义的权力概念则涵盖了诸多社会体系中的依赖关系。学者们从不同角度对权力概念进行过界定,根据马丁的论述,相关探讨可分为两方面:一方面,冲突视角下的权力界定。持冲突观的学者把权力看作一种其拥有者用来支配目标对象以实现个人愿望和目标的能力。另一方面,整合视角下的权力界定。持整合观的学者将权力看作一种内嵌于社会系统之中,用以保证系统各单元有序运转,进而促进组织共同目标达成的集体资源。两类界定虽然从不同视角对权力内涵进行了探讨,但更多是对特定权力静态片段的归纳整合。冲突视角的权力界定更强调权力互动中的不一致部分,突出了权力本质中的竞争性,但低估了权力关系可以引导互动双方实现共赢的可能性。实际上,社会层面的权力关系还可看作一种更加普遍的、有助于集体目标达成的媒介,并不局限于某一个体或部门的利益满足。对零和竞争关系的强调也易引导研究者关注权力互动双方所具有的特质,忽视作为特殊社会关系的权力本身。整合视角的权力界定强调权力互动中的一致部分,突出了权力本质中的合作性。但这种将权力视作系统资源的界定方式,倾向弱化权力特征中的层次性以及因此衍生出的个体利益划分等问题,容易低估互动过程中人的能动性,将互动双方更多看作系统逻辑的被动工具,存在对权力作用过度简化的风险。

综上,为全面了解领导权力内在本质,需进一步整合现有概念。结合埃默森的权力依赖理论,本书认为,组织中的领导权力是一种指向预期目标达成,并反映人与人之间支配与服从关系的特殊媒介。其内涵包括以下五个方面:第一,权力影响作用具有

[①]　漆多俊:《论权力》,《法学研究》2001年第1期。
[②]　钱穆:《中国历史研究法》,生活·读书·新知三联书店2001年版,第26页。

潜在性,相比具体行动更趋向于强调目标对象的感受性;第二,构成权力关系的互动双方存在非对称依赖关系;第三,掌权者对目标对象的控制存在有意性;第四,目标对象对掌权者的权力信号具有一定判别能力;第五,权力作用的最终结果指向预期目标达成。

二、权力的特点与影响

(一)权力的特点

1. 支配性

权力是一种支配力量,掌握了权力,也就掌握了社会的支配力量。掌握了社会的支配力量,也就意味着在社会价值和利益分配中处于优势地位。正由于此,权力才成为社会势力展开角逐和斗争的焦点。这一特性强调的是权力的目的性和趋利性,认为权力就是占有并分配社会资源的能力。著名社会学家塔尔科塔·帕森斯就是这种权力观的典型代表,他在评论赖特·米尔斯的《权力精英》一书时说:"对米尔斯来说,权力并不是一种履行作为一个系统的社会中的或为了社会利益的功能的能力,而是被排他性地解释为某种群体——权力的拥有者——为了得到想要的东西的一种工具,其方式是通过阻止另外的群体——无权者——得到它想要的东西。"[1]

2. 强制性

强制性是权力最本质的特性,从近代的卢梭、洛克、霍布斯、马克斯·韦伯、伯特兰·罗素,到当代的汉斯·摩根索、罗伯特·达尔、斯蒂芬·卢克斯等,都持这种观点。权力的这一特点强调的是主体对客体的强制性作用力。卢梭认为,国家权力是"一切个人力量的联合",是"一种普遍的强制性的力量"。在当代政治学家中,罗伯特·达尔和斯蒂芬·卢克斯是持这种观点的代表性学者,他们认为,A 对 B 拥有权力,即 A 能让 B 做某些 B 可能不愿做的事情。[2] 进而言之,这种强制性体现在三个方面:一是纠正对方已经产生的行为结果;二是阻止对方正在发生的行为;三是防止对方尚未发生但可能发生的行为。它一般通过严密的组织,以行政的、经济的、法律的、军事的等多种手段来保障自身的施行,奖励和惩罚是它的基本原则。为了实现政治服从,暴力往往是后盾。正因如此,无政府主义者反对权力的存在,因为它驾驭和限制了个人行动;自由主义讨厌权力,因为它可能威胁个人自由。[3]

---

① 转引自赵立玮:《社会学的想象与想象的社会学——帕森斯、米尔斯社会学研究进路比较论要》,《社会》2016 年第 6 期。

② 俞可平:《权力与权威:新的解释》,《中国人民大学学报》2016 年第 3 期。

③ 谢佑平、江涌:《论权力及其制约》,《东方法学》2010 年第 2 期。

3. 扩张性

权力具有自我扩张和膨胀的能力,它的应用边际是直到遇到阻力和反弹而不能前进为止,而且有权力的人总是倾向于滥用权力,所以,"权力导致腐败,绝对的权力导致绝对腐败"①。正由于此,限制和约束权力才成为政治学的一个普遍议题。这一特性的典型例子即为"帕金森定律",被实践证明广泛存在于各类组织之中,政府机构也未能例外。

4. 排他性

权力作为一种支配力量,倾向于排除其他权力的介入。合作和妥协往往是在权力资源和能力不足的时候才有必要和可能。掌握权力的人,一般也不希望其他权力介入而发生影响。所以,专权既是某些领导干部个性的结果,也是权力的特性使然。正因于此,合理的制度设计才有了更加重要的意义,而权力之间的制约与平衡才成为防止专权最有效的手段。

(二)权力的影响

权力的影响具有双重性,它既会影响领导者,即拥有权力的人,也会影响被领导者,即服从权力的人。一方面,拥有权力的人可以对权力进行正面的或负面的改变。正面的权力影响包括:合法合理地使用自身的权力、不仅关心权力的执行方式同时还关心权力导致的后果、不滥用权力以及宽容待人处事等。负面的权力影响包括:对权力欲壑难填、沽名钓誉、只关心权力的执行方式而不关心结果、权力扩张、权力滥用等。权力可以改变一个人。有职权可以影响他人,而如果成功地影响了他人,就会改变一个人对自我以及他人的看法,也会改变一个人对如何行动的看法。有学者认为,一些证据表明,获得权力的人有时会迷失自我,失去了同情甚至移情理解他人的能力,也失去了从他人视角看问题的能力,他们很可能会过高地评价自己,过低地评价被领导者。权力运用的另外一个后果是扩大了领导者和下属之间的距离,不论权力得到合法和适当的使用,还是越权或滥用权力。权力把领导者和组织的内在运行机制隔离开来,这种隔离和距离感使得领导者变成千篇一律且不合实际的人,也会导致他们做出不道德的决策。

三、领导权力的类型与影响策略

(一)领导权力的类型

基于不同标准总结出的权力分类方式种类繁多,很多中外管理学家都对领导权力

---

① [英]阿克顿:《自由与权力》,范亚峰译,译林出版社 2014 年版,第 294 页。

的类型进行过划分,比如弗伦奇和雷文、巴斯、基普尼斯、尤科、希克森、曹晓丽等,试图按照一定的标准将领导权力划分为不同的类型。其中弗伦奇和雷文的五维划分①和巴斯的二维划分②认可度最高。

弗伦奇和雷文将领导权力分为法定权力、强制权力、奖励权力、专家权力和参照权力五种。在此基础上,雷文和克鲁格兰斯克提出将信息权作为第六种权力,布兰查德提出将联系权作为第七种权力。

1. 法定权力

法定权力的根基在职位而不在人,拥有法定权力的人有权将某些人的行为限制在特定的范围。一个人拥有的合法权力的范围取决于他所在职位的重要性以及领导者的意愿。假如领导者让下属处理他们职责范围内的工作相关事务,下属即使不情愿也会听从命令,因为这是规则强制性的要求。如果领导者让下属处理与工作毫无关系或是有关联但并非他们职责范围之内的事务,下属有可能会拒绝命令。③

2. 强制权力

强制权力是建立在能有效实施惩罚或给予负激励的能力基础之上的。强制的惩罚或负激励措施有降低薪水、取消奖金、降职或解除职位等,领导可以通过强制性的措施来要求下属去做他们不想做的事务。在极端的情况下(如军队中),强制权力甚至可以转变为武力或更为致命的形式。这种权力是领导者对其下属不服从的行为所给予的一种强制性措施。强制权力通常见效快,但它对领导者而言,易产生惯性。对下属而言,易产生抑制、不满或不信任情绪,因此往往只适用于较为激烈的反抗或极端的情况。④

3. 奖励权力

奖励权力与强制权力相反,是通过给予他人经济的或非经济的利益,来鼓励下属完成领导的命令或达到领导所设置的目标。奖励的东西可能是有经济价值的,比如奖金、实物奖励等,也可能是没有经济价值但员工偏好的,如假期、赞扬、荣誉等,也可以是两种兼有。奖励权力受到以下三种因素的影响:一是下属对领导者的信任程度;二是领导者的奖励与下属需求的吻合程度;三是领导者所实施奖励力度的大小。以上三

① French, J. R. & Raven, B. & Cartwright, D.. (1959). The Bases of Social Power. *Classics of Organization Theory*. 2. 311 –320.
② Bass, B. M.. (1960). Leadership, Psychology, and Organizational Behavior. *American Journal of Psychology*, 73(4), 659 –660.
③ French, J. R. & Raven, B. & Cartwright, D.. (1959). The Bases of Social Power. *Classics of Organization Theory*. 2. 311 –320.
④ French, J. R. & Raven, B. & Cartwright, D.. (1959). The Bases of Social Power. *Classics of Organization Theory*. 2. 311 –320.

个方面共同影响奖励权力的实施效果。①

4.专家权力

专家权力的根基源于对专业知识和技能的掌握。专家之所以拥有超出常人的影响力,是因为他们拥有普通人所不具有的知识、经验、信息或技能,因此在自身的领域中拥有较大的威望和发言权,使得其他人会听从他的意见和指挥。②

5.参照权力

参照权力是一种魅力型权力。这种权力来源于人们对特殊类型的人的尊敬,这种人往往具有一定的过人之处,比如超凡的品质、个人魅力、极高的洞察力,甚至超级好运。当领导者受到人们崇拜的时候,他们就被赋予了可以影响被崇拜者行为的权力,权力的大小取决于崇拜者对领导者的信赖、爱慕、尊重或是崇敬程度的高低。这种权力通常需要很长时间才能培养出来,因此使用它的时候要谨慎。同时还要注意,这种权力主要依赖于领导者的个人魅力或能力,一旦这些方面出现问题,可能会导致权力的迅速崩溃和追随者的离去。③

巴斯则将权力划分为职位权力和个人权力两种。职位权力源自领导者在组织中的职位所内生的法定权威、资源控制等机会;个人权力源自领导者的能力、特质以及领导者与目标对象间的关系。二维分类与五维分类并不排斥,分别代表了对权力来源不同层次的抽象,五维划分方式可以整合到二维划分方式中去,如法定权力、奖励权力和强制权力,这三种权力构成组织中领导者职位权力的组成部分,而专家权力和参照权力则可以构成组织中领导者个人权力的组成部分(见表5-1)。

表5-1　弗伦奇和雷文所揭示的个人权力来源表

法定权力	基于个人所拥有的正式职位。他人之所以服从是因为他们是权力拥有者,有所在职位的合法性。
强制权力	基于一个人的惩罚能力。他人之所以服从是因为他们惧怕惩罚。
奖励权力	基于一个人报酬的获取。他人之所以服从是因为他们希望得到权力拥有者所能提供的报酬。

① French, J. R. & Raven, B. & Cartwright, D.. (1959). The Bases of Social Power. *Classics of Organization Theory*. 2. 311-320.
② French, J. R. & Raven, B. & Cartwright, D.. (1959). The Bases of Social Power. *Classics of Organization Theory*. 2. 311-320.
③ French, J. R. & Raven, B. & Cartwright, D.. (1959). The Bases of Social Power. *Classics of Organization Theory*. 2. 311-320.

续表：

专家权力	基于一个人在某一领域的专业技能、能力以及所掌握的信息。他人之所以服从是因为他们相信权力拥有者的知识和能力。
参照权力	基于一个人对他人的吸引力以及与他人的友谊。他人之所以服从是因为他们尊重而且喜欢权力拥有者。

资料来源：[美]安弗莎妮·纳哈雯蒂：《领导学：领导的艺术与科学》，刘永强、程德俊译，中国人民大学出版社 2016 年版，第 121 页。

    不同的个体权力来源会对下属产生不同的影响。如果使用法定权力，那么下属将遵从并落实决定。同样，下属们会倾向于欢迎奖赏，且避免惩罚。在强制权力的情况下，经常使用会导致人们公开或消极地抵制。相反，当某位广受信赖的专家或受下属尊重的领导者要求下属，下属不仅遵从而且会对落实其决定作出承诺。专家权力和参照权力的使用与下属满意度和高绩效也是正相关的。考虑到所有这些可能的反应，领导者动用各种权力来源，并尽可能依赖以个人为基础的权力来源，这是至关重要的。如果过分地使用职位权力，领导者不太可能得到下属的承诺。[①]

    两类主流权力划分方式呈现出以下特点：（1）两种划分都倾向从领导者视角出发，以其所控制的稀缺资源为基础，通过将不同资源的差异性特征等价于权力差异的方式解构领导权力。一方面，将资源差异等价权力差异的做法可能会忽视某些核心权力本质，较难说明不同权力类型间复杂的相互关联和转化过程，还易将研究者对权力关系的注意力转移到领导者所拥有的资源上；另一方面，单纯对领导者拥有的稀缺资源的不断细分，会增加数量繁多的子维度，存在使领导权力碎片化的风险。（2）两种划分方式在情境关联性方面关注度不足，有待进一步完善。领导权力是动态、复杂的概念，简单化的类型学划分难以呈现其内涵的复杂性。两种划分方式虽然在类型学上基本涵盖了主要的权力形式，但在情境关联性方面稍显不足。它们在划分过程中弱化了情境和互动关系所包含的相关信息，降低了其对动态情境下权力互动的解释力。另外，弗伦奇和雷文的研究多基于条目单一的田野研究，各维度间概念区分并不足够清晰，存在概念重叠现象，独立性有待改善。巴斯的划分虽然作为对五维划分的高阶抽象，避免了各维度间概念重合的问题，但划分过于简化，单纯知道个人权力或职位权力

---

    ① [美]安弗莎妮·纳哈雯蒂：《领导学：领导的艺术与科学》，刘永强、程德俊译，中国人民大学出版社 2016 年版，第 121—122 页。

的影响作用仍很难有效指引领导者驾驭复杂快变环境下的企业组织。[①]

（二）领导权力的测量

基于对领导权力概念和划分的不同理解，学者们开发出不同类型领导权力量表。尤克尔和费布尔、拉希姆以及欣克林和施里斯海姆设计的量表信效度较高，应用广泛。尤克尔和费布尔的量表针对权力二元划分的测量，包括 8 个条目，职位权力和个人权力各 4 个条目。职位权力相关的条目侧重对权威、奖惩和信息控制方面；个人权力相关的条目侧重魅力、口才和喜好程度等方面。[②] 拉希姆的量表包含 29 个条目，强制权力 5 个条目，其他四种权力（参照权力、奖励权力、专家权力、法定权力）分别包含 6 个条目。[③] 欣克林和施里斯海姆的量表包含 20 个条目，每个权力 4 个条目。总体来看，这些量表的条目与经典权力划分思路一致，聚焦领导者拥有的稀缺资源以及目标对象的服从动机，并辅以其他相关问题，即侧重从被支配者受到的影响入手进行权力归因。[④]

权力量表的开发为学者们理解领导权力的内涵和开展相关研究提供了便利工具。但是，和其他管理领域的核心概念一样，领导权力研究在量表的开发、验证和完善过程中，同样受到学术界广泛争论。相关话题整理如下：（1）现有模型的一些维度来自社会学对非工作环境中权力现象的提炼，这类维度在各组织管理领域的普适性有待全面检验；（2）现有领导权力的概念化和操作化过程多基于美国样本，主流权力模型在世界范围内的普适性需引起学者们重视；（3）一些测量工具条目过于单一，信效度方面并不理想，可靠性有待进一步优化；（4）某些早期研究仅通过要求下属对其服从的不同原因，进行分级或评级的方式对权力进行测量，其结果往往由于归因、社会需求等因素而带有倾向性。不仅研究结果需要质疑，而且一些不太普遍的权力形式的重要性可能会因此被低估；（5）将零级相关度等相关分析的统计方法引入权力来源与标准变量之间关系的探讨，可能会忽视权力来源与标准变量之间组间关联性的影响作用，并且对一些外部变量考虑不足。

---

① 赵新宇、尚玉钒、席酉民等：《领导权力研究回顾与展望》，《软科学》2015 年第 9 期。

② Yukl, G., & Falbe, C. M. . (1991). Importance of Different Power Sources in Downward and Lateral Relations. *Journal of Applied Psychology*, 76(3), 416–423.

③ Rahim, & Afzaiur, M. . (1988). The Development of a Leader Power Inventory. *Multivariate Behavioral Research*, 23(4), 491–503.

④ Hinkin, T. R., & Schriesheim, C. A. . (1989). Development and Application of New Scales to Measure the French and Raven (1959) *Bases of Social Power. Journal of Applied Psychology*, 74(4), 561–567.

（三）领导权力的影响策略

尽管权力和影响力紧密相关，仍然有研究认为应该将它们看作两个独立的概念。一个拥有权力的领导者未必可以影响下属的行为，或者影响力可以在没有任何权力来源的情况下发生。一些研究人员，比如基普尼斯和他的同事以及尤克尔确认了一些不同的影响策略，他们研究的结果是把影响策略分成九类（见表5－2），每种影响策略都依赖于一个或多个与个人相关的权力来源。每种策略在不同情形下都是适用的，并且会潜在地引导被影响的人做出承诺。例如，个人吸引力依赖于参照权力，并适合在同事中使用，但不太可能导致很高的承诺；而同样依赖于参照权力的感召力则会导致高度承诺。理性说服依赖于专家权力，它适合用来对上级产生影响，但是这种影响只能得到中等程度的承诺。

表5－2　基普尼斯和尤克尔的权力影响策略理论表

影响策略	权力来源	适合运用的对象	效果及承诺程度
理性说服	专家权力和掌握信息	上级	中等
感召力	参照权力	下属及同事	高
协商	全部	下属及同事	高
逢迎	参照权力	所有层级	中等
个人吸引力	参照权力	同事	中等
交换	奖励权力与信息	下属及同事	中等
建立联盟	全部	下属及同事	低
合法化策略	法定权力	下属及同事	低

资料来源：［美］安弗莎妮·纳哈雯蒂：《领导学：领导的艺术与科学》，刘永强、程德俊译，中国人民大学出版社2016年版，第123页。

尽管领导者必须依靠所有的权力来源去影响下属和组织中的其他人，但他们仍然需要根据不同的情境和不同的职业阶段调整他们的权力使用方式，例如，如果领导风格与组织相吻合，那么他的领导权力就会得到加强。领导和管理权力问题专家科特认为，在职业生涯的早期，管理者必须开发出足够的权力基础，只有依赖各种权力基础的管理者才是有效的管理者。特别是年轻的管理者必须建立一个广泛的人际关系网络，并借助信息和专业技能建立信任，其他手段包括通过自愿接受有挑战性和高可见度的项目,来增加自己的可信度。

在领导者职业生涯的早期,对能力和技能的证明是权力发展的关键。在职业生涯中期,大多数成功的领导者已经通过正式的头衔获得了某种程度的正式权力,并且积累了其他能够证明自己权力的身份符号。他们早期的努力使得自己能够在忠诚的下属、同事和上级中建立良好的关系网络,并且建立起自己的可信度和竞争力。职业生涯中期的领导者已经掌握了非常大的权力,这时他们面临的一个挑战是:聪明而热情地使用这些已经积累的权力,去完成组织目标并获得个人收益。

在职业生涯后期,领导者必须学会体面地放权。到那时,他们已经到退休年龄,成功的领导者已经享有相当大的权力和影响力。在这个职业生涯阶段,为了更好地使用权力,一个领导者需要对权力的有序转移做出计划,在适当的时候,要搜寻新的个人权力来源并把握住它。

四、领导用权的基本原则

权力只有在一定的原则下运行,才能确保领导职务权力依法有效地为民所用。因此,领导用权需把握以下四个原则。

(一)为民用权是根本

权力是一种矢量,其作用方向和轨道有明确的指向。习近平总书记指出:"我国是工人阶级领导的、以工农联盟为基础的人民民主专政的社会主义国家,国家一切权力属于人民。"[1]因此,保障国家和人民的根本利益是我国权力行为的唯一指向,"用权为公,用权为民"是我国权力指向的核心要求和本质体现。我国领导干部始终代表着国家和最广大人民的根本利益,我国领导干部的权力是人民赋予的使命权,是基于广大群众高度信任下的公权,而不是为少数人谋利益的私权。正所谓权力要为广大人民群众而使用,情感要为广大人民群众而牵动,利益要为广大人民群众而谋取,这是对领导干部权力运用的基本要求。每个领导干部时时刻刻要牢记:权力是用来为人民谋利益的,自己承担着重要职务就意味着要比别人付出更多的奉献,要比别人做出更多的牺牲。只有心里永远装着人民,才能保证领导干部的职务权力不会被滥用,才能真正为人民掌好权、用好权。[2]

---

① 习近平:《习近平著作选读》第一卷,人民出版社 2023 年版,第 30 页。
② 俞可平:《权力与权威:新的解释》,《中国人民大学学报》2016 年第 3 期。

（二）依法用权是保证

制约领导职务权力的首要原则是依法用权。改革开放以来,依法治国理念深入人心,党在实际生活中严格践行着依法执政方针,因此一切权力行为必须依照法律来行使。当前,强调对领导干部的职务权力予以制约,必须把依法用权作为基本原则。依法执政对领导干部而言,就是要求其在行使职务权力时必须遵照党内法规和国家的法律法规,而不能将权力凌驾于法律制度之上。法律是一切权力运作的根本依据,一切未经法律许可的权力行为都是不合法的无效权力行为。对于实际生活中有些领导干部不依法行使权力的行为,广大人民群众可以依法提出维权。当然,由于法律本身的滞后性和部分法律法规仍不健全,给了某些领导干部滥用权力的空间。因此,健全相关的法律制度是当前亟待解决的问题。

（三）职权匹配是关键

职务有高低之分,权力有大小之别。权力和职务是相匹配的,一定的职务对应着一定的权力。所谓领导干部要以职用权,就是要求掌握一定权力的领导干部在行使其职务权力时,一定要结合自己的职务,不能越职行使权力。当然,无论职位高低、权力大小,领导干部都应时刻谨记:职位和权力都是人民群众给予的,行使的职务权力都是为民众谋利益的公权,而不是谋取一己私利的私权。因此,任何级别的领导干部都必须做到,依照法律规定的职务权限来行使职务权力。无论是平级横越还是跳级纵越,都属于僭越行为,都容易造成职务权力的滥用。

（四）谨慎用权是前提

公共权力具有二重性,既有满足社会需要和公共利益的合理性和价值性,也有倾向于权力操纵者利益的腐蚀性和破坏性。公共权力的这种二重性,也决定了其作用的双向性。如果领导干部的职务权力是用来为国家为民众谋福祉,就能够为国家和社会创造价值,从而实现公权力的正面效应;但如果领导干部的职务权力只是用来为己谋私利或为少数人服务,就会阻碍社会政治、经济、文化事业的进步,这就是公权力的负向作用。正是基于此,领导干部一定要谨慎使用职务权力,在行使职务权力时,不仅要考虑权力运行的指向,还要兼顾权力运行的状况和结果,力求使职务权力的正向推动作用发挥到最大程度。

五、当前领导用权存在的主要问题

领导用权行为在实践中不可能一成不变,领导最为关键的作用就在于遇到困难或者危机的时候能充分使用手中的权力,巧妙地应对困难,解决危机。因此,领导者和权力需要灵活性,在某些危急时刻能不顾及或者甚至超越规则来进行创新与变革。但这也为领导用权带来了负面的可能性,在这一过程中,权力滥用和权力腐败是常见的主要问题。

(一)权力滥用

权力是把双刃剑,正确用权就能为人民造福,滥用权力就会损害群众权益。孟德斯鸠曾写下过一段至理名言:"一切有权力的人都容易滥用权力,这是万古不易的一条经验。有权力的人们使用权力一直到遇有界限的地方才休止。……要防止滥用权力,就必须以权力约束权力。"①现代社会政治发展的规律也表明,一切握有权力的领导者在行使权力的惯性推动下,都存在着权力滥用的惯性倾向。如果没有监督和制约,领导者行使权力就可能自觉不自觉地导致权力的滥用。

(二)权力腐败

领导者一般拥有最终决定权。不健全的制度赋予领导者的权力过于集中,有的集决策权、执行权、监督权于一身,既当"运动员",又当"裁判员"和"监督员",使领导者游离于监督之外,往往将用人权、财物分配权、重大事项决策权集于一身,大权独揽,容易将个人意志凌驾于组织之上、凌驾于班子集体之上,大事小情"一把抓",决策拍板"一言堂",花钱审批"一支笔",选人用人"一句话",形成组织权力职务化、职务权力个人化的问题倾向。权力过于集中和权力失去制衡是对当前部分领导者监督难的根本原因,也是导致领导者腐败问题多发易发的重要原因。随着反腐败斗争的深入开展,各级纪检监察机关和检察机关查处领导干部腐败问题的数量和影响,既触目惊心,又屡见不鲜。② 腐败轻则损害党的形象,导致人民群众对党和政府的信任下降,造成社会失范;重则导致社会混乱甚至是动乱,最终决定党的生死存亡。

第二节　领导监督

领导权力监督对于维护组织内部关系稳定,促进组织权力的有序运行具有重要意义。在现代领导实践中,鉴于领导权力行使具有较大的灵活性。因此,必须对领导权力进行强有力的监督,以防止权力任性与权力滥用。

---

① [法]孟德斯鸠:《论法的精神》上册,张雁深译,商务印书馆1961年版,第154页。
② 谢佑平、江涌:《论权力及其制约》,《东方法学》2010年第2期。

一、领导监督的内涵与原则

(一)领导监督的内涵

"监督"一词分拆开来就是监察、督促的意思。在南朝历史学家范晔编撰的《后汉书·荀玉传》中最早出现"监督"一词,记载为:"古之遣将,上设监督之重,下建副二之任",意思是说,在古代派兵遣将,一定要在最高级别的将士身边安排用以监督的官员。发展到今天,"监督"一词仍延续了最初的含义,即为对某一过程环节进行察看、指导和控制,以保证事物的发展在预期之中。在政治权力领域中,从民主的角度出发,监督既包括自上而下的监督,也包括自下而上的监督。[①] 从这个角度上来说,领导监督包括两个层面的内涵:第一个层面的内涵是领导对下属的监督,可以解释为领导通过计划和组织,保证下属能完成分配的各种工作任务,并在出现问题的时候通过各种方法对下属进行纠正和调整,确保总体目标的实现。第二个层面的内涵则是对领导的监督,可以解释为依据相关的法律和规章制度,运用多种形式,对组织内的领导者采取检查、督促、规范和约束的措施,以保证领导者所拥有的权力在合法的范围和规范的轨道内运行。

(二)领导监督的原则

首先,以身作则的原则。"政者正也。子帅以正,孰敢不正。"实践证明,哪个地方和单位的领导干部特别是"一把手"不能率先垂范、以身作则带头执行纪律,哪个地方和单位的风气就不会好,班子就会不团结,组织就没有凝聚力,腐败就会蔓延。群众评价干部,不是看他说得怎么样,而主要是看他做得怎么样。一级带一级,一级影响一级。毛泽东在《农村调查》的序言中指出:"群众是真正的英雄,而我们自己往往是幼稚可笑的。"[②]因此,要营造一种风清气正的环境,领导干部首先要清正廉明,自觉遵守纪律,带头执行制度,领导干部首先要经得起群众的监督和评议。

其次,防范与惩戒有机结合的原则。防范和惩戒都需要制度的保障,而相关制度的制定,则要具备以下特点:规定具体明确、可操作、可检查。一定要解决"不这么办,就怎么办"的问题。例如,如果某领导违反干部程序提拔使用干部,假如这个干部素质不高,甚至在某些方面还存在一些严重问题,怎么办?中国古代便有着类似的问题,荐举制度是中国古代的人才选拔制度,即举主通过推荐的形式向朝廷输送人才,该制

① 顾昭明:《关于完善干部权力制约与监督机制的几点思考》,《理论探索》2004 年第 2 期。
② 《毛泽东选集》第三卷,人民出版社 1991 年版,第 790 页。

度萌芽于先秦,发展于秦汉魏晋,圆熟于唐宋,造极于明清,前后延续了两千多年。① 但荐举之门一经打开,各种滥举、谬举现象也不可避免地产生了。如东汉末年的童谣"举秀才,不知书;举孝廉,父别居,寒素清白浊如泥,高第良将怯如鸡"便生动地说明了荐举的问题。因此自晋开始,应詹等人认为,应该在荐举中强化担保责任(或连带责任),即被举人被荐后,若有贪赃枉法或与荐举情况不符事实时,举主要承担相应的责任,那样才能杜绝荐举之弊。荐举制度在长期的运行实践中,展现出了巨大的制度活力,也积累了非常宝贵的经验。当前,提名推荐在干部选拔任用中的适用非常广泛,无论是选任制还是委任制干部选拔方式,通常都会涉及提名推荐的问题。因此,为了提高干部选拔任用的质量,就要从历史中学习经验教训,要贯彻"谁推荐,谁负责"的原则,明确提名推荐者的行政责任和法律责任。同样在考察干部时,考察人如果有严重失察行为,也应该追究这个考察人连带责任。如果制度是这样规定的并且也是这样执行的,那么一些领导干部在提拔使用干部时,就要仔细思量,慎重考虑,考察干部时也会做得更具体、更全面、更扎实。

再次,政务与事务公开的原则。权力的滥用、腐败的滋生往往是"密室政治"的结果。传统社会中,"普天之下,莫非王土;率土之滨,莫非王臣"。皇帝是"天子",统治的合法性来自上天,人民是被统治者,皇帝掌握着至高无上的绝对权力。新中国成立后,计划经济模式需要全能型的政府,人治仍是实施社会控制和治理的基本手段模式,重大事项一般由一把手来拍板决定。但在现代国家治理视野下,社会成员的平等意识和公民意识日益高涨,越来越要求"透明政府,政务公开"。政务公开在反腐败和提高政府公信力方面,以及保障公民对国家政策和政府管理的参与权和监督权方面,都起到了重要的作用。自20世纪80年代以来,经过不断的探索,我国政府信息公开制度逐步形成并不断完善,既极大推动了法治政府建设,也为满足公众生产、生活和经济社会活动需求,有效行使公众知情权、表达权、参与权和监督权提供了制度保障。

最后,民主参与与尊重民意的原则。发扬民主、依靠群众是遏制腐败、制约权力滥用的根本措施。公民政治参与是现代民主政治的基石与核心,是衡量政治文明发展程度的重要标志,它不仅是公民争取和扩大个人权利的最主要途径,而且是实现对公共权力有效制约的最基本条件。强化监督、反对腐败的基础是民主,力量源泉是广大人民群众,路径是通过发展党内民主去促进人民民主。② 不同权力组织内部及相互之间

① 单玉华:《以德治吏的历史反思》,《齐鲁学刊》2003年第3期。
② 胡连生:《论公共权力的制约与监督》,《理论探讨》2000年第4期。

的制约,虽然在一定的条件下,能够较好地起到权力监督的作用,但其明显的弱点是受主观因素的制约监督,与被监督者容易形成一种利益上的共同体,从而使监督的效能大大降低。在这种情况下,制约和监督权力的最有效方式就是扩大人民的政治参与,让权力运行置于人民群众的监督之下。有了人民的参与机制,人民获得更多的知情权、参与权、表达权和监督权,使公共权力的运行透明化,将公共权力从授予、分配、执行到监督、矫正、补偿等的各个环节都置于公民的有力监督之下,才能有效地抑制腐败的滋生与蔓延。

二、领导监督的功能与形式

(一)领导监督的功能

领导监督实质上是对领导者手中的权力进行的监督,这种监督的功能具体表现在以下几个方面:

首先,导向与矫正功能。监督的过程就是规范的过程,也就是修偏补正的过程,领导监督最首要的功能就是指明方向,通过开展领导监督,使领导者的职责行为和个人行为符合法纪规范。

其次,制约与约束功能。法律、纪律和制度是领导者在一定范围内活动的行为准则,通过开展领导监督,形成对领导者行为的强制性和约束性,这是防止权力腐败的治本措施。

再次,防范与保护功能。领导监督必须坚持预防为主和事前监督为主的方针,通过开展领导监督,把监督的关口前移,防患于未然。同时通过对领导者的监督约束,避免领导犯错误,实现对领导干部的保护。

最后,惩戒与警示功能。惩戒与警示功能是领导监督最具特色的功能,通过开展领导监督,以法律和组织纪律为准则,对违反法律和组织纪律的领导干部,要按照规定惩罚甚至查处,惩恶扬善,警示其他领导者。①

(二)领导监督的形式

根据不同的分类标准,可以将领导监督划分为不同的几种监督形式。

首先,按领导监督的主体划分,可分为同体监督与异体监督。同体监督是指在一个系统中,监督主体用系统自身力量和资源对本系统的监督客体进行的监督,具有内

---

① 吴伟:《新时代党的政治监督:目标、功能与实践》,《云南行政学院学报》2024年第3期。

源性、直接性、封闭性、主动性等特点。异体监督是指监督主体利用外部力量和资源对不同系统、没有任何利害关系的客体进行的监督,具有外源性、间接性、开放性、被动性等特点。

其次,按领导监督的实施时间划分,可分为事前监督、事中监督、事后监督、经常性监督和定期性监督等。事前监督是指在某种组织活动开展之前,实行的一种预防式监督;事中监督是指在某种组织活动开展过程中,实行的一种跟踪式监督;事后监督是指在某种行政管理活动开展过程后,实行的一种查处式监督。现实生活中,绝大多数监督手段和方式都是事后监督,经常性监督和定期性监督是一种制度性监督,在实际工作中一般相对固化并长期执行。

按照领导监督的实施时间划分的几种监督形式,相互之间没有明确界限,有时可以相互转换。比如,对一次组织管理活动实行事后监督,其成果又对下一次组织管理活动起到警示和预防作用,用发展的眼光看,事后监督往往又可转化成事前监督。再比如,在一次行政管理活动中实行的事中监督,把这次行政管理活动细分成若干阶段或环节,事中监督就是对每一个阶段或环节实施的事前监督或事后监督。

最后,按领导监督的性质类型划分,可分为管理性监督、评议性监督、参与性监督、教育性监督和办案性监督。管理性监督是指通过管理手段,实行的自上对下的刚性监督。评议性监督是指通过民主手段,实行的自下对上的柔性监督,如民意调查、民主测评、投票选举等。参与性监督是指通过制度手段,实行的参与式、互动式的权力监督,如实行民主集中制、开通群众举报受理渠道、新闻媒体宣传报道等。教育性监督是指通过组织手段,实行的日常性、随时性的日常监督,如函询了解情况、诫勉谈话、开展民主生活会、专题教育活动等。办案性监督是指通过专业手段,实行的处罚性、惩戒性的问责监督,如纪检监察部门、审计部门、司法机关调查、处理违纪违法问题等。[①]

三、领导监督的主要内容与薄弱环节

(一)领导监督的主要内容

领导者在领导班子中的地位和作用及所担负的职责,决定着领导监督的内容核心,包括对领导者权力行使的监督和对领导干部个人行为的监督。

---

① 　过勇、张鹏:《党和国家监督体系:系统建构与集成创新》,《治理研究》2023 年第 4 期。

1. 领导者权力行使的监督

主要是对人财物管理和使用的监督。这里的"人"主要是指公职人员,"财"主要是指财政资金,"物"主要是指公共物资。这三个领域是公共管理的主要方面,把这三个领域的监督工作做好了,真正做到了用好权、管好钱、选好人,那么加强对权力的制约和监督的目标可以说基本上实现了。

首先,用人权的监督。主要是监督领导者在干部选拔任用上执行《党政领导干部选拔任用工作条例》情况,单位内部干部的使用、调整都必须严格执行干部管理工作的有关规定和程序,由领导班子集体商议决定,主要领导不能违反工作规程,搞暗箱操作与临时动议等。能否正确行使手中的用人权始终是各级领导班子面临的一个重要课题,用人问题也是干部群众最为关注的问题。用人不当或违背有关程序任用干部,既容易造成一个单位领导班子不团结,又容易挫伤干部群众的积极性,甚至影响一个地区或单位的稳定发展。

其次,用财权的监督。长期以来,对领导者的财务审批行为如何进行监督是群众比较关注的热点问题。在实际工作中,由于领导者处于"当家人"的位置,下属一般不愿去监督他们。尤其是在一些家长制作风比较严重的领导干部面前,如果对其监督往往会造成班子不团结甚至有可能被调整工作岗位,而无关人员不了解情况根本无法监督。大量事实证明,许多领导在经济领域里违法违纪甚至走上犯罪道路大都是因为财务监督不力造成的。加强对领导者用财权的监督,不但要监督他们是否乱花公款、化公为私、搞权钱交易、索贿受贿等问题,而且要防止领导者随意决定重大投资和投资不讲效益,乱投资不量力而行地搞"轰动效应",为追求任期成绩而搞门面工程等不正之风。只有加强对领导者用财权的监督,才能全面防止腐败现象,使进一步全面深化改革沿着正确的方向健康发展。

最后,公共决策权的监督。在所有的失误中,决策的失误是最大的失误;在所有的腐败中,决策腐败是最大的腐败。正确的决策是社会主义事业取得成功的前提,因此决策监督在各种监督环节显得特别重要,它是一种最高层次的监督。要加强对决策权力的制约和监督,就要从决策和执行的环节加强对权力的监督,保证把人民赋予的权力真正用来为人民谋利益。要把改革和完善决策机制作为政治体制改革的一项重要任务,要完善深入了解民情、充分反映民意、广泛集中民智、切实珍惜民力的决策机制,推进决策的科学化和民主化。①

---

① 文丰安:《新时代基层领导干部权力监督体系的构建与实现》,《探索》2018 年第 4 期。

2. 领导干部个人行为的监督

腐败及不正之风滋生蔓延,与领导干部个人行为的失范密不可分,与缺失领导监督息息相关,但最主要的还是内因,领导干部放松了自身世界观的改造。因此对领导干部个人行为的监督,重点要抓好以下四个方面:

首先,要突出对领导干部遵守政治纪律情况的监督。主要包括:正确贯彻执行党的路线、方针、政策,保证政令畅通,自觉在政治上同党中央保持高度一致;坚决克服"上有政策、下有对策"的地方和部门保护主义现象,坚决杜绝阳奉阴违、弄虚作假、虚报浮夸的行为;具有坚定政治立场,不散布反对党的基本路线的言论和不发生传谣、信谣、拉帮结派、破坏党的团结的行为等。为此,要教育和引导各级领导干部要认真学习贯彻习近平新时代中国特色社会主义思想和党的二十大、二十届三中全会精神,坚定理想信念,坚定不移地走中国特色社会主义道路,认真执行党的路线方针政策和重大决策部署,自觉维护党中央权威,模范遵守党的纪律;在思想上政治上行动上与以习近平同志为核心的党中央保持高度一致;自觉实践为人民服务的宗旨,坚持党的群众路线,实现好、维护好、发展好人民群众的根本利益;坚持民主集中制,自觉维护领导班子的团结等。

其次,要突出对领导用人情况的监督。主要看能否严格执行《党政领导干部选拔任用工作条例》,按照规定的标准、程序和纪律选人用人,坚持任人唯贤,反对用人上的不正之风。为此,要教育和引导各级领导干部要贯彻落实新时代党的组织路线,坚持德才兼备、以德为先原则,正确选人用人,把忠诚干净担当的好干部配备到相应的各级岗位上,用好人,用对人。

再次,要突出对领导作风情况的监督。主要看各级领导是否坚持实事求是的思想路线,工作作风深入扎实,不搞形式主义;生活作风简朴廉洁,不贪图享受;在工作中是否坚持理论联系实际,密切联系群众,坚持群众观点,走群众路线,坚持深入基层、调查研究,坚持为群众办实事,坚持讲团结、顾大局、比奉献等。为此,要教育和引导各级领导干部要大力弘扬求真务实精神、大兴求真务实之风,坚持讲实话、务实情、办实事、求实效,具有"功成不必在我"的精神境界和"功成必定有我"的历史担当。

最后,要突出对领导廉洁从政情况的监督。主要监督重大经济决策、重大项目安排、大额度资金使用等经济活动;重大经济开支是否严格审批程序、严格由集体研究决定,是否严格执行开支预算制度,是否加强对预算外资金的管理;严禁设立"小金库",严禁将预算内资金转到预算外,切实做到无挥霍浪费、损公肥私、公款私存等违法行为;工程建设是否坚持实行公开招标投标制度择优录取施工单位,在招标过程中是否严格按章办事,严禁泄露标底,坚决杜绝"照顾标""人情标""贿赂标"等违法违纪行为的发生,在工程建设中是否随意个人擅自作主增加工程预算等。为此,要教育和引导各级领导干部要以身作则,正确行使手中的权力,并自觉地与各种腐败现象作坚决的斗争。

(二)领导监督的薄弱环节

总的来讲,当前领导权力监督中容易出现的问题是不愿接受监督、监督不到位和监督不力三个方面,对领导监督存在以下几个薄弱环节:

1. 监督意识淡薄

有的领导信奉"权力至上""唯权独大"的思想,高高在上,专横跋扈,不可一世,脱离群众,把自己当作"土皇帝",把下级和群众视为"仆人"和"草民",缺乏接受下级和群众监督的观念;有的上级领导对下级领导的监督,担心别人说不信任,不放手,甚至怕丢选票,对出现的问题不敢指出,甚至给予包庇;有的下级对上级监督碍于情面,认为监督是对自己的不尊重甚至害怕上级会给自己"穿小鞋"报复,影响前途;有的领导班子内部成员,借口服从领导,搞"一团和气",奉行"好人主义",明哲保身,遇到问题绕道走。凡此种种,都是政治敏锐性不强、监督意识淡薄的表现,给领导监督工作带来极大的阻力。

2. 民主集中制落实难

有的领导权倾一方,搞封建家长制,以"家长"代替"班长",甚至以"老板"自居,以为负总责,就喜欢个人拍板定"局",搞"一言堂",把民主集中制当摆设,听不进其他班子成员半点意见,不管其他人提的意见正确与否,都专横地说成"有杂音",完全抛弃了民主;有的班子成员对"班长"提出的意见,错与对都不敢提出建议,怕"班长"大权在握有朝一日遭报复,只好随声附和。这些现象都导致了民主集中制得不到落实,导致对领导的权力监督难以实施。

3. 监督制度不到位

各级各类单位对领导的监督制度日益建立和健全,不管是廉洁自律方面还是权力监督方面等。有的单位把制度贴在墙上,挂在门口,写在文件上,但由于领导不重视,不带头执行,所以很少落实在行动上,所制定的制度只不过当作摆设,装点门面,以应付上级检查,好写总结和汇报。这就给部分领导带来了错误的认知,认为监督制度只是一纸空文,因而,监督制度亦得不到贯彻落实。

4. 监督渠道不通畅

目前,从领导监督渠道来看,对领导的信息了解渠道不够广泛和通畅。一方面,一些领导对本单位、本部门的存在问题,不及时向上反映,甚至严密"封锁",报喜不报忧;另一方面,对领导八小时上班外的行动监督不了,个别领导在上班时装出一副勤政廉政的好样子,下班后,灯红酒绿,吃喝玩乐,甚至违纪违法成为"两面人"。由于了解渠道不宽不畅,难以真正了解一个领导干部的本质,从而未能起到及时监督的作用。

5. 职能部门未能充分发挥监督作用

从目前的监督主体看,人大、纪检、检察、审计等部门分别负责权力监督、纪律监督、行政法律监督和财务监督等,但从一些具体案例来看,部分监督机构未能发挥作用,未能及时发现问题,最终导致部分问题越来越严重。[①]

第三节　切实加强对领导用权的监督

加强领导用权的监督是中国共产党在长期执政条件下推进全面从严治党、实现党的自我革命的重要路径和基础。对领导用权进行有效监督,是当前及今后党和国家法治监督工作的重中之重。因此,树立马克思主义权力观,打造一支高素质的领导干部队伍,确保长期执政条件下权力的正确行使,全面推动国家治理体系和治理能力现代化,是实现对领导干部权力行使的全面监督与保障全过程人民民主的应有之义。

一、树立马克思主义权力观

马克思主义认为,权力是一种社会政治现象,它必然会随着社会政治的发展而发展。一方面,从政治意义上看,权力必然随着国家的消亡而消亡;另一方面,从社会意义上看,权力必然随着社会的发展而不断扩大它的社会化服务功能。就具体一个社会制度而言,权力的社会化服务功能的扩大,又会增强权力的政治功能。换言之,权力的政治功能的扩大和发展是以权力的社会职能的扩大为保证的。这就要求每一位信仰马克思主义的领导干部必须加强自身服务能力建设,全心全意为人民服务。[②]

马克思主义权力观具有以下特点:首先,无产阶级必须掌握政权。马克思主义认为,无产阶级担当着历史发展"领头羊"的作用,有着领导全人类实现自身解放的历史使命。虽然无产阶级在革命运动中需要与其他阶级进行策略结盟,但当无产阶级革命运动发展到一定阶段后,就要和其他阶级分道扬镳,取得对运动的独立领导权。即只

① 胡连生:《论公共权力的制约与监督》,《理论探讨》2000 年第 4 期。
② 丁永刚:《论马克思主义的权力观》,《深圳大学学报(人文社会科学版)》2007 年第 5 期。

有无产阶级才是最彻底最革命的阶级,其他阶级只不过是革命的同路人。因而,无产阶级掌握政权就有着不同寻常的历史意义,这既是无产阶级维护自身利益的重要手段,更是无产阶级实现自身伟大历史使命的根本保障。只有掌握了政权,无产阶级才能掌握变革社会的根本力量,才能真正推翻资产阶级的阶级压迫和剥削,才能消灭一切剥削制度,从而实现无剥削无压迫的社会主义社会,并最终引导人类进入无阶级的共产主义社会。事实上,正如毛泽东所指出的那样,无产阶级掌握政权,"这是一个很好的东西,是一个护身的法宝,是一个传家的法宝……这个法宝是万万不可以弃置不用的"①。

其次,一切权力属于人民。马克思主义认为,任何权力的产生和运作,都是以利益为依归的,是为了一定阶级或阶层的利益的。马克思主义从唯物史观出发,认为历史是人民群众创造的,人民才是历史的主人,即"历史活动是群众的活动"②。因此,一切权力理所应当属于人民,人民是一切权力的最终源泉。为保证人民委托出去的权力能切实代表人民自己的利益,必须成立由人民组成的人民代表大会,用以监督权力的规范运行。这是包括中国在内的一切社会主义国家,在权力来源和运作问题上的基本认识和做法。权力的人民属性是马克思主义权力观的一个基本观点,也是马克思主义权力观区别于西方政治思想家权力观的最根本不同点。

最后,权力必须接受制约和监督。马克思主义认为,政治权力具有双重性的特征,一方面,由于政治权力是以公共利益为目标指向,是实现公共利益的手段;另一方面,政治权力又总是以具体的人为权力主体,由个人加以行使和运用,不能不受权力主体个人意志的影响。这种国家权力的公益性和个人性构成了国家权力的自我矛盾。正是这种权力的双重性使得权力运行过程中具有不确定性和不可靠性,而解决这一问题的关键措施就是"权力必须接受监督",建立起相应的权力制约制度和权力监督制度。这是因为,"我们党是执政的党,威信很高。我们大量的干部居于领导地位。……宪法上规定了党的领导,党要领导得好,就要不断地克服主观主义、官僚主义、宗派主义,就要受监督,就要扩大党和国家的民主生活。如果我们不受监督,不注意扩大党和国家的民主生活,就一定要脱离群众,犯大错误"③。

---

① 《毛泽东选集》第四卷,人民出版社1991年版,第1502—1503页。
② 《马克思恩格斯文集》第一卷,人民出版社2009年版,第287页。
③ 《邓小平文选》第一卷,人民出版社1994年版,第270页。

二、坚持新时代好干部标准

"政治路线确定之后,干部就是决定的因素"①,这是中国共产党在长期的斗争实践中总结出来的宝贵经验,也是党的建设的重要规律之一。党按照德才兼备、以德为先的原则选拔干部,在不同时期,对好干部又有其具体要求。

习近平总书记在 2013 年全国组织工作会议上指出:"革命战争年代,对党忠诚、英勇善战、不怕牺牲的干部就是好干部。社会主义革命和建设时期,懂政治、懂业务、又红又专的干部就是好干部。改革开放初期,拥护党的十一届三中全会确定的路线方针政策,有知识、懂专业、锐意改革的干部就是好干部。现在,我们提出政治上靠得住、工作上有本事、作风上过得硬、人民群众信得过等具体要求,突出了好干部标准的时代内涵。概括起来说,好干部要做到信念坚定、为民服务、勤政务实、敢于担当、清正廉洁。"②

习近平总书记还多次对新时代干部应具备的能力素质做出明确阐述。2017 年 10 月,习近平总书记在党的十九大报告中强调,全面增强执政本领,明确提出要增强学习本领、增强政治领导本领、增强改革创新本领、增强科学发展本领、增强依法执政本领、增强群众工作本领、增强狠抓落实本领、增强驾驭风险本领。③ 2020 年 10 月,习近平总书记在秋季学期中央党校(国家行政学院)中青年干部培训班开班式上强调,"面对复杂形势和艰巨任务,我们要在危机中育先机、于变局中开新局,干部特别是年轻干部要提高政治能力、调查研究能力、科学决策能力、改革攻坚能力、应急处突能力、群众工作能力、抓落实能力,勇于直面问题,想干事、能干事、干成事,不断解决问题、破解难题"④。

2021 年 1 月,习近平总书记在省部级主要领导干部学习贯彻党的十九届五中全会精神专题研讨班上指出,各级领导干部特别是高级干部必须立足中华民族伟大复兴战略全局和世界百年未有之大变局,心怀"国之大者",不断提高政治判断力、政治领悟力、政治执行力,不断提高把握新发展阶段、贯彻新发展理念、构建新发展格局的政治能力、战略眼光、专业水平,敢于担当、善于作为,把党中央决策部署贯彻落实好。⑤ 2022 年 10 月,习近平总书记强调,"建设堪当民族复兴重任的高素质干部队伍""把新

---

① 《毛泽东选集》第二卷,人民出版社 1991 年版,第 526 页。
② 习近平:《论党的自我革命》,党建读物出版社 2023 年版,第 52—53 页。
③ 习近平:《习近平著作选读》第二卷,人民出版社 2023 年版,第 56 页。
④ 《年轻干部要提高解决实际问题能力　想干事能干事干成事》,《人民日报》2020 年 10 月 11 日第 1 版。
⑤ 《深入学习坚决贯彻党的十九届五中全会精神　确保全面建设社会主义现代化国家开好局》,《人民日报》2021 年 1 月 12 日第 1 版。

时代好干部标准落到实处""坚持把政治标准放在首位,做深做实干部政治素质考察,突出把好政治关、廉洁关。加强实践锻炼、专业训练,注重在重大斗争中磨砺干部,增强干部推动高质量发展本领、服务群众本领、防范化解风险本领。加强干部斗争精神和斗争本领养成,着力增强防风险、迎挑战、抗打压能力"。① 习近平总书记的相关重要论述,对落实新时代好干部标准提出了明确要求,为做好新时代干部工作提供了基本遵循。

三、建立以党内监督为主的严密监督体系

中国共产党作为无产阶级的先锋队组织,历来重视党的建设和党内监督。党的十九大报告提出"健全党和国家监督体系",并且从党内监督体系的构成、党内监督和国家监督的关系与运行的视角对中国特色社会主义监督制度进行全面阐释,将马克思主义执政党监督理论与中国共产党监督实践相结合,形成了具有中国特色的权力制约与监督制度。

(一)党内监督体系对领导干部权力的监督

1.《中国共产党党内监督条例》简介

中共中央于2003年12月历史性地出台了《中国共产党党内监督条例(试行)》,该监督条例主要分为四大板块,在"总则"中主要明确了监督的目标、指导思想、对象、内容等事项,在"监督职责"中主要就各级党委、纪委和党员三类主体的监督职责作了详尽规范,在"监督制度"中主要阐释了集体领导与分工负责制度、巡视制度、述责述廉制度等十项重要监督制度,在"监督保障"中主要明确了要对失责情形采取必要的惩治和问责。《中国共产党党内监督条例(试行)》阐述了党内监督的原则、主体、对象、内容、形式、流程、保障等内容,在党的历史上是首部规范党内监督工作的专门性法规,对提升党内自我监督制度化水平具有标志性意义。

党的十八大以来,以习近平同志为核心的党中央实施全面从严治党、推进与实现党的自我革命,把建立与完善党的监督制约机制、加强党内监督作为全面从严治党、实现自我革命的重要举措。党中央紧紧围绕"权力与责任"健全党内法规制度、补齐党内监督的法规制度短板,先后修订和出台党内监督条例、党纪处分条例、问责条例等法规文件。其中,2016年10月修订的《中国共产党党内监督条例》是新时代全面规范自

---

① 习近平:《习近平著作选读》第一卷,人民出版社2023年版,第54—55页。

我监督各项工作的综合性、专门性的党内法规制度,在内容要求上具有以下显著特点:在监督体系上,要求建立健全党中央统一领导,党委(党组)全面监督、纪律检查机关专责监督、党的工作部门职能监督、党的基层组织日常监督、党员民主监督的党内监督体系;在主体与责任上,进一步明确党的中央组织、党委(党组)、纪检机关、党的基层组织、党的工作部门、巡视巡察机构、党员等的具体监督职责;在制度与机制上,进一步建立与完善纪检机关领导制度、巡视巡察制度、组织生活制度、党内谈话制度、干部考核考察制度、述责述廉制度、领导干部个人有关事项报告制度、领导干部插手干预重大事项记录制度等重要制度;在整改和保障上,明确了对党内监督失职失责问题依照纪律处分条例、问责条例等相关配套法规给予相应惩治。①

2.《中国共产党纪律处分条例》简介

2023 年 12 月,中共中央印发新修订的《中国共产党纪律处分条例》(以下简称《纪律处分条例》),这是党的十八大以来《纪律处分条例》的第三次修改。习近平总书记在二十届中央纪委三次全会上指出:"持续推进反腐败国家立法,与时俱进修改监察法,以学习贯彻新修订的纪律处分条例为契机,在全党开展一次集中性纪律教育。"②《纪律处分条例》坚持以党的创新理论为引领,把 2018 年 8 月修订以来全面从严治党和反腐败斗争、党的纪律建设等方面的理论创新予以集中呈现,并在具体条款中予以贯彻落实。

新修订的《纪律处分条例》明确了纪律建设的法规定位,为全面从严治党和反腐败斗争提供了制度保证。党的十九大报告把纪律建设同政治建设、思想建设、组织建设、作风建设以及制度建设一道纳入新时代党的建设总体要求,提升了纪律建设在党的建设总体布局中的地位。纪律建设是党的建设的重要组成部分。习近平总书记指出:"加强纪律建设是全面从严治党的治本之策。"③新修订的《纪律处分条例》把"全面加强党的纪律建设"作为纪律处分的目标任务之一,确立了党的纪律建设在《纪律处分条例》中的地位,全面规范了党的纪律建设特别是纪律处分方面的原则和运用规则,不仅推动了全面从严治党和反腐败斗争有章可循、有规可依,也把《纪律处分条例》明确为党的纪律建设中具有基础性、引领性、主干性地位的党内法规。④

①　曹雪松:《党的十八大以来党内监督理念与实践的新发展》,《社会主义研究》2016 年第 4 期。

②　《深入推进党的自我革命　坚决打赢反腐败斗争攻坚战持久战》,《人民日报》2024 年 1 月 9 日第 1 版。

③　中共中央纪律检查委员会、中共中央文献研究室:《习近平关于严明党的纪律和规矩论述摘编》,中国方正出版社 2016 年版,第 1 页。

④　祝捷:《〈中国共产党纪律处分条例〉的理论创新、制度创新和实践创新》,《中国党政干部论坛》2024 年第 2 期。

新修订的《纪律处分条例》为全面从严治党和反腐败斗争明确了政治要求。习近平总书记指出："讲政治,是我们党补钙壮骨、强身健体的根本保证,是我们党培养自我革命勇气、增强自我净化能力、提高排毒杀菌政治免疫力的根本途径。"①新修订的《纪律处分条例》坚持纪律建设的政治属性,既把"以习近平同志为核心的党中央""四个自信"等内容写入总则,明确了党的纪律建设的政治原则,又把"为以中国式现代化全面推进强国建设、民族复兴伟业提供坚强纪律保障"明确为纪律处分目标的规范表述,明晰了党的纪律建设的政治方向。新修订的《纪律处分条例》把纪律建设的政治属性内蕴于规范条文,以党内法规的形式强化了党的纪律建设的政治属性,为明确开展全面从严治党和反腐败斗争的政治要求提供了规范依据。

新修订的《纪律处分条例》丰富完善了监督执纪"四种形态",适应了全面从严治党抓"关键少数"和管"绝大多数"相统一的基本特征。监督执纪"四种形态"坚持教育和惩戒相结合,是把"纪律和规矩挺在前面"的具体制度安排,有利于抓早抓小、防微杜渐,能够有效"治小疾于初萌,防大患于未然",这是党的十八大以来全面从严治党的重大制度创新。新修订的《纪律处分条例》根据二十大党章修正案和关于监督执纪"四种形态"的最新表述,修改了监督执纪"四种形态"的相关条款,增加了关于"及时进行谈话提醒、批评教育、责令检查、诫勉"等内容,使《纪律处分条例》关于监督执纪"四种形态"的规定更加全面和周延。监督执纪"四种形态"的丰富和完善,更加精准地体现了全面从严治党和反腐败斗争向纵深发展的总体趋势,覆盖从违法违纪萌芽到严重违法违纪再到涉嫌犯罪的全场景,丰富了坚持抓"关键少数"和管"绝大多数"相统一的制度工具箱。②

2024年4月至7月,全党开展了党纪学习教育。这次党纪学习教育是加强党的纪律建设、推动全面从严治党向纵深发展的重要举措。开展本次党纪学习教育,以逐字逐句学习贯彻《中国共产党纪律处分条例》为主要内容,通过学纪、知纪、明纪、守纪,增强政治定力、纪律定力、道德定力、抵腐定力,提升领导干部贯彻执行党纪的思想自觉与行动自觉。

(二)国家监督体系对领导干部权力的监督

权力的制约和监督,是政治文明发展史的恒久主题。一个重要的原因在于,"权

---

① 习近平:《总结党的历史经验 加强党的政治建设》,《求是》2021年第16期。
② 祝捷:《〈中国共产党纪律处分条例〉的理论创新、制度创新和实践创新》,《中国党政干部论坛》2024年第2期。

力导致腐败,绝对的权力导致绝对腐败"①。世界范围内并不存在唯一、普适的权力制约与监督模式,符合本国国情的,才是恰当的方案选择。作为当前党和国家权力监督体制重要组成的监察制度,正是根据我国的特定国情和实际所需而作出的选择。重视权力制约和监督是中国共产党人治国理政的传统,党的权力制约和监督理论是一以贯之的,并在不同的历史时期呈现出相应理论特质。

1.《中华人民共和国监察法》简介

党的十八大以来,习近平总书记在中国监察制度改革方面的重要成果之一,就是建立了集中统一、权威高效的监察机关,通过《中华人民共和国监察法》赋予监察委员会包括监督、调查和处置在内的广泛权力,尤其在特定情形下可以自行决定采取留置措施,并且确立了监察委员会不受行政机关、社会团体和个人干涉而独立行使监察权的地位。监察委员会的监察权力,是在之前行政监察机关、检察机关、党的纪律检查机关等全部或部分职权的基础上集合而成,这是基于反腐败的历史使命而作出的制度抉择。

《中华人民共和国监察法》第一条作为统领性规范已经明确地规定加强对公职人员权力监督,以实现国家监察全面覆盖。目前,我国监察权主体在组织上建立了复合体制,即由中央与地方四级监察机关构成核心支柱,以及由派驻与派出监察机构组成的辅助支柱,通过派驻与派出制度建构了立体的监察组织网络,形成纵横交错的监察组织机关。

《中华人民共和国监察法》第三条作出了有关监察对象的一般性描述,即监察对象从公职人员拓展到参公人员、法律法规授权和委托人员以及国有企业管理人员等集合,有效地弥补了原本纪委仅针对党员纪律监督的不足。实际上,依据《中华人民共和国监察法》第三条,满足"行使公权力"与"公职人员"这两项要件,就可以明确判定监察对象是否属于监察权适用范围。在此两项构成要件中,"行使公权力"代表职权,属于实质要件,而"公职人员"代表身份,属于形式要件。该条款的设定紧紧围绕反腐专责的内涵进行了法律解释,从而全面拓展了原本监察对象的范围。监察范围的核心是确定职能管辖范围,"监察、调查与廉政建设"是《中华人民共和国监察法》第三条确定的监察委员会的三项职能。

监察权是从国家权力的顶层设计中就权力的正确行使、专门行使和高效行使来进行部门权力的分设。专门针对反腐败治理,将日常监督与专责监督覆盖贯穿整个监察

---

① ［英］阿克顿:《自由与权力》,范亚峰译,译林出版社2014年版,第294页。

过程,也是纪检监察制度逻辑设计规范的科学之处。国家监察委员会的建立正是基于对监察权正确、专门和有效行使,进而在监察权主体、监察对象和监察范围上实现了全覆盖。"改革的目标是,整合反腐败资源力量,加强党对反腐败工作的集中统一领导,构建集中统一、权威高效的中国特色国家监察体制,实现对所有行使公权力的公职人员监察全覆盖。"①

国家监察体制改革在新中国历史上首次构建了对所有公权力运行的制约和监督机制。"在我国,党的机关、人大机关、行政机关、政协机关、监察机关、审判机关、检察机关等,都在党中央统一领导下行使公权力,为人民用权,对人民负责,受人民监督。"②而监察委员会有权对上述所有公权力的运行情况开展监督,并对违法行使公权力的公职人员进行调查和处置。《中华人民共和国监察法》还明确将"深化改革、健全法治,有效制约和监督权力"作为监察工作的方针加以规定。③ 可见,监察全覆盖本质上其实也是权力监督的全覆盖。④

2.《中华人民共和国公职人员政务处分法》简介

2020 年 7 月,《中华人民共和国公职人员政务处分法》(简称《政务处分法》)的颁布实施,将《中华人民共和国监察法》的有关规定进一步规范化、具体化,丰富并完善了反腐败的惩治法制体系。《政务处分法》对相关领域已经积累起来的制度经验进行了总结提炼。《政务处分法》的"立法说明"指出:"政务处分法起草工作……着眼于构建党统一指挥、全面覆盖、权威高效的监督体系,完善与党纪处分相对应的政务处分制度。规定政务处分的主体既包括监察机关,又包括公职人员的任免机关、单位,统一设置处分的法定事由和适用规则,保证处分适用上的统一规范。"⑤具体而言,《政务处分法》整合提炼的对象包括了《中华人民共和国公务员法》(简称《公务员法》)、《中华人民共和国法官法》(简称《法官法》)、《中华人民共和国检察官法》(简称《检察官法》)和《行政机关公务员处分条例》。

---

① 中共中央纪律检查委员会、中华人民共和国国家监察委员会法规室:《〈中华人民共和国监察法〉释义》,中国方正出版社 2018 年版,第 29 页。
② 中共中央纪律检查委员会、中华人民共和国国家监察委员会法规室:《〈中华人民共和国监察法〉释义》,中国方正出版社 2018 年版,第 33 页。
③ 中共中央纪律检查委员会、中华人民共和国国家监察委员会法规室:《〈中华人民共和国监察法〉释义》,中国方正出版社 2018 年版,第 41 页。
④ 封利强:《监察全覆盖的法理内涵、实践障碍与完善路径》,《河北法学》2024 年第 9 期。
⑤ 吴玉良:《关于〈中华人民共和国公职人员政务处分法(草案)〉的说明——2019 年 8 月 22 日在第十三届全国人民代表大会常务委员会第十二次会议上》,《中华人民共和国全国人民代表大会常务委员会公报》2020 年第 3 期。

　　《公务员法》规定:散布有损宪法权威、中国共产党和国家声誉的言论,组织或者参加旨在反对宪法、中国共产党领导和国家的集会、游行、示威等活动;组织或者参加非法组织,组织或者参加罢工;挑拨、破坏民族关系,参加民族分裂活动或者组织、利用宗教活动破坏民族团结和社会稳定;不担当、不作为、玩忽职守、贻误工作;拒绝执行上级依法作出的决定和命令;对批评、申诉、控告、检举进行压制或者打击报复;弄虚作假和误导、欺骗领导和公众;贪污贿赂,利用职务之便为自己或者他人谋取私利;违反财经纪律,浪费国家资财;滥用职权,侵害公民、法人或者其他组织的合法权益;违反职业道德、社会公德和家庭美德,旷工或者因公外出、请假期满无正当理由逾期不归等,都属于应受处分的情形。① 《法官法》规定:法官贪污受贿、徇私舞弊、枉法裁判的;隐瞒、伪造、变造、故意损毁证据、案件材料的;泄露国家秘密、审判工作秘密、商业秘密或者个人隐私的;故意违反法律法规办理案件的;因重大过失导致裁判结果错误并造成严重后果的;拖延办案、贻误工作的;利用职权为自己或者他人谋取私利的;接受当事人及其代理人利益输送或者违反有关规定会见当事人及其代理人的;违反有关规定从事或者参与营利性活动,在企业或者其他营利性组织中兼任职务的,还有其他违纪违法行为都要受到处分甚至追究刑事责任。② 《检察官法》规定:检察官有贪污受贿、徇私枉法、刑讯逼供的;隐瞒、伪造、变造、故意损毁证据、案件材料的;泄露国家秘密、检察工作秘密、商业秘密或者个人隐私的;故意违反法律法规办理案件的;因重大过失导致案件错误并造成严重后果的;拖延办案,贻误工作的;接受当事人及其代理人利益输送,或者违反有关规定会见当事人及其代理人的;违反有关规定从事或者参与营利性活动,在企业或者其他营利性组织中兼任职务的等行为都要受到处分甚至刑事处罚。③ 在《政务处分法》的制定过程中,立法者对这些条款进行了梳理,"概括出适用政务处分的违法情形,参考党纪处分条例的处分幅度,根据行为的轻重程度规定了相应的处分档次,并分别针对职务违法行为和一般违法行为,规定了兜底条款"。针对《公务员法》第五十九条、《法官法》第四十六条以及《检察官法》第四十七条,《政务处分法》在第二十八条进行了概括与调整,使之适用于所有公职人员。通过总结与提炼,最终形成了现在的政务处分相关规范。④ 同时,为了解决"法法衔接"问题,明确政务

---

　　① 《中华人民共和国公务员法》第五十九条。
　　② 《中华人民共和国法官法》第四十六条。
　　③ 《中华人民共和国检察官法》第四十七条。
　　④ 张桂林、周睿志:《国家监察立法领域的新命题——以政务处分法为线索的探析》,《广州大学学报(社会科学版)》2023 年第 6 期。

处分作为监察机关惩戒措施的独特属性,《政务处分法》第二条、第三条将"政务处分"与任免机关、单位的"处分"区分开来,设置了公职人员两类处分并行的双轨惩戒制度。《政务处分法》的这一制度设计对于明晰两类惩戒主体的职责定位,在提高监督、管理的针对性和实效性方面具有突出意义。

【思考题】

1. 阅读材料回答问题

2016 年至 2020 年,时任长阳县委书记赵吉雄,表面上表态坚决贯彻党中央关于生态文明建设的决策部署,背后却纵容、支持某企业在清江流域开发房地产项目中非法挖山采石、破坏生态环境,并收受该企业主财物。2018 年下半年,中央环保督察组三次向长阳县政府交办反映该问题的信访件。赵吉雄在安排信访件调查处理时要求"对上级回复少说问题,如果存在问题在县内及时整改",在报告调查结论时要求该县政府以地产项目"没有严重破坏山体行为""是排险及场平,不是采石场"等理由搪塞回避问题,否认非法采石,将严重失实的调查报告上报中央环保督察组。经评估,该企业违规开发行为造成国家矿产资源、生态环境经济损失 1.12 亿元。此外,赵吉雄还存在对抗组织审查等违反政治纪律和其他严重违纪违法问题,受到开除党籍、开除公职处分,涉嫌犯罪问题被移送检察机关依法审查起诉。

——摘自中央纪委国家监委网站

结合材料回答以下问题:

(1)结合上述材料,谈谈你对领导滥用权力行为危害的看法。

(2)谈谈如何完善领导权力监督机制。

2. 阅读材料回答问题

习近平总书记在内蒙古考察时强调,"要弘扬清廉之风,教育各级领导干部牢固树立正确权力观,全面查找廉洁风险点,筑牢思想防线,坚守法纪红线"。年轻干部事关党和国家事业的赓续传承,是推动高质量发展的生力军。党中央高度重视年轻领导干部纪律教育,在 2022 年春季学期中央党校(国家行政学院)中青年干部培训班开班式上,习近平总书记寄语年轻干部,"要守住权力关,始终保持对权力的敬畏感,坚持公正用权、依法用权、为民用权、廉洁用权"。对年轻干部而言,如何守住权力关,是从政之路必须回答好的重要课题。

近年来,随着培养选拔优秀年轻干部常态化工作机制的不断健全,一批批优秀年轻干部不断充实到领导岗位,成为重要政策的决策者和执行者。他们中的绝大部分正成长为所在单位的业务骨干和中坚力量,但也有极少数年轻干部迷失在"权力的幻觉"中,"前脚刚踏上仕途,后脚就走入歧途",没能守住廉洁底线,跌入腐败的深渊。从近年查处的腐败案件看,"腐败年轻化"现象不能不引起我们的重视和反思,值得高度警惕。心有所畏,方能言有所戒、行有所止。年轻干部身处干事业的黄金期、长本领的关键期,只有牢记人民重托,牢记责任重于泰山,以敬畏之心对待权力,才能永葆共产党人的政治本色,才能知敬畏、存戒惧、守底线,敬畏党、敬畏人民、敬畏法纪,防止成长"黄金期"变成贪腐"危险期"。

结合材料回答以下问题:

(1)结合上述材料,谈谈你对权力行使规则的理解。

(2)结合本章所学内容,谈谈如何化解"腐败年轻化"问题。

第六章　领导方法与领导艺术

本章主要介绍领导方法与领导艺术两个方面问题。领导方法是领导科学的重要组成部分,既具有理论性,更具有实践意义。领导艺术是领导工作取得实效的最高层次,是领导者个人的内在素质在领导工作中所达到的最高境界。领导者要充分认识领导方法和领导艺术的重要性,学会掌握基本的领导方法,在实践中不断提升领导艺术水平。

第一节　领导方法

科学的领导方法是指导广大领导干部认识世界、改造世界的有力工具,是联系领导和组织成员的桥梁和纽带。研究并把握领导方法的一般规律性,对提高领导活动绩效,实现领导意图,达到领导目的,都有着非常重要的作用。

一、领导方法的内涵与特点

(一)领导方法的内涵

方法是人们在认识世界、改造世界活动中采取的手段与谋略。什么是领导方法呢? 一般而言,领导方法是指领导者为实现工作目标所采用的思想和行为方式、途径、手段、措施、程序、步骤的统称。在任何领导活动中,要实现一定的工作目标,都必须采用一定的方法。毛泽东曾经对此作过生动的比喻:"我们不但要提出任务,而且要解决完成任务的方法问题。我们的任务是过河,但是没有桥或没有船就不能过。不解决桥或船的问题,过河就是一句空话。不解决方法问题,任务也只是瞎说一顿。"①领导者掌握领导方法,把握和运用领导方法,有利于达到预期目标。从总体上看,领导方法大致可以分为两类:一是认识世界的方法,也就是人们常说的思想方法,它是解决"怎么想"的问题;二是改造世界的方法,也就是人们常说的工作方法,它是解决"怎么做"的问题。② 但在实际领导活动中,二者往往相互融合,是不可分割的。

（二）领导方法的特点

领导方法作为达成任务的必要手段,在所有领导工作过程中举足轻重。马克思主义的科学领导方法,主要有目的性、综合性、动态性和时效性四个特点。

一是目的性。领导方法总是同一定认识和实践的目的相联系而产生、存在的,它是实现目的、任务所不可缺少的条件和表现形式,离开目的的方法就失去了存在的依据和必要性。换言之,领导方法要为一定的领导目标服务,领导方法的选择取决于领导的目的。在相同的条件下,领导干部选用这种而不是那种方法,表明领导方法的目的性通过使用它的领导干部的自觉性而体现出来。③

二是综合性。领导方法并非单一的管理手段,而是涵盖计划、组织、协调、控制等多方面的综合运用。领导方法是多样化的,适用于不同情境和问题的管理手段与技术;领导方法也是灵活的,可随环境变化和问题不同而作出调整。成功地开展领导活动,往往需要多种领导方法组合使用,形成由基本方法、具体方法等若干领导方法组成的方法系统。

三是动态性。领导系统不是固定不变的,而是不断发展变化的,领导干部必须作出领导方法的选择和应变,以适应不断变化的新时空条件下的领导系统。"随时而变,因时而动",即使在同一个领导系统发展过程的不同阶段,也要及时采用不同的领导方法。

四是时效性。不同的时期、不同的情境,对领导方法有着不同的要求。在快速变化的社会和组织环境中,一种领导方法可能在某个阶段非常有效,但随着时间的推移、条件的改变,其效果可能会逐渐减弱甚至不再适用。领导者要能敏锐感知环境变化,及时调整和优化领导方法,以适应新的形势和任务要求。

---

① 《毛泽东选集》第一卷,人民出版社 1991 年版,第 139 页。
② 孙健:《领导科学》,南开大学出版社 2008 年版,第 274 页。
③ 覃正爱:《毛泽东科学领导方法思想探析》,《马克思主义研究》2014 年第 9 期。

二、领导主要的思维方法

党的十八大以来,以习近平同志为核心的党中央成功开辟了新时代中国特色社会主义的新实践新局面新境界,形成了一系列治国理政新理念新思想新战略,这些新理念新思想新战略的形成与党中央自觉地运用多种思维方式分析问题是分不开的。"事必有法,然后可成。"领导者具备并掌握一些思维方法,是破题解难的关键,对于人们开拓进取、干事创业具有非常重要的意义。

(一)法治思维

法治思维是指以合法性为出发点,以追求公平正义为目标,按照法律逻辑和法律价值观思考问题的思维模式。[①] 党的十八大报告指出,要提高领导干部运用法治思维和法治方式深化改革、推动发展、化解矛盾、维护稳定能力,这就对领导干部强化法治思维、提升法治能力提出了新要求。法治思维是依法行政、科学决策的现实基础。与传统的行政思维不同,法治思维包括四个方面:

一是规范思维。法治思维要求领导干部将行政事务纳入法律的框架内,真正做到"办事依法、遇事找法"。在实施行政行为时,领导干部应首先判断该行为是否属于法律规范调整范畴。若不在此范畴,可借助道德、情理解决;若确属法律规范的范畴,还需要衡量不同法律位阶和部门的具体规定,在合法合理前提下寻找最优解。

二是理性思维。理性思维要求领导干部知法、懂法,深入领会法律规范里潜藏的逻辑架构及价值取向。理性思维需要领导干部在进行决策时通盘考虑,前后连贯,不能从本位主义出发而忽视客观规律,只考虑单一的目标而忽略整体的协调性,也不能只关照少数人的利益而损害其他群体的利益,更不能仅关注当下的发展而漠视未来的发展变化。

三是程序思维。领导干部培养法治思维,就不能忽略对程序的坚守,若想从机制上保证结果的客观公正,就必须凝聚程序的价值。同时,程序的遵守也能够在一定程度上避免失职行为的发生。

四是权利思维。法治精神的一个重要内涵就是保护私权利,限制公权力。保护人民权利是法治的根本目的。当然,权利并非不可限制,但对权利的限制是有条件的、有限度的,比如开展征收征用工作应当以公共利益为前提,并且要有法律根据、程序正

[①] 胡建淼:《法治思维的定性及基本内容——兼论从传统思维走向法治思维》,《国家行政学院学报》2015年第6期。

当、公正补偿。

（二）底线思维

底线思维是"客观地设定最低目标,立足最低点争取最大期望值"①的科学思维方式。《礼记·中庸》强调"凡事预则立,不预则废"。这个"预"是古人对事物底线的思维和把握。底线思维对领导干部来说,是最低条件和不可越过的价值尺度,是不可逾越和突破的警戒线。

一是客观规律底线。对领导干部来说,坚持辩证唯物主义和历史唯物主义,树立马克思主义的世界观,最重要的是坚持和运用底线思维、底线决策、底线思考。所以,底线思维是辩证唯物主义在思维方式、思想方法上的具体运用。

二是社会道德底线。社会道德是人们于社会生活与公共交往中需遵循的行为规范及准则,其本质是一个国家或民族在漫长历史及社会实践中沉淀下来的具有广泛共识的行为准则、文化观念及思想传统。党的二十大报告指出,要提升全社会文明程度,实施公民道德建设工程,弘扬中华传统美德。领导干部更应该拥有良好社会道德,树立并践行社会道德底线。

三是勤政廉洁底线。"为民、务实、清廉"是领导干部勤政廉洁及保持自身先进性的底线,反映到思维方法上就是必须树立和坚守勤政廉洁的底线。"为民"是由我们党的执政宗旨所决定的底线,共产党不为民就不是共产党;"务实"是我们党实事求是、一切从实际出发的思想路线所规定的底线,体现人民群众是历史的创造者和社会的建设者;"清廉"是我们党的性质内在规定的底线,表明共产党是无产阶级和广大先进分子在政治上的追求。②

四是党纪国法底线。党的十八届四中全会通过的《中共中央关于全面推进依法治国若干重大问题的决定》指出:"各级领导干部要对法律怀有敬畏之心,牢记法律红线不可逾越、法律底线不可触碰,带头遵守法律,带头依法办事,不得违法行使权力,更不能以言代法、以权压法、徇私枉法。"③对于领导干部来说,要坚守国法和党规党纪两道底线。

（三）精准思维

"精准"具有精密、精细、准确、精确的意思。精准思维是指在全面掌握客观实际

---

① 中共中央宣传部:《习近平新时代中国特色社会主义思想学习纲要》,学习出版社 2019 年版,第 246 页。
② 谢璐妍:《领导干部底线思维的"底线"》,《理论探索》2015 年第 1 期。
③ 中共中央文献研究室:《十八大以来重要文献选编》(中),中央文献出版社 2016 年版,第 177 页。

基础上,深入细致分析现状,提出具体到位的有效方案,有针对性地化解难题。习近平总书记指出:"要强化精准思维,做到谋划时统揽大局、操作中细致精当,以绣花功夫把工作做扎实、做到位。"①增强领导干部的精准思维应从以下几个方面入手:

一是要突出问题意识,"牵住牛鼻子"。问题是深化改革方向,也是抓落实的方向和突破口。要问题意识不仅是人们对问题的能动性、探索性、前瞻性的反应,更是领导者必须具备且是要不断强化的一种意识。精准思维作为新时代治国理政的鲜明特质,坚持问题导向是其基本精神和内在要求。"牵住牛鼻子",才能把控要领和大势;问题意识明确,探明基底与渊源,才能强基固本、正本清源;问题意识明确,洞悉幽微与端倪,未雨绸缪,才能防患于未然。②

二是要做到精准发力,精准施策。在精准识别各层次、性质、类型问题后,须采取针对性政策与措施。也就是说,找准靶心才能精准发力,对症下药方可药到病除。2013年11月,习近平总书记提出"精准扶贫"重要理念,作出"实事求是、因地制宜、分类指导、精准扶贫"重要指示。正是在精准扶贫和精准脱贫基本方略的指引下,我们党团结带领人民如期打赢了脱贫攻坚战,完成了消除绝对贫困的艰巨任务。

三是要发扬"钉钉子精神",让政策"精准落地"。好的政策如果不能落实,也终究不过是一纸空文。习近平总书记把精准思维贯穿在狠抓落实的过程中,倡导发扬钉钉子精神,推动各项政策、措施和做法精准落地、精准落实。"钉钉子往往不是一锤子就能钉好的,而是要一锤一锤接着敲,直到把钉子钉实钉牢,钉牢一颗再钉下一颗,不断钉下去,必然大有成效。如果东一榔头西一棒子,结果很可能是一颗钉子都钉不上、钉不牢。"③

(四)辩证思维

辩证思维是根据唯物辩证法来认识客观事物,反映事物的本质和规律,揭示事物内部的深层次矛盾,是人类最高级的思维活动。辩证思维在领导者应对工作难题的"破题""解题"及"答题"的各个环节都具有总体性的思维指导和统率作用,从哲学世界观和方法论的高度,为领导者的领导活动提供了根本之法。

一是要把握"两点论",一分为二地分析问题。领导者在工作中处置和化解问题

① 《筑牢理想信念根基树立践行正确政绩观 在新时代新征程上留下无悔的奋斗足迹》,《人民日报》2022年3月2日第1版。
② 王天民:《精准思维的时代价值与实践要求》,《人民论坛》2023年第23期。
③ 中共中央文献研究室:《习近平关于全面建成小康社会论述摘编》,中央文献出版社2016年版,第188页。

时,不可习惯地运用非此即彼的传统思维,不能搞"一点论",应秉持对立统一的思维方式,对矛盾进行客观剖析,揭示出矛盾的内在规律,凭借亦此亦彼的辩证思维来一分为二地分析问题。这样既能看到成绩,又可发觉问题;既能看清现象,又可探明本质;既能了解普遍,又可掌握特殊;既能知晓必然,又可明了偶然。唯有如此,方能保证看待问题视角的全面性,从而寻觅到解决问题的有效举措与路径。

二是要秉持"重点论",切忌"眉毛胡子一把抓"。领导者在认识矛盾、正视矛盾的前提之下,应在工作中把握关键,厘清重点问题,洞悉问题的发展规律,探寻出解决问题的根本路径。在繁杂纷乱的工作难题当中存有诸多矛盾,其中必有主要矛盾,影响着其他矛盾的存在及发展。唯有如此,才能够达成纲举目张的效果,推动全局工作的发展。

三是要把准"转化论",促进问题的良性转变。辩证思维认为,事物的发展变化并非一步到位,而是量变与质变交互运动的过程,量变能够引起质变,质变又可引起新的量变,形成量变质变规律。基于此,领导者应积极促进量变向质变的良性转化,并且做到未雨绸缪,避免积重难返的恶性转化。对于领导工作中遇到的难题或矛盾,不可无视或消极回避、遮掩问题,以免问题由小变大,最后造成难以弥补的损失。

四是要落实"否定论",认识工作发展环节的否定作用。辩证思维认为,事物矛盾运动并非直线,而是不断自我否定、自我发展的螺旋上升过程。事物的发展过程包含肯定和否定阶段,破解工作中的难题不是一朝一夕、一蹴而就的,而是一个不断肯定又否定的过程。领导者只有坚持否定之否定的思维,意识到"否定"后的更大发展,不断推进否定之否定的进程,从而促进领导工作效能和领导力的不断提高。

(五)系统思维

"万事万物是相互联系、相互依存的。只有用普遍联系的、全面系统的、发展变化的观点观察事物,才能把握事物发展规律。"①系统思维是立足整体把握事物本质、对事物内在结构及相互关系进行机理分析,进而从整体上揭示事物发展规律、实现系统整体最优解的一种思想方法论。

一是思维的整体性。系统思维方法的整体性原则是基于系统固有结构整体性、功能整体性及二者构成的系统整体性之客观基础之上的。系统思维方法的整体性只有依循于系统自身的整体性,才可能正确反映系统的内在特质,从而达到准确把握事物

---

① 习近平:《习近平著作选读》第一卷,人民出版社2023年版,第17页。

本质及其存在方式之目的。系统结构的整体性,突出体现其性质与各元素性质有本质差别。系统内部元素在一定内外部条件下相互作用,为整体形成和演化提供基础和依据。领导者应以整体为认识起点与归宿,在充分理解和把握整体情况的基础上提出整体目标,接着提出实现整体目标的条件,再提出可选方案,最后选取最优方案实现之。

二是思维的立体性。所谓立体思维就是指在认识客体时要注意其纵向层次和横向要素的耦合、时间和空间的统一,在思维中把握对象的立体层次、立体结构和总体功能。同时我们在考察事物的立体层次、结构、功能时,还要研究系统运动时间之维,要研究这些立体性在时间的延续中如何变化。[①] 正如恩格斯所说:"当我们深思熟虑地考察自然界或人类历史或我们自己的精神活动的时候,首先呈现在我们眼前的,是一幅由种种联系和相互作用无穷无尽地交织起来的画面。"[②]

三是思维的开放性。人们常把开放性思维理解为主体要从传统思维中解放出来,突破思维定式和狭隘眼界,多视角、全方位看问题,这是从主体要求角度说的。事实上,这种主体要求源于系统本身的开放性,是系统的客观开放性迫使主体要具有开放性思维。开放性思维与保守、被动、消极的形而上学思维根本对立,其本质上是一种实事求是的思维方式。

四是思维的演化性。系统的世界不断变化发展,不断演化。理论上讲,这种演化可从无序到有序,或从有序到无序。任何开放系统,其演化由无序向有序发展,并不意味着有序能任意消除无序,二者总是并存着。领导者要摒弃固化思维,不能把真理"条条化",要坚持思维的动态演化性,懂得正确认知与对待系统的稳定结构;依据客观需求及价值取向,营造条件冲破系统的有序结构,使之成为向新的有序结构过渡的无序状态;也可以创造条件消除对系统的各种干扰,使系统处于有序状态,保持系统的稳定。

（六）创新思维

"明者因时而变,知者随事而制。"习近平总书记曾多次强调创新的重要性,他指出,"坚持创新思维,跟着问题走、奔着问题去,准确识变、科学应变、主动求变,在把握规律的基础上实现变革创新"[③]。领导干部提高创新思维能力,要从根本上打破迷信经验、迷信本本、迷信权威的惯性思维,破除因循守旧、思想僵化、形式主义和无所作

---

① 易小明:《论系统思维方法的一般原则》,《齐鲁学刊》2015 年第 4 期。
② 《马克思恩格斯选集》第三卷,人民出版社 1995 年版,第 359 页。
③ 《年轻干部要提高解决实际问题能力 想干事能干事干成事》,《人民日报》2020 年 10 月 11 日第 1 版。

为,以敢为人先的锐气,勇于开拓新的方向,在把握事物发展客观规律的基础上实现变革和创新。

一是要有批判性的思维。"不唯书、不唯上、不从众"。面对复杂的问题,摆脱惯性思维和经验主义的束缚,不盲目跟从传统既定的路径,而要审慎地分析各种因素和可能性。在领导工作中,主动克服按部就班、循规蹈矩、平衡左右的思想,杜绝"依葫芦画瓢",敢于从独特的甚至是逆向的角度思考问题,在打破和重组中积蓄创新力量,为提出新颖的解决思路和方案提供可能。

二是要有多元包容的心态。创新不是"生造"一个事物,而是基于多元化思维下的改进、创造。培养多元化思维,要摒弃唯一、绝对的思想认知,善于倾听不同的声音,跳出"一亩三分地",主动向外寻找新知识、新方法、新路径。在团队合作中,鼓励成员发表独特见解,营造一个宽松、自由的交流氛围,让各种创意和灵感得以充分涌现。具有开放包容心态的领导干部,能够整合多元的思想和资源,博采众长,创造性地谋划工作。

三是要有勇于探索的精神。习近平总书记在学习贯彻党的二十大精神研讨班开班式上发表重要讲话强调:"推进中国式现代化是一个探索性事业,还有许多未知领域,需要我们在实践中去大胆探索,通过改革创新来推动事业发展,决不能刻舟求剑、守株待兔。"[①]领导干部要勇于尝试新的方法和策略,不能满足于现状,不能惧怕失败和挫折。在探索过程中,不断积累经验,总结教训,即使面对困难和阻碍也能坚定信念,坚持不懈地寻求突破。

(七)战略思维

战略思维是指从实际出发,正确处理全局与局部、未来与现实的关系,并抓住主要矛盾制订相应规划,为实现全局性、长远性目标而努力的思维方法。战略思维是对全局性、长远性、根本性问题进行谋划的思考方式,是从现象揭示本质、从局部把握全局、从当今放眼长远、从被动变为主动的科学思维,是科学世界观和方法论在实际工作中的具体运用。可以从三个维度理解和把握战略思维:

一是全局性维度。在这个维度上要考虑的是如何正确处理全局与局部的关系,以及实践活动中各个方面之间的关系。毛泽东在《中国革命战争的战略问题》一文中指出:"战略问题就是研究战争全局的规律的东西。"什么是全局?"凡属带有要照顾各

---

① 《正确理解和大力推进中国式现代化》,《人民日报》2023 年 2 月 8 日第 1 版。

方面和各阶段的性质的,都是战争的全局。"①领导者实施领导活动时,应将全局作为考虑、研究、解决问题的起点与落脚点,以带动局部工作。处理局部关系时,要抓住主要矛盾,解决好重要局部问题,全局问题便也可解决。同时,注意局部间的相互转化,把握变化规律,找出主要局部问题。

二是前瞻性维度。前瞻性是指对客观事物发展的总趋势和走向作出预判,及早预见可能出现的新情况新变化,为及时防范化解前进道路上的风险创造条件。推进中国式现代化是一项前无古人的开创性事业,必然会遇到各种可以预料和难以预料的风险挑战、艰难险阻。前进道路上,领导干部要把当前的问题放在过去、现在、未来的历史发展进程中加以思考,推理预判,站在时代前沿观察思考问题,将谋当下和谋未来统一起来,把握现代化的发展趋向;立足当下、聚势谋远,解决发展难题,塑造发展优势,着力推进中国式现代化各项事业发展。

三是矛盾性维度。在这个维度上要考虑的是如何正确应对实践活动中的挑战性问题。矛盾是普遍存在的,是事物联系的实质内容和事物发展的根本动力。问题是时代的声音,是事物矛盾的表现形式。在复杂多变的环境中,面对各种挑战、风险、阻力,需要跨过重重难关,领导者作为一个组织的核心,领导战略对于组织内外至关重要,必须充分认识和妥善处理矛盾各个方面的对立统一关系及各种矛盾之间的关系,制定出科学、合理、有效的战略。

三、领导基本的工作方法

(一)坚持实事求是的工作方法

习近平总书记指出:"实事求是,是马克思主义的根本观点,是中国共产党人认识世界、改造世界的根本要求,是我们党的基本思想方法、工作方法、领导方法。"②这一论断揭示了实事求是的理论地位、政治属性和方法论意义。

第一,实事求是是马克思主义之根本观点。实事求是,即深入探究事物原本模样,以揭示其内在规律,承认事物具有不依赖人的意志而转移的客观属性,亦即承认世界的物质统一性。辩证唯物主义主张依事物本来面貌去认识事物本质及规律,此基本立场决定领导干部在认识与改造世界时,需要坚持一切从实际出发、实事求是。

第二,实事求是是中国共产党人认识世界、改造世界的根本要求。在《改造我们

---

① 《毛泽东选集》第一卷,人民出版社 1991 年版,第 175 页。
② 习近平:《在纪念毛泽东同志诞辰 120 周年座谈会上的讲话》,《人民日报》2013 年 12 月 27 日第 2 版。

的学习》中,毛泽东倡导马克思列宁主义的态度,要求全党对周围环境开展调查研究,研究近百年的中国历史,集中研究中国革命实际问题。"这种态度,就是党性的表现,就是理论和实际统一的马克思列宁主义的作风。这是一个共产党员起码应该具备的态度。"①实事求是是马克思列宁主义与中国具体实际相结合的根本要求。

第三,实事求是是中国共产党人的根本方法。实事求是的思想路线既指引了中国共产党不同时期的革命、建设和改革事业,又贯穿于党的各方面工作之中。党的十八大以来,以习近平同志为核心的党中央全面深入分析党情世情民情,深刻认识共产党执政规律、社会主义建设规律与人类社会发展规律,科学谋划"五位一体"总体布局与"四个全面"战略布局,解决了诸多重要难题,实现了党和国家事业的历史性变革。

(二)坚持群众路线的工作方法

群众路线被认为是中国共产党区别于其他政党的鲜明特征和显著标志,是党领导人民取得革命、建设和改革的"成功之道"和"制胜法宝"。群众路线的本质属性是领导方法,融世界观、认识论和方法论为一体,在实施过程中体现为三个不同的递进环节。

第一,要有正确的态度才会采取群众路线。群众路线领导方法是基于群众观点才得以产生的,强调一切为了群众,一切依靠群众,从群众中来,到群众中去。要真正将这一路线贯彻到实际工作中,其核心在于持有正确的态度。如果不能用正确的态度对待人民群众,是不会与人民群众建立密切联系的,也是使用不好群众路线领导方法的。领导干部只有端正对待人民群众的正确态度,真诚谦卑地把自己当人民的公仆,才能真正把实现人民群众的利益作为一切工作的出发点和归宿。

第二,群众路线领导方法的正确实施。群众路线领导方法要求领导者采取从群众中来到群众中去的方法。领导者在一切实际工作中,将群众的意见(分散的无系统的意见)集中起来(经过研究,化为集中的系统的意见),又到群众中去作宣传解释,化为群众的意见,使群众坚持下去,见之于行动,并在群众行动中考验这些意见是否正确;然后再从群众中集中起来,再到群众中坚持下去,如此无限循环,一次比一次更准确、更生动、更丰富。② 这一领导方法的实施过程,既是领导与群众要始终紧密结合和"群众—领导—群众"无限循环的过程,也是领导获得正确认识和"实践—认识—实践"无限循环的认识过程。这两个过程的结合使领导者不但能够形成正确的领导意见,也能

---

① 《毛泽东选集》第三卷,人民出版社1991年版,第801页。
② 孙健:《领导科学》,南开大学出版社2008年版,第288页。

够始终与被领导者的群众紧密结合在一起。①

第三,群众路线领导方法必然形成良好的工作作风。坚持群众路线,密切联系群众,积极为群众谋利益是我们党的优良作风。在新民主主义革命中,我们党之所以能够以弱小的力量战胜强大的敌人,一个重要原因就是我们深深扎根于群众之中,紧紧依靠群众,自觉地坚持群众路线,赢得了广大人民群众的信任、支持和拥护。由此可见,领导干部只要有了对待人民群众的正确态度,并正确实施群众路线领导方法,就会与人民群众建立紧密的血肉联系,从而形成正确的工作作风。

（三）坚持调查研究的工作方法

调查研究方法是指通过考察客观对象和环境,获得各种资料和信息,并对这些资料信息进行分析的研究方法,是领导工作的基本方法之一。习近平指出:"调查研究是一门致力于求真的学问,一种见诸实践的科学,也是一项讲求方法的艺术。"②领导干部做好调查研究,要用好以下四种方法:

一是实地调研法。实地调研法是通过观察、闲聊、采访、旁观等方式了解情况,根据实际情况制定政策,这也是开展调研最常用的方法之一。通过实地调研,领导干部能够亲身感受调研对象所处的环境和氛围,从人们的行为、表情中洞察到潜在的问题和需求,有助于了解被调研者的内心真实想法和感受,有针对性地获取直观且真实的关键信息。习近平任职河北正定时,他的足迹遍及正定县25个乡镇及下辖的221个村落。他赴任福建宁德后不久,走遍了下辖的9个县,并提出了"四下基层"的工作方法。

二是问卷调查法。问卷调查法是一种通过设计一系列问题,以收集大量样本的信息和观点的研究方法。这种方法具有成本相对较低、能够快速收集大量数据、便于进行统计分析等优点。领导者可以运用这一方法来收集民声、民意、民情。2020年8月,国家在编制"十四五"规划过程中,通过互联网向全社会征求意见和建议,这在我国五年计划和规划编制史上尚属首次。在这次网上意见征求活动中,人民日报、新华社、中央广播电视总台所属官网、新闻客户端以及"学习强国"学习平台等均开设了"十四五"规划建言专栏,累计收到网民建言超过101.8万条,为做好"十四五"规划编制工作提供了有益参考。

三是访谈调研法。访谈调研法是通过研究者与被研究者面对面的直接交流,获取研究所需信息和资料的一种研究方法。这一方法具有互动性、灵活性的特点。访谈者

① 蔡礼强:《中国共产党群众路线的本质属性与丰富内涵》,《甘肃社会科学》,2022年第1期。
② 习近平:《之江新语》,浙江人民出版社2007年版,第166页。

可以通过与被访谈者交流互动,了解其见解、观点、态度,并感受其情绪变化,更深入理解其内心感受。领导干部在农村、工厂、企业、社区的调研中,可以通过这一方法,询问群众的生产、生活状况,从而捕捉群众的痛点、难点和堵点。

四是典型调查法。典型调查法是从具有某种共性的总体事物中,选取若干有代表性的个别事物或局部现象作为调查点和调查对象进行调查分析,从而得出一般性结论的方法。它的理论依据是共性与个性辩证统一的原理。典型调查有利于领导者深入基层,调查了解和掌握第一手资料,从而能够深入地了解事物的本质和发展趋势。习近平在福建工作期间,六年七次深入晋江开展调研,并通过解剖"晋江"这一麻雀,提炼出来宝贵的"晋江经验",总结出颇具借鉴性、前瞻性的"六个始终坚持"与要正确处理好的"五大关系",为县域经济高质量发展提供了基本思路。

四、用好激励机制的领导工作方法

心理学研究表明,人的一切行为都是受到激励而产生的。有效的激励机制就是运用多种方法和手段,最大限度激发人们的积极性、主动性和创造性,以保证组织目标的实现。

(一)激励的基本原则

建立科学的激励机制,达到激励目的,应遵循以下四个原则:

一是利益一致原则。由于社会现实条件的制约,人的某些合理的需要往往一时难以满足,就会产生个人利益与组织利益、社会利益不一致的矛盾。领导者在实施激励时,既要重视个人目标和个人需要,也要认识到组织目标和社会现实条件,尽可能在二者的结合点上运用正确的方式和方法,使个人利益融入社会客观需要之中。在实际工作中,遵循利益一致原则,有助于减少内部冲突和矛盾,增强组织成员的归属感和忠诚度,当成员感到自己与组织是命运共同体时,也会更加自觉地维护组织利益。因此,领导者在照顾成员的眼前利益、使其得到应有的实惠时,又要引导其放眼未来,认识到长远利益和个人利益的一致性。

二是公平公正原则。公平公正是人们对工作环境的道德呼唤。公平理论告诉人们:一个人的工作动机及积极程度,不仅取决于他获得的报酬和评价与付出是否匹配,而且取决于与同行、同事对比是否感到公平合理。正所谓"不患寡而患不均"就是这个道理。因此,领导干部在激励过程中,对待所有成员应一视同仁,不因其个人背景、亲疏关系、职位高低等因素而有所偏颇;在制定激励政策、分配奖励资源及考核评价员工绩效时,依据明确、客观且统一的标准,在公平竞争的前提下,注意奖得公平、罚得合理。

三是综合性原则。马克思曾经指出,人们为之奋斗的一切都与他们的利益有关。因此,要用好物质激励;但是,物质激励并非万能的、绝对的,在任何条件下都是有效的。除了物质需要,人还有高层次的精神需要。这就要求领导者在对员工进行激励时,综合运用物质激励和精神激励。比如,各种形式的表扬、授予荣誉称号、合理分派工作等,不仅可以调动人的积极性,而且具有教育引导作用。

四是及时和适度原则。及时就是让人们尽快看到成绩的反馈结果,适度则是激励的适当程度。激励如果不及时,可能会损伤人们的工作积极性,如果激励过度和激励不足,不仅不能达到激励的预期目的,有时甚至会适得其反,引发矛盾。这就要求领导者要从量上进行权衡把握,做到恰如其分,程度适中。

(二)激励的基本方法

一是目标激励。目标是活动的未来状态,是激发人的动机、满足人的需要的重要诱因。所谓目标激励就是领导者为激励对象确立符合切身利益的、能够鼓舞人心的目标,通过目标的设置来激发人们的动机,引导人们的行动,不断地激发一个人对高目标的追求,使其产生奋发向上的内在动力。[①] 合理的目标应具有价值性、挑战性和可能性。领导者要善于将成员的个人目标与组织目标相融合,使组织目标能包含人们更多的共同要求,让更多的人能从组织目标中感受到自己的切身利益,从而把组织目标的实现当作与自己休戚相关的事,努力完成组织目标。

二是物质激励。物质激励是管理中最重要、最常见的激励方法,是通过满足人们对物质利益的需要来激励人们的行为。物质激励的形式视具体物质需求的对象物而定,一般包括工资、奖金、福利等。领导者必须重视运用合理正确的物质激励手段来满足人们的物质需要,从而调动其积极性,提高工作绩效,顺利实现组织目标。

三是参与激励。参与激励是指让人们参与组织重大问题的决策与管理,并对领导者行为进行监督,以充分调动人们的积极性。通过上下级对话,人们可以提出各种意见和质疑,在领导者和人们之间架起一座沟通桥梁,达到彼此交流思想、相互理解的作用,有助于提高效率和管理水平。

四是尊重激励。尊重激励是指领导者采取恰当的方式满足人们渴望被肯定、被尊

---

① 彭向刚、袁明旭:《领导科学概论》,高等教育出版社 2007 年版,第 421 页。

重的需要的激励方式。人们普遍存在获得尊重的需要,这种尊重既包括人的内在的自我尊重,也包括来自外部的社会尊重。领导者对组织成员的尊重和信任,能够激发起人们强烈的自尊心。因此,不论职位高低,领导者都应平等对待下属,满足人们的尊重需要,激发人们的工作热情。

五是荣誉激励。荣誉激励是一般通过组织决定对工作表现突出、贡献较大的人授予某种荣誉称号和奖励的一种激励方式。荣誉激励满足了人们内心对于尊重、认可和自我实现的高层次需求。荣誉可以成为不断鞭策荣誉获得者保持和发扬成绩的力量,还能够为他人树立学习榜样和奋斗目标,产生较大的社会激励效应。

除了以上几种激励方法外,常用的激励方法还有晋升激励、奖励激励、成果激励、榜样激励等。在领导实践中,应结合组织实际,积极建立科学的激励机制,综合运用各种激励手段,激励先进,鞭策后进,充分发掘成员的潜能,促进组织持续健康发展。

第二节　领导艺术

领导工作是一门科学,也是一门艺术。长期以来,人们给领导艺术蒙上了一层神秘的外衣,认为它只可意会不可言传,这种神秘化的认识使一些领导干部对其望而生畏。深刻认识领导艺术的内涵和特征,把握领导艺术的内容和形式,对于提高领导艺术有重要意义。

一、领导艺术与领导方法的关系

(一)领导艺术的内涵

关于领导艺术内涵的界定,理论界众说纷纭。有人认为,领导艺术是指领导者在领导实践中以知识和能力为基础,以人格魅力、经验阅历、智慧韬略、德行修养等领导下属的行为,是一种能够创造性提升组织效能的方法和技巧。[1] 也有人认为,领导艺术是在领导的方式方法上表现出来的创造性和有效性,领导干部一方面要在把握规律的基础上进行创造升华,另一方面要通过实践活动对其领导艺术的有效性进行检验。[2] 综合而言,领导艺术就是指建立在一定知识、阅历、才智、能力基础上的非模式化的、有创造性的领导技能,是领导者科学素养和领导能力的高度体现。

---

[1]　张玉琢、黄乔:《领导者打造韧性组织的思维向度与实践策略》,《领导科学》2021 年第 8 期。
[2]　冯慧、付国伟:《领导干部发挥"头雁效应"的内生机理与提效之道》,《党政干部学刊》2023 年第 5 期。

(二)领导艺术与领导方法的关系

领导艺术和领导方法是领导科学的重要组成部分。领导方法是领导者实现领导、完成领导任务的方式和手段,领导艺术是建立在一定经验和科学基础上的高超的领导技能,是领导方法熟练而卓越的应用,二者既有区别又有联系。

第一,领导方法与领导艺术之间是共性与个性的关系。领导方法是对领导艺术的概括和总结,它具有普遍性,领导者可以通过学习来掌握它;而领导艺术是对领导方法的创造性运用,是因人而异的,如果不顾条件照搬以往经验,往往会事与愿违。当然,掌握了领导方法不等于掌握了领导艺术,从方法到艺术是质的飞跃。

第二,领导方法与领导艺术之间是模式化与非模式化的关系。领导方法表现为特定的规范、较为稳定的程序化套路;而领导艺术则表现为非程序化和非模式化的动态性过程。在多数情况下,领导艺术的运用是依据客观情况随机地创造性处置问题,体现了较高的灵活性。领导艺术的内容愈丰富,模式化也愈成熟,从而推动领导方法的不断发展与更新;而领导方法愈完善,愈能推动领导艺术向更高水平发展。由此,领导艺术与领导方法是相辅相成、相互促进的。

第三,领导方法与领导艺术之间是理论性与经验性的关系。领导方法属于理论范畴,具有普遍的指导意义;而领导艺术无论其多么精妙,都未能超出经验的范畴。领导方法源自领导艺术,是对领导艺术的理论总结;领导艺术则是领导方法理论在实践中的具体应用。领导方法尽管源于领导艺术,但是要把领导方法运用好,还必须把领导方法上升到领导艺术的层面,在工作中才能游刃有余、运用自如。要达到这一目标,除了掌握领导方法理论外,还必须拥有较为丰富的领导实践经验,实现理论与实践的结合。

第四,领导方法与领导艺术之间是科学与技能的关系。领导方法是科学的知识体系,科学具有程序化、规范化的特征;而领导艺术则是一种超越规范化、程序化处理问题的特殊技能。比如,在情况不十分明朗、做决策时包含某种猜测成分、思维需要进行非程序化概括时,仅靠程序化、规范化的领导方法理论是无法解决问题的,必须与领导艺术结合起来。在实际生活中,领导做决策时碰到这类问题,就需要将科学与技能有效结合起来,这正是科学的领导方法与高超的领导艺术的巧妙结合。

二、领导沟通的艺术

领导沟通是指在领导活动中,领导者和组织成员之间、领导者之间或是不同的部门之间,凭借一定的媒介和通道传递领导思想、感情、观点或交流情报、信息,以期达到相互了解、相互支持和相互认同的目的,进而实现组织和谐有序发展的领导活动过程。[①]　通过良好的沟通,可以帮助领导者快速地收集到信息,达成思想上的共识,提升组织凝聚力和工作合力,促使共同目标的实现。

（一）常见的几种沟通方法

在现实生活之中,常见的沟通方式有以下几种:一是口头沟通方式。口头交谈包括谈话、演讲等多种形式。口头沟通的优势在于能够快速传递信息和迅速获取反馈。通过这种方式,信息能够在最短的时间内被传送,并且在最短时间内收到对方的回应。二是书面沟通方式。它具有持久保持、有形呈现、可以核实的特点。通常来讲,发送者与接受者双方都拥有沟通记录,沟通的信息可以长期保持。倘若对信息的内容存在疑问,还可以后续再进行查询。这对于复杂或长期的沟通来说,显得尤为重要。三是非语言沟通方式。一般认为,这种方式应包括体态语言和语调两种形式。领导干部应当注重自身的非语言沟通,比如,在参加新闻发布会或接受采访时,应当在面部表情、肢体动作等方面与场景的气氛保持一致。可以说,此类沟通方式是一种潜意识层面的语言。

（二）提升领导有效沟通的策略

“沟通”是人与人联系的一种方式,更是一门领导艺术。领导者可以从以下几个方面下功夫,学会和掌握沟通的艺术,领导工作才会做得更生动、更扎实、更富有成效。

一是把握沟通意图,充分尊重沟通对象。从某种角度讲,沟通的目的在于协调利益,通过协调利益来建立沟通双方的合作及认同关系。领导沟通要求领导者关注并重视沟通对象的利益与需求,从对方的角度出发开展沟通行为,依据沟通对象不同的性格特点和需求转变沟通方式和策略,如此方能更好地被沟通对象所接受,进而建立起沟通过程中的认同关系。作为领导者,要转变领导沟通思维方式和习惯,从“以己度人”转变为“以人定己”的思维模式,要先知晓沟通对象的实际需要,然后有针对性地调整自己的沟通方式与策略,最终让领导沟通在利他又利己的过程中实现沟通的目的。

二是找准角色定位,实现双赢和相互认同。在沟通过程中,面对不同的沟通对象,领导者所扮演的角色是不同的。找准自身角色定位,恰当地转换角色,乃是实现领导有效沟通的一个重要环节。当面对上级领导者时,自己是下级,应慎用非正式的沟通

---

① 田瑞华:《领导有效沟通的意、位、距》,《领导科学》2009 年第 36 期。

方式,且主要应实施非权力性影响力。保持良好上下级关系,不是欺上瞒下,不是阿谀奉承,也不是人际交往异化流俗,而是为人处世的一门学问。当面对下级、被领导者时,鉴于领导者具有权威资源,可以选择的沟通方式较为多样。可以选择正式沟通的方式,也可以选择非正式沟通的方式;可以施加权力性影响力,也可以施加各种非权力性影响力。当面对同事时,领导者展开的是平行沟通,权威资源的影响力比较小,故尽量实施"不争之道"。当面对服务对象时,身为人民公仆,要以服务的态度和方式进行沟通,要注意以理服人、平等探讨、坚持原则,同时也要留有回旋余地。

三是重视交流过程顺畅,保持沟通持续。领导者应以积极的姿态倾听,做一位好听众,表现出愿意接纳对方的意见和想法的姿态,这样沟通对象才会愿意接纳你,并把他的想法告诉你。当然,在沟通的过程中,还要注重反馈,减少双方误解的产生。如果领导者对某件事十分失望,很可能会对所接收的信息产生误解,并在表述自己信息时不够清晰和准确,这时应该暂停进一步的沟通直至恢复平静。领导沟通在多数情况下并不是一次性就能够完成的,而是持续不断的。组织正是在内部部门之间以及组织与外部环境之间不断的信息传递和交流过程中,不断调整自己并发展壮大的。

三、领导做思想政治工作的艺术

思想政治工作是团结组织成员,完成组织各项任务的政治思想保证,是实现科学领导的有机组成部分,是领导者的职能之一。理想的思想政治工作是晓之以理、动之以情,用真心实意进行感化感召,达到教育人、影响人、提高人们思想政治觉悟的目的。领导者只有做好组织成员的思想政治工作,极大地调动人们的积极性,才能把领导工作做好。

(一)思想政治工作的内涵与作用

思想政治工作亦被称作思想政治教育工作或思想教育,是组织或领导者为实现特定的政治目标,有目的地对其成员施加意识形态方面的影响,以转变他们的思想并引导其行动的一种社会行为。借助思想政治方面的教育,启发组织成员的思想觉悟,提高他们认识世界和改造世界的能力,动员他们为实现当下和长远的目标而努力奋斗。它不但要解决人们的政治立场、政治观点、政治行为等问题,而且要解决人们的世界观、人生观、价值观问题。可以说,思想政治工作就是通过解决人们的思想问题,激发和调动人们的积极性、主动性和创造性的。

思想政治工作在领导工作中举足轻重,其作用主要表现为三个方面:一是教育引导作用。思想政治工作是我们党的优良传统和政治优势,它通过科学的理论教育和思想教育,帮助广大干部群众树立正确的世界观、人生观和价值观,抵制和克服落后思想、腐朽思想的侵蚀;提高人们的道德观念和文明素养,促进社会和谐。二是支持保证作用。思想政治工作是一切工作的生命线,在思想政治工作中,通过形势政策教育、民主法治教育、社会主义道德教育和文化知识教育等,提高人们的思想文化素质,从而为经济发展和社会全面进步提供精神动力和智力支持,是经济建设和各项事业沿着正确方向健康发展的保证。三是激励保护作用。在具体的领导实践中,思想政治工作通过表扬先进、树立榜样等方式,激励人们不断进步,追求卓越。当人们在工作中遇到困难和挫折时,通过思想政治工作给予关心和鼓励,帮助他们克服困难,使人们在面对压力和挑战时保持坚定的信念和不屈的精神。因此,领导者应把思想政治工作作为重要的激励手段,善于把群众的积极性引导好、保护好。

(二)提升思想政治工作艺术

工作艺术是一种富有创造性的工作方法,思想政治工作在创新工作方法时,应努力探求如何提升其工作艺术的问题,才有可能取得最佳的效果。

第一,努力提高语言表达的艺术。领导者做思想政治工作时离不开"说"和"写"。无论是通过谈话来解开员工的心结,还是借助做报告来传达重要的理念和方针;无论是用表扬来激励先进,还是以批评来纠正错误;无论是在座谈中倾听各方意见,还是在动员时激发团队斗志,抑或是通过访谈深入了解情况,这一系列的工作方式都紧密依赖于语言文字的表达。"言之无文,其行不远"。如果一个领导者说话语无伦次、颠三倒四、枯燥乏味、语言单调,都不可能收到好的教育效果。因此,领导者搞好思想政治工作的本事之一,就是要把话说好,把文章写好,把道理讲清楚。这就需要领导者懂得讲话这门艺术,不仅要在理论上加强学习,还要在实践中不断提升自己的语言文字表达能力。

第二,努力强化教育效果的艺术。思想政治工作的对象复杂多变,思想状况也不可能永远保持稳定,有时还会对思想教育产生一定程度的"逆反心理"和"抗药性"。因此,领导者在开展思想政治工作时,要注重方式方法,以达到深入人心、引发共鸣、促进改变的教育目的。领导者要注意因材施教,针对不同员工的个性特点和思想状况,采取不同的教育方案;运用多样化的手段,除了传统的讲座、培训等方法外,还可以结合实际案例分析、小组讨论等,让教育内容更接地气,让组织成员更为主动地参与到教育过程之中,增强他们的体验感。领导者还要适应各种复杂的变化,特别是在当前信息化网络化时代,各种外来文化纷至沓来,这就要求领导者快速适应日新月异的信息技术和不断更新的知识体系,善于运用网络工具,获取有价值的信息和资源,针对工作对象思想上的症结,不断强化教育效果。

第三,善于运用因势利导的艺术。思想政治工作要解决的思想问题大多属于思想认识问题,因此主要是靠"疏导"而不是"堵塞",也就是"因其势而利导之"的方法。因势利导意味着领导者要敏锐观察和发现问题产生的背景、原因,依据不同对象和情境,灵活选择引导方式和策略,强调顺应事物发展趋势来进行引导。比如,当组织成员对某项新政策存在抵触情绪时,领导者不应强行要求其接受,而要从其担忧和顾虑入手,分析政策可能带来的积极影响,再结合其实际情况指出个人和组织如何在新政策下更好地发展。在这里,疏通是前提,引导是关键。因势利导是一种以人为本、科学有效的工作艺术,有助于增强组织凝聚力,有助于推动各项工作顺利进行。

四、领导处理日常事务的艺术

处理日常事务艺术是指领导者基于一定的智慧、学识、胆略及经验,灵活巧妙地运用各种处理日常事务的方式方法,以实现最优组织目标的艺术。日常事务工作具有繁杂、琐碎的特点,处理不当,将会影响整个大局。因此,领导者必须掌握处理日常事务的艺术。

第一,"抓主要矛盾,突出重点"的日常事务处理艺术。日常事务往往纷繁复杂,千头万绪,如果领导者不能清晰地找准关键目标和核心问题,就容易陷入琐碎事务的泥沼。为此,领导者在处理日常事务时,应当从事物的整体联系上去考虑,突出重点,搞好中心工作,避免平均用力和分散精力,"眉毛胡子一起抓"。只有确保在有限的时间和条件下,找准主要矛盾,实现组织的关键目标,才能收到最佳的工作效果。

第二,"十指弹琴"的日常事务处理艺术。"弹钢琴"需要十个指头协调工作,有先有后,有重有轻,有急有缓,才能弹奏出美妙动听的乐章。领导者要具备兼顾各方、协调运作和灵活处理的能力,把"弹钢琴"的艺术应用于日常事务处理之中。一是要善于处理中心工作和其他工作之间的关系。既要抓住中心环节,又要兼顾其他各项工作。中心工作如同主旋律,是决定整体工作方向和成效的关键,必须牢牢抓住。同时,其他工作如同和声,与中心工作相辅相成。二是要注重组织管理中的各种资源和要素的整合与协调,包括组织中的人力、物力、财力等资源,以及不同部门、不同环节之间的关系,都需要领导者如同协调十指的动作一样,进行精准的调配和整合,以实现整体的最优效果。善于"弹钢琴"的领导艺术,实际上是一种整体协调的技能,是领导者实现高效管理、推动工作全面发展的重要能力,需要在实践中不断磨炼和提升。

第三,"反弹琵琶"的日常事务处理艺术。"反弹琵琶"源自敦煌壁画上的一幅仕女图,图中仕女将琵琶置于背后,反手去弹,奏出妙音。在此,借用"反弹琵琶"来指代一种新的领导艺术。这种领导艺术主张领导者在处理日常事务时,要勇于打破常规,破除教条束缚,从多方位和多角度进行考虑,另辟蹊径,通过从反面解决问题,进而实现以反求正,以目促纲的效果。"反弹琵琶"的日常事务处理艺术是领导者突破思维定式、开拓创新的重要手段,能够为解决问题和推动发展带来新的活力和可能性。

第四,"以点带面"的日常事务处理艺术。在日常工作中,这种管理策略意味着从众多事务中挑选出具有代表性和关键作用的"点",经过培育和处理,进而影响和推动"面"的整体发展,或者说是通过抓典型带动整个团队前进的艺术。这种艺术的核心在于选取好的典型。一个好的榜样、优秀的典型,具有强烈的感染力和吸引力,能够产生不可替代的示范、鼓舞和引导作用。领导者要有敏锐的洞察力,善于发现典型,并使先进典型的成功经验和优秀品质广泛传播,引领更多的人学习。抓典型、树榜样,利用典型引路的方法,使领导的工作意图、政策要求具体化、形象化,从而提高工作的针对性、指导性和实效性。

五、领导授权的艺术

用人之要,重在明责授权。如果领导者在处理日常事务时,事无巨细,事必躬亲,即使有三头六臂,也会应接不暇,难免事与愿违。因此,领导者要学会授权的艺术,把它作为一个巧妙的分身术,不仅可以减轻领导者的工作负担,而且能有效地延伸管理,提高办事效率。授权就是上级授给下级一定的权力,使其在一定监督之下有相当的自主权和行动权。

(一)授权的原则

领导者授权的目的就是完成组织任务,实现组织目标,这就要求领导者在授权过程中遵循一定的授权原则。

一是合理授权原则。领导者授权的动机、程序、途径必须是正当的、合理的。必须明确授权是为了组织工作的需要,是为了提高领导工作的效能,是为了锻炼和培养新人,而不是出于主观随意性,更不是搞任人唯亲、满足个人的一己私利。

二是逐级授权原则。除特殊情况下,领导者只能对直接下属授权,绝对不能越级授权。否则不但会让中间领导者的工作陷入被动局面,还容易造成管理层次的混乱,扰乱权力纵向隶属关系,影响上下级之间的团结,挫伤下级的积极性和创造性。

三是权责一致原则。领导者在授权时,不仅要明确界定被授权者的权力范围,还应明确他们所承担的职责,必须做到有权有责、权责匹配,防止出现有权无责或有责无权的情况。

四是适度授权原则。授权的关键在于把握"度"。首先,量力授权。领导者应根据自己的权力范围、下属能力强弱和水平高低,来确定授予下属的权力和责任,所授之权既不能超过被授权者能力限度,也不能授权不足。其次,酌情加码。重要的、关键的权力,授予下属时要根据事态的发展酌情加码。最后,弹性授权。正确的授权不是放任,而是保留某种控制权,授予下属的权力可大可小、可轻可重、可多可少,既要授得出又能收得回。

五是信任授权原则。"疑人不用、用人不疑",领导者应充分信任被授权者。领导者授权后,应当相信其能够胜任所分配的任务,给予其足够的自主空间,并积极支持和为其创造良好条件,决不能处处掣肘,事事苛求,时时责备。

六是有效监控原则。权力授予下属后并非万事大吉,必须对被授权者的行为进行有效监控,以确保领导目标顺利实现。在明确权责的基础上,实行跟踪监督,即授权者要不断跟进检查被授权者的工作,掌握信息反馈,了解进展情况,及时引导和纠正偏离领导目标的行为。要及时调控,对不能胜任者及时更换,对滥用职权、违法乱纪者,及时收回权力并严惩。

(二)授权的技巧

领导者授权不仅要依据一定的原则,还要采取适当的技巧。由于领导者的授权动机各异,存在不同的授权技巧。

一是柔性授权。领导者对下属只指示工作范围、事项以及所要达到的目标,至于完成目标的具体方法和途径,则由被授权者自己决定。这样被授权者就有很大的自由活动空间,能够因地制宜、随机应变地处理各种问题。若下属精明强干,所要处理的事务又比较复杂多变或者任务重大而艰巨,难以定量,更多需要下属发挥主动性和创造性时,通常采取柔性授权。

二是刚性授权。刚性授权恰好与柔性授权相反。领导者对下属的工作、责任及权力范围均有明确的指示和交代,下属基本上是照章行事。这类授权适用于工作难度较小、程序化的管理工作。

三是不充分授权。凡是在具体工作不符合充分授权的条件下,领导者应采用不充分授权的方式。如对于某项重要工作,领导者往往要求下属在认真调研的基础上提出解决问题的所有可行性方案，或一整套完整的行动计划，经领导选择审核后，批准执行方案，并将执行中的部分权力授予下级。

四是弹性授权。领导者在面对复杂的工作任务或对下属的能力、水平把握不充分，或客观环境复杂多变的情况下，宜采用这类授权法。例如单项授权，即把解决某一特定问题的权力授予下属，问题解决后权力收回；又如定时授权，即在一定时期内将权力授给下属，到期后权力即刻收回。弹性授权方法具有很大的灵活性。

五是制约授权。授权领导者将某项任务的职权分解成两部分或若干部分，分别授予几位不同的下属，使他们相互制约、相互监督以及相互取长补短，这样可以有效地防止工作中出现偏差、漏洞和滥用职权，这是一种借助下属之间相互制约的授权技巧。

六是引导授权。领导者把权力授给下属之后，既不是放任不管，也不是横加干涉，而是要为他们提供必要的指导和控制，全力支持、协助他们解决具体困难，防止他们偏离工作目标。

总之，不管运用哪一种授权技巧，都应依据具体情况具体分析，让授权切实围绕工作目标的达成来进行，从而实现授权的目的。

第三节　不断改进领导方法与提升领导艺术

现代领导工作具有复杂性和多变性，要使领导工作卓有成效，领导者不仅要掌握领导科学的原则和方法，还要有灵活驾驭领导理论、方法以解决实际问题的技巧，也就是领导艺术。在实践中不断加强修炼，能够大大提高领导活动绩效，促进领导目标的实现。

一、领导方法与领导艺术事关领导工作成败

讲究工作方法，提高领导艺术，是我们党对领导干部一贯倡导的工作作风，也是每一位领导干部永无止境追求的工作目标。从地方到中央，习近平总书记对领导艺术和领导方法作过很多重要论述，他曾指出："一个高明的领导，讲究领导艺术，知关节，得要领，把握规律，掌握节奏，举重若轻。"①作为领导干部，为了圆满完成党和人民赋予的各项工作任务，必须根据组织的工作实际，不断地改进自己的领导艺术与工作方法，使组织始终沿着健康的道路前进。在实践中，领导者特别要注意搞好以下三个方面的结合：

---

① 习近平：《之江新语》，浙江人民出版社 2007 年版，第 27 页。

第一，将对上负责与对下负责相结合。各级领导干部一般都处在"承上启下"的位置，是对上负责与对下负责的接合部。对上负责意味着要充分吃透上级精神，坚决贯彻上级的决策部署、政策方针和工作要求；对下负责就是要摸准"下头"实情，关心和了解基层群众的需求、利益和期望，切实掌握不同人员的"脉搏"。对上负责与对下负责相结合，就要处理好对上和对下的关系，形成一个良性的工作循环。

第二，将行使领导权力和实施个人影响力相结合。领导者行使领导权力，通常依托于组织所赋予的职位与职责，使领导者能够在明确的职责范围内做出决策、调配资源、管理团队等。但在实际工作中，仅仅依靠这种正式的权力往往是不够的，大量的工作实践表明，做好领导工作，需要一种感染力和号召力，即通常说的威信。威信来自于权力的行使和个人影响力的塑造，而这种个人影响力是通过自身人格魅力、价值观、专业知识、经验等非职权因素来影响他人的。行使权力使人们产生一种被动的服从心理，而个人影响力则会使人们从心里佩服和仰慕，心悦诚服地服从。因此，作为领导干部，在行使行政权力的同时，要更加注重个人影响力的培育，并使两者有机地结合，发挥更好的效能。

第三，将管理人与尊重人相结合。领导干部的职责就是要针对本单位的实际，按照有关规章制度，对本单位实施有效的管理，以保证组织的正常运转，提高工作效率和工作质量。然而，人不同于机器，每个人都是具有独立思想、情感的个体，都有渴望获得尊重的需要。在管理过程中强调尊重人，注重对人的人格、需求、意见和价值的充分尊重，有助于提高人们的归属感和忠诚度，激发人们的工作积极性。领导者应注意运用各种管理方法、制度规范人们行为，也要注意听取下级建设性的意见，对有利于完成工作的应当予以采纳。管理人与尊重人相结合，有助于促进团队成员之间的合作沟通，营造和谐、开放的组织文化。

二、不断完善"四下基层"工作法

"四下基层"即领导干部"宣传党的路线、方针、政策下基层，调查研究下基层，信访接待下基层，现场办公下基层"，是习近平在福建工作时大力倡导并身体力行形成的工作方法和工作制度。"四下基层"本质上是实践主体在充分认识、深刻把握客观对象的现存状况基础上进而改造客观对象的创造性活动。

（一）"四下基层"的理论内涵与价值追求

"四下基层"呈现了习近平新时代中国特色社会主义思想在福建孕育和实践的光

辉历程,集中体现了党的根本宗旨、作风操守和优良传统,是马克思主义世界观和方法论的有机统一。

第一,以人民为立足点,密切联系群众。"四下基层"坚持历史唯物主义群众观,既科学回答了在新的历史条件下"怎样尊重人民主体地位、怎样保持同人民群众的血肉联系、怎样做好群众工作"等重大问题,又蕴含着走好群众路线的科学方法论,是对党的群众路线的继承和创新。一切为了人民、一切依靠人民、践行党的宗旨、矢志为民造福,是"四下基层"的精神实质和实践要求。福建宁德曾是信访大户,让干部们焦头烂额,习近平反复强调,群众跑几十里路上访就是因为他们有苦、有难、有问题要解决,要变群众上访为干部下访,变被动为主动。"四下基层"通过"下基层"进行调查研究、现场办公、信访、宣传等,把群众的意见集中起来,整理、归纳进而提升为统一的意见,形成政策再回到群众中去,使党的路线方针政策代表人民意见、体现人民意志,成为人民群众自觉主张。问题在哪里,决策是否对头,政策管不管用,答案都在人民群众之中。

第二,以问题为导向,坚持实事求是。"四下基层"要求深入基层、深入群众、深入调查基层的难题、群众的疾苦,实事求是地摸透问题,科学分析问题,找准突破口,最终找到解决问题的办法。习近平总书记曾指出:"最基础的工作在于搞清楚'实事',就是了解实际、掌握实情""关键在于'求是',就是探求和掌握事物发展的规律。"[1]"四下基层"要求领导干部转变工作方式,不能只在办公室里看问题、想办法,而是必须"下基层"了解,杜绝"拍脑袋"决策,强调"做"字功。只有这样,才能使对事物的主观认知与客观事物相符合,提高决策的科学性。当年,习近平跋山涉水三进下党村访贫问苦,现场办公并协调解决下党村公路和水电建设、下屏峰村灾后重建等问题;他11次到三明市调研,提出"青山绿水是无价之宝"的重要论断,前瞻性提出建设"生态省"的战略构想。"四下基层"聚焦问题核心和基层实际,是坚持问题导向、目标导向和结果导向相统一的创新之举。

第三,以办实事为落脚点,体现求真务实的工作作风。造福于民,要与民相知心,这就要切实改进领导作风,深入群众,密切党同人民群众的联系;造福于民,最重要的是做人民公仆,为人民办实事。"四下基层"要求各级领导干部始终牢记宗旨意识、永葆公仆情怀,为群众办实事,要扎扎实实,坚持不懈。宣传党的路线、方针、政策下基层,为老百姓释疑解惑、凝聚共识,打通基层理论宣讲"最后一公里";调查研究下基

① 习近平:《坚持实事求是的思想路线》,《学习时报》2012 年 5 月 28 日第 1 版。

层,摸清民意、科学决策,将群众的呼声转化成政策的哨声;信访接待下基层,设身处地为群众排忧解难,把信访工作做到群众家门口;现场办公下基层,深入一线解决问题,形成了狠抓落实的好局面。

(二)"四下基层"的时代要求与推进路径

新征程上,要把持续深化"四下基层"作为学习贯彻习近平新时代中国特色社会主义思想的具体实践,全面贯彻新发展理念,走好新时代群众路线,要坚持好发扬好"四下基层"这一传家宝。

第一,发扬优良传统,提高调查研究的能力。"四下基层"的核心在于坚持人民至上,关键则是调查研究。"四下基层"丰富了调查研究的内容,拓展了调查研究的路径,被实践证明是密切党群关系、解决一线问题的有效手段。在新时代新征程上,全党上下大兴调查研究之风,要把调查研究作为谋划工作的起点、科学决策的依据,促使党员干部乐于开展调查研究、善于开展调查研究,成为调查研究的"能手"。领导干部要在这一过程中,虚心拜人民为师,问需于民、问计于民,不断解决人民群众"烦心事、操心事、揪心事",不断提出真正解决问题的新理念新思路新办法。

第二,注重融会贯通,促进"四下基层"常态化。"四下基层"是一个相互关联、内在贯通的有机整体,不但要把握个体要义,还要发挥整体效能。就个体而言,宣传党的路线、方针、政策是基础,调查研究是关键,信访接待是切口,现场办公是归宿。就整体而言,四者立足于"下",植根于"民",相互渗透,相互转化,形成相互补充、相得益彰的系统工作体系。用普遍联系的观点把握"四下基层",注重融合,保持常态,把党的群众路线贯穿于基层工作全过程各环节。要避免为了"下基层"而下基层,不仅劳而无功,反而增添基层负担,陷入形式主义、官僚主义的泥潭。

第三,坚持行动至上,在实践中锻炼本领。习近平强调指出:"我不主张多提口号,提倡行动至上。"[①]全心全意为人民服务必须落实到造福人民的具体行动中。方针政策一旦确立,党员干部就要真抓实干,在行动中检验政策,不断探索总结,把党的好政策落实到位。要采取多样化措施推进宣传党的路线、方针、政策下基层,聚焦基层理论需求,打造"点单式"宣传模式,讲清讲明党的路线方针政策,讲活讲透党的创新理论。对于改革中的难题大题,更要坚持行动至上,在实践中找办法、在人民中找答案;要采用走访调查、蹲点调查、典型调查、实地考察等多种方式,实打实察民情、知民意。

---

① 习近平:《摆脱贫困》,福建人民出版社1992年版,第65页。

围绕信访突出问题和疑难复杂问题推进信访接待下基层,灵活采取开门接访、进门约访、登门走访、上门回访、线上随访等方式纾解民困。推进现场办公下基层,把问题解决在一线、矛盾化解在一线、工作落实在一线。实践证明,越是急难险重的任务,越能锻炼人,必须不断增强领导干部为民办实事的本领。

三、在领导变革中不断改进领导方法

我们正处于一个变革的时代。面对经济背景和社会环境的巨大变化,领导者的思想观念和领导方式方法也应实现新的转变。

第一,由封闭式向开放式转变。随着世界多极化、经济全球化、社会信息化、文化多样化的进程加快,科学技术的迅速发展,不断改变人们的生活方式;信息技术的发展和应用,大大密切了社会各方面的联系;知识的创造、储存、学习和使用方式也发生了巨大而深刻的变化,学习型组织正在形成。这些新趋势的出现,客观上要求组织管理和领导方式需要适应这种变革潮流,实现由传统封闭式领导到现代信息化领导的转变。电子政务的不断推进,极大提高了工作效率,信息壁垒被逐渐打破。过去相对封闭的模式通常表现为信息的内部流通、资源有限共享以及相对孤立的运作方式,已经不合时宜,而开放式的转变意味着打破边界,要实现跨部门、跨组织的交流合作与信息共享。

第二,由单向式向交互式转变。在传统的社会环境和组织架构中,信息和指令呈单向式传递,上级做出决策,下级接受并执行,决策者很难了解基层的基本情况。作为行政领导的中间层,又缺少横向沟通,容易产生政出多门的问题。而在当今信息化社会,信息通过互联网快速传播,公众可以通过网络平台了解政府发布的信息并对政府决策发表意见。政府各部门之间的联系也更加紧密,形成互为彼此的交互式管理,这些促进了领导决策的科学化和民主化。领导者要改变传统的单向传输式的领导方式,改进与下属的互动行为,使上下级之间形成相互信任、相互尊重、相互影响的交互式关系,从而达成合作默契,以更好地为社会服务。

第三,由"暗箱式"向透明式转变。如果把行政系统视为一个"暗箱",那么系统外的人便不了解系统内的运行。这种方式意味着决策过程、信息流通、资源分配等都隐藏在不透明的幕布后,就会产生神秘感。在这样的环境下,权力的行使得不到有效监督和制约,容易滋生腐败和权力滥用。只有公开、透明的行政,才能使"顾客"了解政府政策、办事程序,才能增强公众对权力机构和组织的信任。领导者必须要具备开放的心态,打破传统思维模式,摒弃隐藏和遮蔽信息的习惯,在政务活动中实行公开化。

同时,注重倾听来自基层和社会各界的声音,充分吸收合理的意见和接受社会监督。

第四,由"管制"式向服务式转变。要转变行政领导模式,创立以服务为中心的政府领导机制,就要站在社会与公众的立场更好地为公众服务。促进领导由管制型转变为服务型,管理者不再充当发号施令的权威角色,而是服务的提供者。这就要求领导者转变传统的"管制"工作思维和方式,树立公共服务意识,从服务对象出发思考问题,主动了解群众的需求和困难,并积极提供解决方案。同时,也要求采用先进的运作方式,包括运用数字化和网络技术,推进电子政务,提高行政效率和公共服务效能。

四、不断彰显领导者的人格魅力

领导干部的人格魅力,主要是理想信念、道德风范、知识修养、心理素质、言谈举止等方面的综合体现,是一种权力之外对他人的影响力。正如《孟子·公孙丑上》中所说:"以力服人者,非心服也,力不赡也;以德服人者,中心悦而诚服也。"在开展组织工作中,人格魅力是一种具有强大吸引力和感染力的特殊气质与宝贵精神资源,是一种能够激发和号召下属不断前进的精神动力与心灵旗帜。

(一)领导干部人格魅力的结构

领导干部人格魅力的结构因素,至少包括品德魅力、才能魅力、气质魅力和仪表魅力等四个方面。

一是品德魅力。道德品质包括诚实守信、正直公正、廉洁奉公、责任心强等。《论语·为政篇》云:"为政以德,譬如北辰,居其所而众星共之。"这就告诉我们,从政为官者要有品德,才能得到群众的拥护。如果仅仅依靠手中权力发号施令,则是很难使人信服的。可以说,领导干部品德素质的优劣,直接关系到领导干部对下属或者组织成员的凝聚力和他们对于组织的向心力。领导者的品德魅力是一种无形的力量,能够赢得下属尊重和信任,在群众中树立起威望。

二是才能魅力。一个领导干部只有具备与职位相匹配的知识、技能和才能,履职尽责才会得心应手。知识广博、能力出色的人,会在组织中产生强大的吸引力,在其周围形成一个能够吸引周围群众的磁场。而干不出业绩、能力平平甚至无能的领导干部,不仅难以得到下属与周围群众的认可、支持与尊重,还会让人怀疑产生不信任感。

三是气质魅力。通过领导的内在修养和外在表现综合而成的精神面貌也会具有影响力。有的领导干部给人以高雅、高洁、恬静与温文尔雅的气质形象,而有的领导干部给人以豪放大气、不拘小节、说到做到、雷厉风行的气质形象。这种气质魅力,离不开个人的先天素质,但是后天的修养具有重要的决定作用。

四是仪表魅力。领导者的仪表包括穿着打扮、举止等方面,反映其整体形象。良好的仪表体现出领导者的文化教养和审美水平,也是其自信心的表现。如果领导者在工作中能够做到服饰得体、举止文雅、精神饱满,就能引起下属和群众积极愉快的情绪体验,使他们产生对领导的敬爱、亲近的心理倾向,有助于工作的组织进行和群众参与。

(二)提升领导干部人格魅力的途径

领导干部的人格魅力并不是与生俱来的,是经过后天修炼而成的。要成为一个领导艺术高明的优秀人才,就要在四个"力"上下功夫。

第一,要筑牢信念,增强坚毅力。一个理想信念缺失、精神上缺钙、经不住风雨、挡不住诱惑、思想蜕变、人格扭曲的人,毫无魅力可言。不忘初心,方得始终。领导干部只有筑牢坚定的信念,坚守正道、坚守原则、坚守规矩,才能在复杂多变的环境中保持清醒的头脑,不被诱惑所动摇,不被困难所吓倒,才能在挫折面前不屈不挠,在逆境中砥砺前行。这种坚韧不拔的品质,不仅能够为领导工作带来实质性的成果,更能赢得他人的尊重和敬佩。

第二,要修身立德,提升凝聚力。人无德不立,国无德不兴。《论语·宪问篇》认为:"修己以敬""修己以安百姓"。修养好自己的品德,能认真谨慎地对待一切,修养高尚的品德,可以治国平天下。修身立德对于领导干部而言,是提高人格魅力的关键所在。2018年3月,在全国两会期间,习近平总书记在参加重庆代表团审议时特别指出,政德是整个社会道德建设的风向标。立政德,就要明大德、守公德、严私德。他要求领导干部在政治品德、职业道德、社会公德、家庭美德等方面都要过硬,而"最重要的是政治品德要过得硬"[①]。明大德,就是要铸牢理想信念、锤炼坚强党性,在大是大非面前旗帜鲜明,在风浪考验面前无所畏惧,在各种诱惑面前立场坚定,这是领导干部首先要修好的"大德"。守公德,就是要强化宗旨意识,全心全意为人民服务,恪守立党为公、执政为民理念,自觉践行人民对美好生活的向往就是我们的奋斗目标的承诺,做到心底无私天地宽。严私德,就是要严格约束自己的操守和行为。为官先做人,做人必修身。领导干部以这样的人格魅力取信于民,就会形成强大的凝聚力。

第三,要积极作为,加强感召力。领导干部要有强烈的事业心和责任感,不能安于现状、墨守成规,要勇于探索创新,善于抓住机遇,为组织的发展开辟新的道路。有的

---

① 习近平:《努力造就一支忠诚干净担当的高素质干部队伍》,《求是》2019年第2期。

领导干部缺乏魄力,遇事前怕狼后怕虎,优柔寡断,让他人无所适从,导致威信打折扣,人格魅力被弱化。有的领导干部面对复杂环境,瞻前顾后、不敢碰硬,影响了工作成效。领导干部要积极作为,在搏击风浪中增长胆识和才干,在团队中树立榜样,带领组织成员团结起来,感染大家的工作热情和创造力。在这样的人力魅力的感召下,团队成员也会受到鼓舞和激励,愿意跟随其步伐,为实现共同目标而拼搏。

第四,要与人为善,提升亲和力。领导干部要严于律己,宽以待人,做到与人为善。对待下属和同事时,秉持真诚、友善和尊重的态度,不摆架子、不居高临下,而是以平等的姿态去交流和沟通。善于发现他人的优点和长处,给予肯定和鼓励;对待成员要严管与厚爱相结合,既要注意教育引导,也要注意用制度管人;要实实在在关心他们,帮助解决生活中遇到的困难,在组织成员中建立起信任和友好的关系,这样有助于信息交流畅通,提高工作效率,同时也能增强团队的合作精神和协作能力。领导干部既有威严,又有亲和力,有利于营造积极向上、和谐融洽的工作氛围,为组织发展注入强大的动力。

总之,领导干部应加强人格魅力修养,以增强自身的吸引力和影响力,为带领群众做好各项工作打下基础。

【思考题】

1.阅读材料回答问题

1949年党的七届二中全会,毛泽东提出工作重心从农村转向城市,这就是战略转变。1953年又提出从新民主主义转向社会主义过渡,1956年八大又把工作重点转向经济建设等等,这都是大的转变。围绕一个工作领域也有一个战略转变的问题。

新中国成立以后的外交开始是一边倒向苏联,1954年周恩来率中国代表团参加了日内瓦会议回来跟毛泽东汇报,谈到了西方外交界的一些动向,毛泽东立刻意识到我们的外交战略要有所变化。毛泽东在1954年7月7日就说了,现在看来我们要把门关死是不可能了,有一种有利的局势需要我们走出去,对我们的外交战略要进行一些调整。1964年中国和法国建立了外交关系。这个举措在党史上影响是非常大的,因为西方世界孤立我们,我们跟法国建交就意味着我们在西方的封锁圈里撕开了一道裂口。

在上世纪60年代美国依然孤立我们,中苏关系又闹僵了。毛泽东又作出了一个战略转变,就是特别重视亚非拉穷朋友,并且形成了三个世界划分的理论。到了70年代初期美苏争霸,苏联取攻势,美国取守势,而这个时候我们的主要威胁又是苏联了。在这种情况下,毛泽东又作出了一个战略转变——联美抗苏,打开了中美关系的大门,为新中国外交打开了一个新的局面。

——摘自李拓《论毛泽东的战略思维与领导艺术》(《中国延安干部学院学报》2014 年第 4 期)

结合材料回答以下问题:

(1)结合上述材料,分析毛泽东的战略思维。

(2)谈谈毛泽东战略思维的核心价值及当代意义。

2. 阅读材料回答问题

1982 年爆发的英阿马岛之战,以英国的胜利而告终。决定双方胜负的除了国力差别外,还有一个十分重要的因素,就是当时任英国首相的撒切尔夫人在战争中发明了独特的“委托式指挥法”。……在阿根廷以武力收复英军占领的马尔维纳斯群岛后,英国决定以战争来夺回马岛。尽管英国此时已成为二流军事帝国,但是国力远比负债累累、通货膨胀的阿根廷强大得多。但是,这次战争是一次远涉重洋的万里远征。在特遣舰队出发前,当时担任首相的撒切尔夫人召见了舰队司令伍德沃德少将并询问他:“你需要什么?”伍德沃德少将的回答是令人吃惊的:“权力。真正指挥舰队的权力。我不要别人干涉我,包括您和战时内阁。”撒切尔夫人当即授予他除了进攻阿根廷本土以外的一切权力。于是,在西方领导科学的历史上首次诞生了一种新的指挥法——“委托式指挥法”。无独有偶,在伍德将军率队到达马岛后,命令突击部队司令官穆尔少将登陆时也同样问道:“你还需要什么?”穆尔的回答也几乎是一模一样:“权力。真正指挥突击队的权力。”于是,英军以最快的速度、最小的代价夺取了战争的胜利。

——摘自曲彦《“委托式指挥法”的实用价值》(《领导科学》2013 年第 36 期)

结合材料回答以下问题:

(1)结合领导者授权艺术,分析撒切尔夫人的做法。

(2)结合本章所学内容,谈谈领导者该如何做到有效授权。

第七章　领导作风与领导文化

　　本章主要介绍领导作风和领导文化两个方面问题。习近平总书记指出："党风问题关系执政党的生死存亡。"①领导作风是党的作风建设的主要内容，对领导工作至关重要，关系人心向背，关系党和国家的公信力和合法性。领导文化建设是中国特色社会主义政治文化建设的重要任务，是影响和推动领导实践的文化引擎，是提升领导力的深刻的、内在的、持久性变量。领导作风建设可助推领导文化发展，增强领导自觉和领导能力。

第一节　领导作风

　　领导作风不仅关系到党的执行力和凝聚力，还对政治生态、政党形象、社会风尚等产生重要影响。深刻理解领导作风的内涵和内容，充分认识加强领导作风建设的重要意义，有助于推进党的作风建设。

一、领导作风的内涵与内容

（一）领导作风的内涵

　　作风是指主体在思想、工作和生活方面表现出来的比较稳定的态度或行为风格。领导作风是指作为领导活动主体的领导者在领导机构和领导活动中呈现出来的思想、工作和生活方面较为稳定的工作态度或行为风格。

　　领导作风涉及以下几个要素：一是领导者。领导者是领导作风的主体，领导作风是领导者内在涵养的外在体现。二是领导机构。领导机构是领导者展现领导作风的

---

　　① 习近平：《习近平著作选读》第一卷，人民出版社 2023 年版，第 56 页。

场域和组织载体。三是领导活动。领导活动是领导作风体现的主要依托,是领导作风展示的关键环节。四是工作态度。工作态度是领导者所持有的稳定的心理倾向,包括其主观评价以及由此产生的行为倾向性。五是行为风格。领导者个体或领导集体往往会呈现出一些行为特点。领导作风的本质是领导者世界观、人生观、价值观的体现。

(二)领导作风的内容

由于领导活动十分复杂,所以领导作风包含的内容也十分广泛,主要体现在以下三个方面:

1. 思想作风

思想作风是领导者在思考和处理问题时体现出来的一贯性的基本态度和思维特点。在社会主义条件下,领导者在思想上要做到一切从实际出发、解放思想和与时俱进,用辩证唯物主义观点去观察和处理问题。领导者要随着时代的发展和实践的深化,不断提高思想认识,才能适应不断发展的新形势和新要求。

2. 工作作风

工作作风是领导者在工作中所体现出来的行为特点,是贯穿于工作过程中的一贯风格。从党内来看,党的群众路线是党的根本工作路线,保持同人民群众的血肉联系是党的工作作风建设的核心问题,也是领导作风建设的重要内容。加强和改进工作作风,必须坚持群众路线,坚决反对形式主义和官僚主义,真正做到权为民所用、情为民所系、利为民所谋。

3. 生活作风

生活作风是领导者在日常生活中形成的生活态度和行为模式,是领导者的思想品质、道德观念、文化素养和行为方式在日常生活中的综合反映。加强领导干部的生活作风建设,必须教育和监督领导干部树立正确的权力观、地位观和利益观,坚持清正廉洁,反对以权谋私;坚持艰苦奋斗,反对享乐主义;模范地遵纪守法,管住小节,挡住诱惑,加强思想道德修养,追求健康的生活情趣。

二、领导作风关系人心向背

作为"关键少数"的领导干部是党和国家事业发展的骨干力量,他们既是政策制定和执行主体,又是党政形象的代言人,在中国特色社会主义新时代发挥着举足轻重的引领作用。① 领导干部的作风是党政形象的一面旗帜,"克服不良作风,树立优良作

---

① 杨畅:《毛泽东关于领导干部作风建设思想及其当代启示》,《马克思主义理论学科研究》2022 年第 10 期。

风"是领导作风建设的两个方面。

(一)克服不良作风

1. 不良领导作风的表现

不同领导者身上的不良作风不尽相同,但是可以从中总结出较为普遍的问题,主要表现在以下方面:一是领导者在思想和信念上不坚定。习近平总书记号召全体党员要"不忘初心、牢记使命",然而少数领导干部在利益诱惑面前忘记了初心、缺失了担当、迷失了自我,甚至是非不明、善恶不分、政治立场不坚定。二是领导者工作不认真履职尽责。如组织观念不强、工作马马虎虎、做事拈轻怕重、遇到问题绕着走。三是领导者生活上贪图享受。具体表现在生活腐化堕落、追求低级趣味、过分追逐名利、贪图享受。除此之外,不良领导作风还有形式主义、官僚主义等。

2. 不良领导作风的危害

领导干部不良作风危害极大,在给领导者个人发展带来消极影响的同时,还有以下严重危害:一是损害组织形象,败坏党风政风。领导干部的不良作风会败坏党的组织形象、降低政府的公信力、恶化政治生态,不利于党和政府的合法性建设,后果极其严重。譬如,理想信念不坚定、党性意识不强、担当意识不够,会弱化领导干部的事业心和责任心,致使其思想松懈,不作为、假作为、乱作为。二是危害人民利益,激化党群和政社矛盾。民心是最大的政治。党群关系似鱼水深情,好比种子和土地,相依相伴。不良作风消解领导干部为人民服务的初心,挫伤为人民服务的积极性,消减立党为公、执政为民的意志和热情,致使领导干部思想上滑坡、政治上变质、经济上贪婪、道德上堕落、生活上腐化,人民深恶痛绝。领导干部不良作风玷污社会风气和共产党人政治本色,加深人民内部矛盾,影响干群关系和政社关系。三是弱化执政能力,动摇执政根基。党和政府的根基在人民、血脉在人民、力量在人民。少数领导干部的不良作风背离了初心使命、动摇了政治立场、背弃了优良作风,若不加以规制,不及时制止这些不良作风,任其在党和政府中蔓延,必然弱化党的执政能力及政府的治国效能,动摇党和政府的政治基础、思想基础、组织基础和群众基础。

(二)树立优良作风

1. 树立优良作风的必要性

习近平总书记在 2021 年春季学期中央党校(国家行政学院)中青年干部培训班的开班式上指出:"我们党团结带领人民取得了革命、建设、改革的伟大成就,很重要的一条就是我们党在长期实践中培育并坚持了一整套光荣传统和优良作风。这些光荣传统和优良作风是我们党性质和宗旨的集中体现,是我们党区别于其他政党的显著标志。党要得到人民群众支持和拥护,就必须持之以恒发扬党的光荣传统和优良作风。"①作风攸关事业成败,关乎党的形象,关系到党的生死存亡。树立优良作风是党和国家推进治理体系和治理能力现代化的必然要求。

优良作风是党和政府带领中国人民迈向新征程的重要法宝。在中国特色社会主义新时代,在新征程上仍然面临更加复杂的国际国内环境,政治安全风险、经济发展风险、社会稳定风险、外部环境风险等交织在一起。大力弘扬党的光荣传统和优良作风,可以在思想上激励领导干部在新征程上更加奋发有为、愈发积极进取。

优良作风是新时代党和政府加强领导干部队伍建设的根本遵循。在社会主义市场经济条件下,领导干部面临巨大的利益诱惑,容易受享乐主义裹挟。一些领导干部禁不住诱惑,导致消极腐败、脱离群众、慵懒涣散、骄奢淫逸等现象时有发生。树立优良作风有利于助推新时代全面从严治党向纵深发展。

优良作风是党和政府获得人民群众拥护和支持的重要法宝。过去,党以优良的作风赢得了广大人民群众的支持和拥护,在极其艰苦的环境中,党团结带领人民群众取得了新民主主义革命的伟大胜利、创建全新国家制度体系、开辟中国特色社会主义道路、坚持和发展中国特色社会主义、全面开启社会主义现代化建设新征程等一系列世界罕见的巨大成就。如今,迈入新发展阶段,我们党不忘初心,继续传承与弘扬传家宝,将党的光荣传统和优良作风视作干事创业的根本遵循和行动指南,必将进一步凝聚人心、赢得民心,进而在新征程上展现新作为、创造新业绩。

2. 中国共产党的优良作风

理论联系实际的作风、密切联系群众的作风、批评与自我批评的作风并称为中国共产党的三大优良作风。理论联系实际的作风是指将马克思主义及其在中国的发展理论与中国革命、建设、改革和治理实践相结合,坚持一切从实际出发、实事求是的作风;密切联系群众的作风是指党的各级组织和党员干部要和党内外的群众结合在一起,密切党同人民群众的联系,一切依靠群众,一切为了群众,一刻也不脱离群众;批评与自我批评的作风是指党内同志之间及对党员同志思想上、作风上、工作中存在的缺点、错误,提出真诚而又严肃的批评,帮助犯错误的同志提高认识,取得进步,并且对自身的缺点、错误认真地进行自我剖析、自我检查,提出改进举措,吸取深刻教训,正确处

---

① 《立志做党光荣传统和优良作风的忠实传人　在新时代新征程中奋勇争先建功立业》,《人民日报》2021年3月2日第1版。

理和有效地解决党内矛盾,克服缺点,纠正错误的科学方法。

除上述三大优良作风外,中国共产党在社会主义革命、建设和改革中还形成了谦虚谨慎、戒骄戒躁、民主集中、艰苦奋斗、廉洁奉公等优良作风。

三、作风建设永远在路上

作风建设永远在路上,主要是指党的作风关系到党的生死存亡,作风建设始终是摆在党和政府面前的一项重大而紧迫的任务,只有进行时,没有完成时。领导作风建设是一个长期的过程,是一项常态化的任务,是保持党的先进性和政府高效性的内在要求。

(一)党的作风建设需要与时俱进

1949 年 3 月,毛泽东在党的七届二中全会上指出:"夺取全国胜利,这只是万里长征走完了第一步。……中国的革命是伟大的,但革命以后的路程更长,工作更伟大,更艰苦。这一点现在就必须向党内讲明白,务必使同志们继续地保持谦虚、谨慎、不骄、不躁的作风,务必使同志们继续地保持艰苦奋斗的作风。"[1]这就是"两个务必"。

习近平总书记在党的二十大报告中,第一次提出了"三个务必",这就是:"全党同志务必不忘初心、牢记使命,务必谦虚谨慎、艰苦奋斗,务必敢于斗争、善于斗争,坚定历史自信,增强历史主动,谱写新时代中国特色社会主义更加绚丽的华章。"[2]这"三个务必"与毛泽东 70 多年前提出的"两个务必"既一脉相承,又与时俱进,既是历史发展、理论发展的逻辑必然,也是党顺应历史大势、把握历史主动的铿锵回答。从"两个务必"到"三个务必"的发展,是中国共产党优良传统和作风的历史继承,是历史自信中的理论升华,具有强烈的时代意蕴。"三个务必"是确保我们党在新时代新征程中"不变质、不变色、不变味"的重要法宝,是党的光荣传统和优良作风的传承升华。

(二)领导干部的作风问题需要常抓不懈

作风问题是一个根本性和长期性的问题,解决这一问题具有艰巨性和复杂性,必须保持忧患意识和清醒头脑。习近平总书记指出:"作风建设是攻坚战,也是持久战。这么多年,作风问题我们一直在抓,但很多问题不仅没有解决、反而愈演愈烈,一些不良作风像割韭菜一样,割了一茬长一茬。症结就在于对作风问题的顽固性和反复性估计不足,缺乏常抓的韧劲、严抓的耐心,缺乏管长远、固根本的制度。"[3]

---

① 《毛泽东选集》第四卷,人民出版社 1991 年版,第 1438—1439 页。
② 习近平:《习近平著作选读》第一卷,人民出版社 2023 年版,第 1—2 页。
③ 习近平:《在党的群众路线教育实践活动总结大会上的讲话》,《人民日报》2014 年 10 月 9 日第 2 版。

（三）坚持纠"四风"与树新风并举

当前，表现为形式主义、官僚主义、享乐主义、奢靡之风的"四风"问题严重损害了党在人民群众中的形象，严重损害了党群干群关系。"四风"问题是当前人民群众深恶痛绝和反映最强烈的问题。"四风"是党的群众路线的死敌大敌顽敌，其危害是：一方面使党脱离群众，丧失密切联系群众的最大政治优势；另一方面使党同群众若即若离乃至离心离德，长此以往，必将从根本上破坏党同人民群众的血肉联系。反对形式主义要着重解决工作不实的问题；反对官僚主义要着重解决在人民群众利益上不维护、不作为的问题；反对享乐主义要着重克服及时行乐思想和特权现象；反对奢靡之风要着重狠刹挥霍享乐和骄奢淫逸的不良风气。

树立求真务实新风正气。求真务实就是要不断地求社会主义建设规律和人类社会发展规律之真，务抓好发展这个党执政兴国的第一要务之实。认识规律、把握规律、遵循和运用规律，这是坚持求真务实的根本要求。在长期的实践中，党对共产党执政规律、社会主义建设规律和人类社会发展规律的认识取得了重大的成果，树立求真务实作风就是这一成果的体现。大兴求真务实之风，必须领导干部带头，保持良好精神状态和工作状态，让求真务实、清正廉洁的新风正气不断充盈，不断以改进作风的新成效取信于民。

第二节　领导文化

领导文化作为文化的一种形态，对领导者、领导组织和被领导者都起着内在的、持久的影响作用。因此，有必要对什么是领导文化、领导文化有何作用以及中国共产党领导文化的先进性等问题加以论述，从而不断拓展领导文化建设路径，推动党的领导文化不断发展。

一、领导文化的内涵

从文化的类别属性上来看，领导文化是与领导活动密切相关的一种文化，属于文化在领导领域中的特殊表现形式。领导文化是领导者在特定的领导环境和领导实践活动中产生的领导观念、领导成员普遍认可的价值观、领导成员共同信守的行为模式和制度体系。领导文化包含以下三层含义：

一是领导文化是一种价值观念。领导文化既是支配领导行为的价值观念，也体现着一个国家和社会的发展方式及领导实践活动的价值体系。

二是领导文化表现为一定的风格即领导者的行为模式。领导者在影响别人时,会采取特定的行为模式达到目的。每一位领导者都有其与工作环境、经历和个性相联系的与其他领导者相区别的风格,是在长期的个人经历和领导实践中逐步形成的,并在领导实践中自觉或不自觉地起稳定作用,具有较强的个性化色彩。

三是领导文化与领导环境息息相关。一方面,从个体来看,不同岗位的领导者因处于不同的领导岗位和领导环境之中,呈现出来的领导观念和行为模式各不相同;另一方面,从领导集体来看,不同的领导集体因集体观念、利益导向和政治目标差异,形成的领导文化也具备明显的集团性特征。譬如,中国共产党的领导文化在科学价值观念的指引下,经过长期的领导实践活动,形成了以"全心全意为人民服务"为目标导向的领导理念和领导行为模式。

二、领导文化的作用

领导文化对于整个国家的领导体系和领导活动而言,其作用十分重要且体现在多个方面。

(一)领导文化具有明显的导向作用

领导者的政治信仰和思想观念深刻影响着领导活动的方向。古代的中国领导文化强调"忠孝仁义"的价值观,在此价值观的引领下,忠臣良将层出不穷,忠义之士屡见不鲜,对于民众的社会行为起到了很好的导向性作用。[①] 随着时代的发展,当前中国领导文化的价值观和信仰也发生了相应的变化。社会主义社会中的领导文化是以马克思主义理论为指导,以共产主义理想为信仰,以全心全意为人民服务为终极目标,以社会主义核心价值观为价值追求,实现了科学和信仰的完美结合,能够确保领导实践活动朝着以人为本的方向发展。不同类型的领导文化会产生不同性质的导向作用,优秀的领导文化能够对领导实践活动产生正确的导向作用,而不良的领导文化则对领导实践活动产生错误的导向作用。

(二)领导文化具有较强的规范作用

与法律法规等刚性制度规定相比,领导文化属于柔性规范,一旦形成,就会对领导者的领导实践活动产生较强的影响和制约作用。这是因为,领导文化的内涵指向组织

---

① 陈伟涛:《中国领导文化研究现状及其发展趋势分析》,《领导科学》2022 年第 9 期。

成员普遍遵守的价值观念和行为模式,领导文化不仅要规范领导者的领导行为,而且要对被领导者的行为起到明显的规范作用。这种规范作用体现在两个方面:一方面是激励作用,遵守领导文化所蕴含的价值观念与行为模式的人,将受到领导者的激励与组织的认可;另一方面是制约作用,违背领导文化所提倡的价值观念和行为模式的人,将受到组织的惩罚,从而督促其行为与领导文化的指向保持一致。

(三)领导文化具有重要的教化作用

领导文化对领导者和被领导者都有很强的教化作用。领导文化通过以文化人,对领导活动中的主体和客体产生育人价值。对于领导者而言,领导文化可以不断强化他们的责任意识。例如,在中国共产党的服务型领导文化的影响下,领导者会时刻铭记自己的职责是全心全意为人民服务。对被领导者而言,领导文化也能引导他们的价值观和行为方式,领导文化通过传播的理念激励被领导者,使被领导者认同组织目标,以更积极的心态面对工作中的困难和挑战。

(四)领导文化具有明确的调适作用

领导文化以自身独有的方式调节领导者的领导实践活动,因此,领导文化在这个调整过程中能够发挥重要的作用。具体而言,当领导者的行为不适应内外部环境的变化而出现失控时,领导文化就可以对领导者的行为进行适当的调适和校正,以帮助领导者维持内心的平衡,增强领导者应对组织变革的能力。比如,中国共产党的领导文化具有务实奋进、刚柔并济等重要特征,对领导干部言行具有明确的调适作用。当领导者遇到较大的困境时,党的领导文化能够强化领导者的价值观与领导观,使其一往无前。党的领导文化有助于领导者意识到自身综合素质方面存在的不足,促使其努力学习、砥砺奋进。党的领导文化还有助于领导者自动向标杆和榜样看齐,为自己的领导实践活动找准方向与目标,进而起到调适领导者行为和目标的作用。

(五)领导文化具有显著的塑造作用

人创造了文化,文化反过来也能塑造人。领导文化对于领导者个体、领导组织和被领导者都有较强的塑造作用。一是领导文化塑造领导者个体形象。领导者在一定程度上受所处领导环境的领导文化的影响。譬如,中国共产党的领导者总是受马克思主义理论和中国化时代化的马克思主义的影响,形成了艰苦奋斗、廉洁自律、为人民服务的领导形象。二是领导文化塑造组织形象。领导文化都是在组织中生成和发展起来的,又影响和塑造着组织形象。不同的政党、政治组织、公司、单位、部门的领导文化都不尽相同,同一组织的领导者们展现出来的领导风格却有相似的地方。三是领导文化影响被领导者。领导者总是将其所信奉的知识、思想、观念等施加和作用于被领导者,对被领导者的思想和行为产生深刻影响。

三、中国共产党的领导文化是党的先进性的重要标志

在马克思主义理论中,领导干部是人民的公仆,是推动革命、建设和改革的重要力量,被视为推动历史前进的关键主体。中国共产党应先进文化而生,以马克思主义为行动指南、以共产主义为奋斗目标,成为中华民族伟大复兴的根本领导力量,形成了独具中国特色的先进领导文化。

(一)全心全意为人民服务体现出领导文化思想上的先进性

马克思、恩格斯批判地吸收了前人的思想文化成果,在总结巴黎公社经验的基础上,创立了马克思主义公仆理论。中国共产党的先进性体现在马克思主义公仆理论思想上和根本宗旨上。党的根本宗旨是全心全意为人民服务,100多年来,党始终坚持这一根本宗旨,把人民的利益"置顶",一心一意、全心全意为人民谋幸福。面向未来,党要永远保持先进性,仍要坚持全心全意为人民服务的根本宗旨,这一点不能改变、不能背离。领导干部要明确自己的存在价值在于全心全意为人民服务、全心全意为人民谋幸福,不能半心半意、三心二意。要牢记"人民是历史的创造者",依靠人民、动员人民,汇集人民智慧、发挥人民力量,让人民依靠自己的奋斗成就梦想、实现价值。

(二)伟大建党精神体现出领导文化动力上的强大性

百年大党的"先进性"体现在"精神品质"上。在党的百年奋斗历程中,形成了伟大建党精神,这一精神是激励全党砥砺奋进的"助推剂",是保持全党先进性的"动力源"。新时代要继续保持党的先进性,就要把伟大建党精神传承好、发扬好,让这一精神指引人民前行、引领人民奋斗。领导干部要大力弘扬伟大建党精神,用这一精神滋养党性修养,砥砺意志品质,不断提高"政治三力",牢记"国之大者",以顽强拼搏的意志和砥砺奋进的姿态攻坚克难、一往无前。要用伟大建党精神把海内外中华儿女、亿万人民凝聚起来,拧成一股绳,形成一股劲,汇聚起中华民族伟大复兴的磅礴力量。

(三)党的自身建设体现出领导文化发展上的持续性

百年大党的"先进性"体现在"自身建设"上。在革命、建设、改革时期,党之所以一直永葆朝气、充满活力,始终保持先进性,是因为党以自我革命精神全面从严治党,不断把党自身建强、建好。进入新时代,党要继续保持先进性,就要继续全面从严治党、加强党的建设,让百年大党充满生机、释放活力。要筑牢全党的思想之基,通过开

展马克思主义理论教育、习近平新时代中国特色社会主义思想教育、社会主义核心价值观教育等,努力使领导干部保持思想上的先进性。要完善全面从严治党制度体系,把党管干部、选贤任能、党内政治生活等涉及党的建设方面的制度建好,让全面从严治党的"制度笼子"更紧、更牢。要落实好全面从严治党制度体系,坚持无禁区、无例外的原则,把制度落实落细,让制度生根见效,进一步助力全面从严治党。

第三节　加强领导文化建设的路径

加强党的领导文化建设要将弘扬伟大建党精神、树立共产党人的正确价值追求、坚持以党内法规为根本遵循以及浓厚传承红色文化基因的教育氛围结合起来。

一、弘扬伟大建党精神

中国共产党是中国特色社会主义事业的坚强领导核心,党始终将保障人民的主人翁地位和实现人民根本利益作为制定路线方针政策的根本价值取向。只有坚持党的全面领导,才能为践行以人民为中心的发展思想提供坚强政治保证。加强党的领导文化建设,需要不断弘扬伟大建党精神,更好地发挥党在新时代的全面领导作用。

(一)伟大建党精神的提出

2021 年 7 月 1 日,习近平总书记在庆祝中国共产党成立 100 周年大会上的讲话中指出:"一百年前,中国共产党的先驱们创建了中国共产党,形成了坚持真理、坚守理想,践行初心、担当使命,不怕牺牲、英勇斗争,对党忠诚、不负人民的伟大建党精神,这是中国共产党的精神之源。"[1]

伟大建党精神在中国共产党人寻求救国救民真理的不懈探索中生根发芽,在马克思列宁主义同中国工人运动相结合的历史进程中赓续发展,在中国共产党领导中国人民进行革命、建设、改革的伟大实践中发扬光大,在中国特色社会主义进入新时代的伟大进程中展现出时代特质。伟大建党精神是中国共产党团结带领中国人民不断奋斗和持续创造的精神动力,是中国共产党立党、兴党、强党的精神原点和思想基点。

历史川流不息,精神代代相传。习近平总书记在庆祝中国共产党成立 100 周年大会上首次提出伟大建党精神并作出深刻阐释,号召全党继续弘扬光荣传统、赓续红色

---

① 习近平:《习近平著作选读》第二卷,人民出版社 2023 年版,第 480 页。

血脉,永远把伟大建党精神继承下去、发扬光大,在全党全社会激扬起继往开来、不懈奋斗的精神力量。

(二)伟大建党精神的内涵

一是坚持真理、坚守理想。指的就是中国共产党执着追求马克思主义真理,坚定坚守坚持共产主义远大理想信念。正如习近平总书记所强调的,一百年前,一群新青年高举马克思主义思想火炬,在风雨如晦的中国苦苦探寻民族复兴的前途。由此,中国共产党应运而生。有了马克思主义科学理论的指导,有了对社会主义和共产主义理想的坚定信念,有了中国共产党的坚强领导,中国革命的面貌焕然一新,中国人民的精神就从被动转为主动,开启了改天换地的伟大革命,为中华民族的复兴确定了唯一正确的方向。党团结带领中国人民在长期的革命、建设和改革的历程中,中国共产党人始终坚持真理、坚守理想,并用马克思主义真理宣传群众、动员群众、组织群众,由此凝聚起亿万人民群众改变中华民族命运的磅礴力量,这是中国共产党之所以"能"的最深层的精神力量。

二是践行初心、担当使命。指的就是把马克思主义基本原理运用于改造中国与世界的伟大实践,致力于为中国人民谋幸福、为中华民族谋复兴。行胜于言,马克思主义与其他理论相比,其根本特点就在于实践性。马克思主义不仅要解释世界,更重要的是要改变世界。中国共产党人是马克思主义科学精神的坚定信仰者和忠诚实践者。中国共产党成立之初,就把从经济上和政治上根本改造中国社会作为自己的任务,把推翻资产阶级废除资本所有制、建立无产阶级专政的新型国家作为基本目标,把实现社会主义和共产主义作为远大理想。为了实现初心与使命,中国共产党人历经百年风雨,从来没有动摇过。正是这种伟大建党精神,感动着亿万中国人民,使得中华民族能够历经磨难而站起来、富起来、强起来,创造出一个又一个人间奇迹。

三是不怕牺牲、英勇斗争。指的就是为了实现共产主义远大目标,要有坚强的革命意志,做到不畏艰险、奋勇拼搏、百折不挠,不惜为党和人民牺牲一切。马克思恩格斯在《共产党宣言》中指出,共产党人的先进性表现在两个方面:一是在理论上懂得无产阶级运动的条件、进程和一般结果;二是在实践上始终是最坚决的、起推动作用的先锋。中国共产党人正是这样,不仅在理论上高举科学的马克思主义、社会主义和共产主义旗帜,而且在行动上始终走在革命队伍的前头,冲锋陷阵、勇往直前,成为带领中国人民不断前进的先锋战士。中国共产党生于危难之时,正是无数共产党人为了革命事业英勇斗争,抛头颅洒热血,才有了新中国。在社会主义革命、建设和改革的历史进程中,正是千百万共产党员为了建设一个繁荣富强的新中国,无私无畏、顽强拼搏,甚至不惜牺牲自己的生命,才取得了今天中国特色社会主义现代化建设的辉煌成就。

四是对党忠诚、不负人民。指的就是党员干部要立党为公、对党忠诚,做到全心全意为人民服务。一百多年来,我们党和人民始终紧紧地联系在一起。每个共产党员都是人民的一分子,同时又是人民群众中的先进分子。共产党员对党忠诚也就是对人民忠诚,实现党的使命也就是完成为人民谋幸福的任务。正如习近平总书记所指出的:"中国共产党始终代表最广大人民根本利益,与人民休戚与共、生死相依,没有任何自己特殊的利益,从来不代表任何利益集团、任何权势团体、任何特权阶层的利益。任何想把中国共产党同中国人民分割开来、对立起来的企图,都是绝不会得逞的!九千五百多万中国共产党人不答应!十四亿多中国人民也不答应!"[1]正是因为千百万共产党员始终坚持党的宗旨,忠诚于党和人民的事业,襟怀坦荡、一心为民,克己奉公、无私奉献,才赢得了亿万中国人民的广泛赞誉,成就了伟大功业。

(三)弘扬伟大建党精神

习近平总书记指出:"我们要用历史映照现实、远观未来,从中国共产党的百年奋斗中看清楚过去我们为什么能够成功、弄明白未来我们怎样才能继续成功。"[2]领导干部弘扬伟大建党精神,必须始终落实到进行伟大斗争、建设伟大工程、推进伟大事业、实现伟大梦想的全部活动之中。

一是要在进行伟大斗争中弘扬伟大建党精神。敢于斗争、敢于胜利,是中国共产党人不可战胜的强大精神力量。启航新征程、迈向第二个百年奋斗目标,我们比历史上任何时期都更接近、更有信心和能力实现中华民族伟大复兴的奋斗目标。然而,前进之路必然有各种风险考验甚至会遇到惊涛骇浪,必须进行具有许多新的历史特点的伟大斗争。领导干部要勇于斗争、善于斗争,学会在新时代开展斗争,在伟大斗争中弘扬伟大建党精神,从伟大建党精神中汲取斗争智慧、坚定斗争意志、增强斗争本领。

二是要在建设伟大工程中弘扬伟大建党精神。推进新时代党的建设新的伟大工程,必须坚持和加强党的全面领导,坚持全面从严治党,把党的政治建设摆在首位并发挥统领作用,把党的思想建设作为基础性建设,贯彻落实新时代党的组织路线,坚持作风建设永远在路上,坚持把纪律建设放在更加突出位置,坚持把制度建设贯穿党的建设各领域各方面各环节,深入推进反腐败斗争,以自我革命推进社会革命,以高质量党

① 习近平:《习近平著作选读》第二卷,人民出版社 2023 年版,第 482 页。
② 习近平:《习近平著作选读》第二卷,人民出版社 2023 年版,第 481 页。

建引领高质量发展。领导干部要树立抓好党建是最大的政绩的理念,把党建工作落到实处。

三是要在推进伟大事业中弘扬伟大建党精神。中国共产党与社会主义事业具有内在逻辑联系,党的命运与社会主义的命运紧密联系在一起,党兴则社会主义兴,党强则社会主义强。同理,社会主义事业越发展壮大,党也就越坚强有力。领导干部弘扬伟大建党精神,必须始终高举中国特色社会主义伟大旗帜,在推进中国特色社会主义伟大事业中,必须以伟大建党精神凝神定向。

四是要在实现伟大梦想中弘扬伟大建党精神。实现中华民族伟大复兴的中国梦既是国家的梦、民族的梦,也是每一位中国人的梦。中国共产党带领人民要把梦想变成现实,必须把人民组织起来、把海内外中华儿女凝聚起来,团结一切可以团结的力量,调动一切可以调动的积极因素,最大限度凝聚起共同奋斗的力量。在迈向第二个百年奋斗目标的新征程中,领导干部必须统揽"两个大局",立足于党和人民的共同奋斗实践,不断丰富和发展伟大建党精神,以伟大建党精神武装全党、教育人民,从而汇聚起实现中华民族伟大复兴的磅礴力量。

二、树立共产党人的正确价值追求

(一)坚持党的文化领导权

文化是一个国家、一个民族的灵魂,文化建设是实现中国式现代化的关键一环。坚持党领导文化建设是党对建设中国特色社会主义文化的科学研判,也是实现文化强国目标的重要保障。新时代坚持党对文化建设的全面领导,要把习近平文化思想落实到文化建设的各方面和全过程,把握文化发展正确方向,促进文化事业和文化产业蓬勃发展。

一是坚持党的文化领导权是对中国特色社会主义文化建设的深刻认识。中国特色社会主义文化的发展离不开党的坚强领导,这是中国特色社会主义文化建设的实践经验。在新民主主义革命时期,中国共产党就深刻认识到革命文化是"革命的有力武器",建设科学、民主、大众的新民主主义文化,使其"很好地成为整个革命机器的一个组成部分"[1]。新中国成立后,中国共产党为巩固文化领导权,提出了"双百"方针,指明了社会主义文化建设的方向和原则。改革开放后,中国共产党建设中国特色社会主

---

[1] 《毛泽东选集》第三卷,人民出版社1991年版,第848页。

义文化,把中国共产党代表中国先进文化的前进方向写进党章,党的文化领导权进一步巩固。党的十八大以来,中国共产党大力推进社会主义文化强国建设,提出"两个结合"的文化建设基本规律,不断开辟马克思主义中国化时代化新境界。因此,领导干部要从政治高度充分认识搞好文化建设的重要性。

二是坚持党的文化领导权是对新时代文化建设重要性的深刻认识。文化是一个国家、一个民族的灵魂,文化兴则国运兴,文化强则民族强。文化关乎国本、国运,文化建设在中国特色社会主义事业"五位一体"总体布局中的地位和作用极为重要。党的十八大以来,习近平总书记提出文化自信是更基本、更深沉、更持久的力量,要推动中华优秀传统文化创造性转化和创新性发展,建设中华民族现代文明是党在新时代新的文化使命。因此,领导干部必须担当好文化建设的重要责任。

三是坚持党的文化领导权是实现中华民族伟大复兴的必然要求。一个国家、一个民族的强盛,总是以文化兴盛为支撑的,中华民族伟大复兴需要以中华文化发展繁荣为条件。文化兴盛、文明创造,在于文化发展的方向坚定、在于文化建设的航向正确、在于文化领导权的牢牢把握。坚持党的文化领导权,巩固党的文化领导地位,保障人民群众的文化创造和发展权,是推动中华民族伟大复兴的重要保证。文化领导权与文化主体性,实质就是文化由谁来领导、由谁来建设、为谁服务的问题。在中华民族伟大复兴进程中,习近平总书记强调:"文化自信就来自我们的文化主体性。这一主体性是中国共产党带领中国人民在中国大地上建立起来的。"[1]文化自信为中华民族伟大复兴提供精神指引,只有坚持党的文化领导权才能确保中华民族伟大复兴的正确航向。因此,要把党对文化的领导权牢牢掌握在忠于马克思主义的领导干部手中。

四是坚持党的文化领导权是坚持党对意识形态工作领导权的内在要求。意识形态决定文化前进方向和发展道路。坚持党的文化领导权,必须牢牢掌握党对意识形态工作领导权,建设具有强大凝聚力和引领力的社会主义意识形态。因此,领导干部要深刻认识当前意识形态领域形势发生的全局性、深刻性转变,必须扎实做好意识形态工作,夯实党的文化领导权的意识形态基础。

(二)坚守共产党人的价值追求

习近平总书记在十八届中央纪委七次全会上强调要坚持共产党人价值观,不断坚定和提高政治觉悟。党的十九大报告进一步强调要弘扬忠诚老实、公道正派、实事求

---

① 习近平:《在文化传承发展座谈会上的讲话》,《求是》2023 年第 17 期。

是、清正廉洁的价值观。

1. 忠诚老实是共产党人的优秀品质

与一般的忠诚不同,共产党人的忠诚是坚定的政治立场,对党的理论、信仰和组织全面的、绝对的忠诚。领导干部必须时刻明确自己的身份,不忘作为党员应该对党应尽的责任和义务,做到对党忠诚、为党分忧、为党担责、为党尽责。牢记忠诚老实是共产党员必备的品质,是领导干部加强党性修养的应有之义。

2. 公道正派是共产党人的价值准则

"公道"是指处事刚正不阿、客观公正、不偏不倚,"正派"强调作风光明正大、公事公办、大公无私。公道正派体现在共产党人的思想道德、行为方式和工作过程中,是被普遍要求的价值准则。领导干部做到公道正派,必须秉公用权。

3. 实事求是是共产党人的价值要求

实事求是是马克思主义的精髓,是中国共产党人认识世界、改造世界的根本要求,也是党的基本思想方法、工作方法和领导方法。实事求是不仅是共产党人的思想原则,也是共产党人的行动准则和价值要求。领导干部要带头成为实事求是的模范。

4. 清正廉洁是共产党人的价值操守

清正廉洁是中国共产党的政治本色,是加强党的长期执政能力建设、永葆先进性和纯洁性的重要标志。中国共产党历来十分重视反腐倡廉,在社会主义市场经济发展和改革开放的过程中,把反腐倡廉作为党风廉政建设的行动纲领。建设廉洁政治、坚决反对腐败,是党的优良传统和一贯坚持的鲜明政治立场,是马克思主义政党区别于其他政党的重要特征,保持清正廉洁,既是党推进党风廉政建设和反腐败斗争的内在要求,也是共产党人最基本的价值操守。领导干部要坚守清正廉洁的底线,做到永不变质、永不变色、永不变味。

(三)学习与践行习近平文化思想

习近平文化思想主题鲜明、体系完备、逻辑严密、博大精深,是新时代党领导文化建设实践经验的理论总结,在党的宣传思想文化事业发展史上具有里程碑意义。领导干部要深刻领会这一重要思想的重大意义、丰富内涵和实践要求,切实做到统一思想、统一意志、统一行动,增强对习近平文化思想贯彻落实的政治自觉、思想自觉和行动自觉。

1. 习近平文化思想是对中国特色社会主义文化建设规律的深刻认识

党的十八大以来,习近平总书记以马克思主义政治家、思想家、战略家的深刻洞察力、敏锐判断力、理论创造力,鲜明提出坚定文化自信并将其纳入"四个自信",把坚持社会主义核心价值体系纳入新时代坚持和发展中国特色社会主义的基本方略,明确宣传思想文化工作"举旗帜、聚民心、育新人、兴文化、展形象"的使命任务。在2018年8月全国宣传思想工作会议上,习近平总书记用"九个坚持"高度概括了我们党对宣传思想工作的规律性认识;在党的二十大报告中,习近平总书记从五个方面重点部署了文化建设工作;在2023年6月文化传承发展座谈会上,习近平总书记明确了文化建设方面的"十四个强调"。习近平文化思想从历史和现实相贯通、国际和国内相关联、理论和实践相结合的宽广视角,深刻回答了新时代我国文化建设举什么旗、走什么路、坚持什么原则、实现什么目标等根本问题,进一步深化了对中国特色社会主义文化建设的规律性认识,引领新时代宣传思想文化事业取得了历史性成就。

2.习近平文化思想是对中国特色社会主义文化自信的集中表达

一个民族的复兴,总是以文化的兴盛为强大支撑。党的十八大以来,习近平总书记以高瞻远瞩的战略眼光、清醒勇毅的历史自信、深沉坚定的文化自信,深刻认识文化对于振奋民族精神、维系国家认同、促进经济社会发展和人的全面发展等方面的重要作用,指出文化自信是一个国家、一个民族发展中最基本、最深沉、最持久的力量,强调没有高度的文化自信,没有文化的繁荣兴盛,就没有中华民族的伟大复兴。习近平文化思想坚守马克思主义这个魂脉和中华优秀传统文化这个根脉,把马克思主义思想精髓同中华优秀传统文化精华贯通起来、同人民群众日用而不觉的共同价值观念融通起来,丰富和发展了"中国之理",使新时代党的创新理论充盈浓浓中国味、深厚中华情、浩然民族魂,为"中国号"巨轮镌刻上了醒目的文化标识,在中华民族伟大复兴进入不可逆转的历史进程中,增强了历史自信,激发了历史主动。

3.习近平文化思想是中国特色社会主义文化建设实践的行动指南

宣传思想文化工作历来同时代发展大势、同党和国家工作大局紧密联系在一起。面对世界之变、时代之变、历史之变,习近平总书记准确把握世界范围内思想文化相互激荡、我国社会思想观念深刻变化的趋势,从理论和实践的结合上深刻回答了新时代文化建设的价值取向、目标任务、总体方略、原则要求、实践路径等重大问题,不仅有深邃的观点、战略的谋划、科学的部署,还有正确的立场、管用的方法,明确了新时代文化建设的路线图和任务书,明体达用、体用贯通,为开创中国特色社会主义文化建设新局面提供了根本指引。

对于领导干部而言,学习好习近平文化思想是前提,践行好习近平文化思想是目的。领导干部在领导工作实践中,要始终坚持以习近平文化思想为根本遵循,在提升自身领导文化素养的同时,积极推进组织的领导文化建设,努力形成良好的政治生态与党内政治文化。

三、坚持以党内法规为根本遵循

党内法规制度体系是以党章为根本,以民主集中制为核心,以准则、条例等中央党内法规为主干,由各领域各层级党内法规制度组成的有机统一整体。要以党内法规保障党的政治路线的始终贯彻,引领党员干部的政治立场,严明党的政治纪律和政治规矩,建设优良的党内政治生态。

(一)坚持依规治党是实现大党之治的根本之策

1. 治国必先治党,治党务必从严,从严必依法度

习近平总书记强调:"没有规矩不成其为政党,更不成其为马克思主义政党。"①法规制度带有根本性、全局性、稳定性、长期性,加强党内法规制度建设是全面从严治党的长远之策、根本之策。只有坚持依规治党,推动全体党员、干部遵守规矩、维护规矩,自觉在规矩规范下活动,按照党的规矩严格要求自己,才能保证党的先进性和纯洁性,增强党的凝聚力和战斗力,防止党因大而杂、因大而散、因大而乱。

2. 制度建设是贯穿性建设

人不以规矩则废,党不以规矩则乱。任何重大决策、重要部署、有效做法,都需要通过一定的制度来推动落实、巩固成果。新时代党的建设总要求明确提出"把制度建设贯穿其中",赋予制度建设独特地位和重要功能。因此,无论是加强政治建设、思想建设、组织建设、作风建设,还是加强纪律建设和开展反腐败斗争,都要把依规治党作为一条主线贯穿其中,将建章立制、立规明矩体现在全过程和各方面。要抓好领导作风与领导文化建设,领导干部要善于通过制度来规范、通过制度来推进、通过制度来巩固、通过制度来完善,确保领导作风与领导文化建设始终有章有法、依规依矩推进。

3. 制度保障是根本性保障

制度是对规定内的所有人平等一致且不能任意改变的,任何人不能因地位特殊而置身其外,其本身也不因领导人的改变而改变,不因领导人喜好偏向变化而变化。制度是防止党员、干部行为越轨、失范、出格的可靠约束。全面从严治党,实现大党之治,最根本的就是要使各级党组织和广大党员、干部都自觉按照党的制度规矩办事,让任

---

① 习近平:《习近平著作选读》第一卷,人民出版社 2023 年版,第 345 页。

何绕过制度、违背制度、破坏制度的行为及时受到惩治,在长期的强制性约束中形成良好的党内风气和政治生态,不断推进领导作风建设与领导文化建设。

（二）坚持依规治党需要把握若干重大原则

习近平总书记强调,"坚持科学立规、民主立规"。针对党内法规制度存在的突出问题,着眼于提高依规治党的科学性和有效性,提出了一系列重要思想和原则要求,既有力保证了依规治党取得历史性成就,也为开创依规治党新局面提供了根本遵循。概括起来,主要应把握以下重大原则:

1. 坚持集中统一与激发活力相结合

依规治党是为了立规矩、明方向、增团结、添活力,形成既有集中又有民主、既有纪律又有自由、既有统一意志又有个性彰显的政治局面,而不是通过条条框框把党员、干部管得一潭死水。要深刻认识到党章是党的根本大法,是立党、治党、管党的总章程,是全党最基本、最重要、最全面的行为规范。着力推动党员、干部自觉学习党章、模范贯彻党章、严格遵守党章、坚决维护党章,切实把党章要求贯彻到工作和生活当中,使全党思想上更加统一、政治上更加团结、行动上更加一致。领导干部要深刻认识到民主集中制是我们党的根本组织原则和领导制度,是激发党的创造活力、保持党的团结统一的根本保证。坚持完善和落实民主集中制,在民主的充分、有效和集中的权威、有力上下功夫,努力把民主集中制的优势变成政治优势、组织优势、制度优势、工作优势。

2. 坚持完善制度和强化执行相结合

必须明制度于前、重威刑于后,将抓住提高质量这个关键,加大党内法规制度制定同狠抓制度执行,让铁规发力、禁令生威,做到两手抓、两手硬。着眼解决党的制度规矩存在覆盖不到的盲点、空白点,比如:过于原则、缺乏量化标准,难于操作;过于笼统,弹性空间太大,牛栏关猫形同虚设;相互脱节、彼此不衔接不协调,缺少综合效应等突出问题。坚持法规制度在精不在多,在务实管用不在形式花哨,在简便易行不在内容繁杂,注重实体性法规制度和程序性法规制度、综合性规定和专门性规定、下位法规制定和上位法规制定相协调,努力建立健全立体式、全方位的制度体系。要深刻把握制度规矩的生命力在于执行,制度管不管用关键看能不能执行到位,针对党内法规制度执行存在机械执行、选择执行、烦琐执行、变通执行等问题,制度规矩成为稻草人、橡皮泥,产生"破窗效应"等隐患,坚持制度面前人人平等,执行制度没有例外,坚决用制度管权管事管人、治党治权治吏,坚决纠正有令不行、有禁不止各种行为,坚决反对以权势大而破规、以问题小而姑息、以违者众而放任。要注重发挥领导干部"关键少数"的模范带头作用,越是领导干部,越是主要领导干部,越要教育引导其增强法规制度意识,以身作则,以上率下,依法规制度谋事、依法规制度管人、依法规制度用权,自觉维护法规制度的严肃性和权威性。

3.坚持思想建党和制度治党相结合

领导干部要深刻把握思想理论是灵魂、制度建设是保障,坚持思想建党和制度治党紧密结合、刚柔相济,同时发力、同向发力,使加强制度治党的过程成为加强思想建党的过程,加强思想建党的过程成为加强制度治党的过程,统筹解决思想问题和制度问题。领导干部要清醒认识到"纵有良法美意,非其人而行之,反成弊政",把思想建设作为党的基础性建设牢牢抓在手里,把坚定理想信念作为党的思想建设的首要任务,解决好党员干部世界观、人生观、价值观这个"总开关"问题,确保其不移其志、不改其心、不忘其本,自觉遵守和维护制度规矩。领导干部要深刻把握道德使人向善,道德是纪律的必要前提和基础;纪律用来惩恶,纪律是道德的坚强后盾和保障,坚持依规治党和以德治党、高标准和守底线紧密结合,既注重规范惩戒、严明纪律底线,又引导人向善向上,发挥理想信念和道德情操引领作用。

4.坚持依法治国和依规治党相结合

要深刻把握我国宪法确认的中国共产党的执政地位,确认的党在国家政权结构中总揽全局、协调各方的核心地位。全党在宪法法律范围内活动,是党的高度自觉,是坚持党的领导的具体体现。领导干部要深刻认识新形势下党要履行好执政兴国的重大职责,必须坚持依法治国与制度治党、依规治党统筹推进、一体建设,充分发挥依法治国和依规治党的互补性作用,确保党既依据宪法和法律治国理政,又依据党内法规管党治党。要注重党内法规同国家宪法法律的衔接和协调,把执法和执纪贯通起来,努力形成国家法律法规和党内法规制度相辅相成、相互促进、相互保障的格局。

(三)注重发挥党内法规在推进党内文化建设中的作用

治国必先治党,党兴才能国强。党内政治文化建设是党的政治建设的重要内容,党内政治文化是党在长期的政治活动过程中逐渐形成的政治精神和价值体系,是政党制度和政党精神的总和。党内法规制度在党内政治文化建设中发挥着关键作用,为党内政治文化持续健康发展提供根本保障。进一步发挥好党内法规制度的保障作用,更好地为全面优化党内政治生态、涵养党内政治文化、保持党内政治活力提供制度支撑。

1.着力提高运用党内法规促进全面从严治党体系建设的能力

制度是体系的灵魂,任何体系都是通过制度构建起来并维持运行的。只有制度效能发挥好,一个体系才能建设好。党的二十大作出"健全全面从严治党体系"重要部署,是党高度自觉地以科学的态度、体系化的方式推进自我革命的重大举措,是一项具有全局性、开创性的重要工作。领导干部要深刻认识到,加强党内法规制度建设、提高运用制度规矩管党治党锻造党的能力,既是这一体系的重要内容和题中要义,又是贯穿这一体系建设始终的原则要求和推动将这一体系建设成为内涵丰富、功能完备、科学规范、运行高效的动态系统的重要力量。在健全这一体系的过程中,要坚持制度治党、依规治党,更加突出党的各方面建设有机衔接、联动集成、协同协调,更加突出体制机制的健全完善和法规制度的科学有效,更加突出运用治理的理念、系统的观念、辩证的思维管党治党建设党;要坚持制度上全贯通,把制度建设要求体现到全面从严治党全过程各方面各环节,以党章为根本,以民主集中制为核心,不断完善党内法规制度体系,增强党内法规权威性和执行力,确保全的要求、严的基调、治的理念真正落实到体系构建之中,提升制度化、规范化、科学化水平,用制度促进全面从严治党体系贯通、联动,使全面从严治党各项工作更好体现时代性、把握规律性、富于创造性。

2. 着力提高运用党内法规净化党内政治生态的能力

加强党的自身建设,净化党内政治生态,是提高党的执政能力和领导水平的前提。净化党内政治生态,首先要从严肃党内政治生活做起,而严肃党内政治生活的根本抓手是不折不扣执行党的政治纪律和政治规矩。习近平总书记指出:"纪律严明是加强和规范党内政治生活的内在要求和重要保证。要强化党内制度约束,扎紧制度的笼子。政治纪律和政治规矩是党最根本、最重要的纪律,遵守政治纪律和政治规矩是遵守党的全部纪律的基础。"[①]要善于运用党内法规织密良好政治生态的防护网,聚焦党内政治生活存在的薄弱环节,紧紧围绕理论、思想、制度构建体系,围绕权力、责任、担当设计制度,对现有党内法规进行梳理,该修订的修订,该补充的补充,该新建的新建,着力解决党内政治生活庸俗化、随意化、平淡化等问题,防止一个地方、一个单位因党内法规长期缺位失位,党内政治生活长期不严不实,导致领导干部权力长期越位越轨,肆无忌惮损害政治生态根基。领导干部要善于在党内法规约束下行使权力,准确表达组织意图和个人意图,该以组织名义出面就不以个人名义出面,该以个人名义出面就不以组织名义出面,该集体研究就不擅自表态,该征求意见就不省略程序,坚决不把个人意见强加给集体和组织,坚决不用个人决定代替组织决定,带头营造风清气正的政治生态。要坚持不敢腐、不能腐、不想腐一体推进,特别是要善于立"明规矩"以破"潜

---

① 习近平:《习近平著作选读》第一卷,人民出版社 2023 年版,第 523—524 页。

规则"，着重完善党内法规制度，压缩消极腐败现象生存空间和滋生土壤，通过党内法规体系，促进政治生态不断改善。

3. 着力提高运用党内法规引领党风政风建设的能力

党风政风连着社风民风，政德是整个社会作风建设的风向标。依规治党深入党心，依法治国才能深入民心。只有领导干部带头强化纪律意识、制度意识、规矩意识，才能引领全社会不断增强法治意识、规则意识。各级党委和政府以及领导干部要深刻认识到，越是矛盾风险挑战多、改革发展稳定任务重、人民群众期盼要求高，越要善于在制度轨道上推进各项事业，越要善于用制度规矩巩固党的作风建设成果，以好的作风振奋精神、激励斗志、树立形象、赢得民心。各级领导干部要正确认识和处理义务与权利、责任与担当、行使权力与遵守纪律的辩证统一关系，做制度执行的表率、维护制度的模范，推动全社会形成办事依法、遇事找法、解决问题用法、化解矛盾靠法的良好环境，实现重规则与敢创造、有秩序与有活力的高度统一。

4. 着力提高运用党内法规制度体系建构科学规范的党内制度文化的能力

制度和文化始终是凝结在一起的，制度既是文化的载体和表现形式，也是文化的重要内容。同样，党内政治文化的运行和发展也需要通过制度来承载和呈现。中国共产党在长期革命、建设和改革中所形成的政治意识、政治信仰、政治情感和政治价值观等政治文化因素，都需要以制度为载体体现出来。党章及依据党章所制定的准则、条例、规则、规定、办法、细则，构成了党内法规制度体系，是党内政治文化在不同层面及不同程度上的体现。党内法规制度不但是党内政治文化的重要载体，也是党内政治文化的一个重要组成部分。党内法规具有强烈政治属性、鲜明价值导向、科学治理逻辑、统一规范功能，有助于塑造先进纯洁的党内制度性政治文化。

四、浓厚传承红色文化基因的教育氛围

红色文化作为党带领全国各族人民在百余年奋斗历程中所积累的先进文化，凝聚着伟大的爱国主义精神和自强不息的奋斗精神，既是中华民族宝贵的精神财富，也是强国建设、民族复兴的精神依据。党的二十大报告指出，要"用好红色资源，深入开展社会主义核心价值观宣传教育，深化爱国主义、集体主义、社会主义教育，着力培养担当民族复兴大任的时代新人"[①]。新时代背景下，红色文化依然是十分重要的教育资源，在领导干部培养中具有重要的教育价值，要倍加珍惜并切实利用。营造浓厚的红

---

① 习近平：《习近平著作选读》第一卷，人民出版社2023年版，第36页。

色文化教育传承氛围,奠定领导干部的精神根基,促进领导干部成长和优良领导文化建设。

（一）红色文化对领导干部具有重要的教育价值

一是有助于坚定领导干部的理想信念。红色文化承载着革命时期的中国共产党人对共产主义的坚定信仰和为人民谋幸福、为民族谋复兴的崇高理想。领导干部通过学习红色文化,能够深刻感悟革命先辈们在艰苦卓绝的环境中不屈不挠的奋斗精神,从而坚定自己的理想信念,增强对党的忠诚和对人民的责任感。

二是有助于增强领导干部的党性修养。红色文化中蕴含着党的优良传统和作风,如理论联系实际、密切联系群众、批评与自我批评等。领导干部学习红色文化,有助于传承和弘扬这些优良传统,不断提高自身的党性修养,保持先进性和纯洁性。

三是有助于激发领导干部的担当精神。红色文化记录了中国共产党人为了国家独立、民族解放而英勇斗争的历史,他们在国家和民族面临生死存亡的关键时刻,挺身而出,勇挑重担,为了实现革命目标不惜付出一切代价。领导干部从中可以汲取力量,激发担当精神,在工作中勇于担当作为,敢于攻坚克难,为实现中华民族伟大复兴的中国梦贡献自己的力量。

四是有助于培育领导干部的爱国情怀。红色文化是中华民族宝贵的精神财富,体现了中国人民的爱国情怀和民族精神。领导干部学习红色文化,能够增强爱国意识,激发爱国热情,将个人的命运与国家的命运紧密联系在一起,为国家的繁荣富强而努力奋斗。

五是有助于提升领导干部的道德品质。红色文化中的英雄模范人物展现了高尚的道德品质和无私奉献的精神。领导干部通过学习他们的事迹,可以提升自己的道德境界,树立正确的世界观、人生观和价值观,做到廉洁奉公、勤政为民。

（二）在领导干部中浓厚传承红色文化基因的教育氛围

发挥红色文化对领导干部的教育功能,需要在领导干部中浓厚传承红色文化基因的教育氛围。一方面,要加强领导干部的红色文化教育培训。当前意识形态斗争更加隐蔽、日趋复杂,对领导干部的教育培训有了更高的要求。面对新形势,领导干部要充分认识到,加强理论学习是增强党性修养、提升政治素质的迫切需要。领导干部要通过红色文化教育培训,实现理论学习有收获、思想政治受洗礼、履职尽责担使命、为民服务解难题、清正廉洁作表率的目标。要在各级党校、干部学院的培训课程中,增加红色文化专题课程,深入讲解中国共产党的奋斗历程、革命精神和红色文化内涵;开展红色文化现场教学,组织领导干部到革命遗址、纪念馆、烈士陵园等红色教育基地实地学习;通过现场讲解、互动体验等方式,让领导干部切身感受革命先辈的爱国情怀和奋斗精神。另一方面,要加强机关单位的红色文化阵地建设。要积极打造红色文化阵地,在机关单位建设红色文化长廊、宣传栏、展示厅等,展示革命历史、英雄事迹、红色文化作品等,营造浓厚的传承红色文化的教育氛围,让领导干部在日常工作中随时接受红色文化的熏陶。

(三)通过红色文化推进新时代优良领导文化建设

红色文化对新时代优良领导文化建设依然十分重要。一方面,要发挥红色文化在优良领导文化建设中的政治导向作用。红色文化中蕴含着革命先辈们对共产主义的坚定信仰和为实现民族独立、人民解放而不懈奋斗的精神。领导干部通过学习红色文化,能够坚定理想信念,增强为人民服务的宗旨意识,在工作中始终坚持正确的政治方向。另一方面,要发挥红色文化在优良领导文化建设中的激励作用。红色精神能够激励领导干部在面对困难和挑战时,坚定信心、勇于创新和奋勇直前,为实现中国式现代化而奋斗。总之,领导干部要充分认识学习与传承红色文化基因的重要性,不断提升自身素质,不断增强领导文化素养。

【思考题】

1.阅读材料回答问题

材料一:2016 年 7 月 1 日,习近平总书记在庆祝中国共产党成立九十五周年大会上的讲话中提出:"作风建设永远在路上。'己不正,焉能正人。'我们要从中央政治局常委会、中央政治局、中央委员会抓起,从高级干部抓起,持之以恒加强作风建设,坚持和发扬党的优良传统和作风,坚持抓常、抓细、抓长,使党的作风全面好起来,确保党始终同人民同呼吸、共命运、心连心。"

材料二:党的二十大以来,习近平总书记狠抓作风建设。党的二十大闭幕仅 3 天,习近平总书记就主持召开中央政治局会议,重要议程之一就是审议《中共中央政治局贯彻落实中央八项规定实施细则》,从党的二十届一中、二中全会,到中央经济工作会议、中央纪委全会,再到学习贯彻习近平新时代中国特色社会主义思想主题教育工作会议等重要场合,都对持之以恒抓好党的作风建设、贯彻落实中央八项规定精神提出新要求。

结合材料回答以下问题：

（1）习近平总书记为什么十分强调要狠抓党的作风建设？

（2）结合上述两则材料，请你谈谈新时代如何弘扬党的优良作风？

2.阅读材料回答问题

党的十八大以来，党中央坚持全面从严治党、依规治党，严格执行党章，形成比较完善的党内法规体系，制度权威性和执行力不断增强，党内法规制度建设取得显著成绩，积累了新的重要经验。要增强依规治党的自觉性和坚定性，把牢政治方向，提高政治站位，扛起政治责任，紧紧围绕党和国家工作大局继续推进党内法规制度建设。要发挥好党内法规在维护党中央集中统一领导、保障党长期执政和国家长治久安方面的重大作用，在推进新时代党的建设新的伟大工程、落实全面从严治党方面的重大作用，确保党在坚持和发展中国特色社会主义的历史进程中始终成为坚强领导核心，为全面建设社会主义现代化国家、实现中华民族伟大复兴的中国梦提供坚强政治保证。

结合材料回答以下问题：

（1）中国共产党为何强调依规治党？

（2）党内法规对领导作风建设有何重要作用？

第八章　领导政绩观与领导绩效考核

本章主要介绍领导政绩观与领导绩效考核两个方面问题。树立正确的领导政绩观具有多方面的积极意义,党的主要领导人对领导政绩观均作出了重要论述,健全内在的能动机制和完善外在的约束机制,可以有效贯彻落实正确的领导政绩观。领导绩效是领导活动的出发点和归宿,是反映领导者能力和领导活动成效的一项综合性指标,严格考核和正确评价领导绩效是提高领导工作水平的重要途径。在领导绩效考核中,对领导者个体进行考核时,主要从五个方面展开,运用七种具体的方法。目前,领导干部绩效考核制度主要存在四个方面的问题,因此要不断创新领导绩效考核的方法和途径。

第一节　领导政绩观

确立马克思主义领导政绩观,是新时代党的建设新的伟大工程的重要内容。政绩观正确与否,决定政治生态的好坏,决定干事创业的状态。中国共产党主要领导人对领导政绩观均有重要论述。为了贯彻落实正确领导政绩观,需要健全内在的能动机制和完善的外在约束机制。

一、政绩与政绩观的内涵

（一）政绩

政绩,从字面上看是由"政"与"绩"组成的。这里的"政"是指执政或施政,"绩"是指成绩或绩效。《现代汉语词典》对"政绩"的解释是"领导干部在任职期间的业绩"。可以这样认为,政绩就是领导干部在任职期间履行相关职务取得的成绩、功绩与实绩。从领导干部干事创业角度讲,就是领导干部的工作实效;从社会发展变化角度讲,就是取得的社会发展成就;从人民群众利益角度讲,就是人民群众的获得感与幸福感。①

（二）政绩观

政绩观是对政绩的根本观点和总的看法,主要包括对什么是政绩、为谁创造政绩、如何创造政绩以及怎样衡量政绩等问题的认识和态度。政绩观与领导者个人的世界观、人生观和价值观密切相关。

马克思主义的领导政绩观是办实事、务实效、求实绩的政绩观,是领导干部创造政绩的思想基础。马克思主义政绩观本质要求是求真务实,目的是权为民所用、情为民所系、利为民所谋,检验标准是实践、历史和群众。确立马克思主义的领导政绩观,是新时代党的建设新的伟大工程的重要内容。

二、树立正确领导政绩观的意义

习近平总书记指出:"政治生态好,人心就顺、正气就足;政治生态不好,就会人心涣散、弊病丛生。"②领导干部政绩观正确与否,决定政治生态的好坏,决定干事创业的状态。

（一）树立正确政绩观是领导干部健康成长的必然选择

政绩观是领导干部从政的价值取向和行为准则。有什么样的政绩观就有什么样的成长道路。大量正反两方面的经验和教训都表明,领导干部的政绩观正确与否,无论是对事业的发展还是对个人的成长,影响都是决定性的。领导干部只有树立正确的政绩观,才可能干出实实在在的政绩,个人也会随着事业的发展而不断成长进步;如果政绩观错了,为一己之私利,沽名钓誉,搞虚假政绩,不仅会贻误党的事业,损害党在人民群众中的形象,也会妨碍个人的健康成长。

（二）树立正确政绩观是全面加强党的执政能力建设的必然要求

创造符合人民群众根本利益的政绩,是执政能力最具体、最集中的体现。加强党的执政能力建设,必须不断提高党的领导水平和执政水平,增强拒腐防变和抵御风险的能力,这是党面临的两大历史性课题。只有树立正确政绩观,才能真正确立为党和

① 居继清:《习近平新时代领导干部政绩观探析》,《社会科学动态》2019年第12期。
② 习近平:《在第十八届中央纪律检查委员会第六次全体会议上的讲话》,《人民日报》2016年5月3日第2版。

人民建功立业的目标追求,进而产生增强执政本领的内在动力。历史和现实表明,政之所兴在顺民心,政之所废在逆民心。领导干部没有正确的政绩观,没有实实在在的政绩,将是失掉民心的一个根本原因。因此,树立正确的政绩观,也是由"立党为公、执政为民"这个本质要求决定的。

(三)树立正确政绩观是贯彻习近平新时代中国特色社会主义思想的必然要求

中国特色社会主义进入新时代,党和国家事业发展对领导干部树立和践行正确政绩观提出了新的更高要求。党的十八大以来,习近平总书记围绕树立和践行正确政绩观作出了一系列重要论述,强调"干事创业一定要树立正确政绩观""树牢造福人民的政绩观"等。习近平总书记特别强调指出,树立和践行正确政绩观,要"解决好政绩为谁而树、树什么样的政绩、靠什么树政绩的问题"[1]。

三、党的主要领导人对领导政绩观的重要论述

(一)毛泽东的政绩观

毛泽东在中国革命和建设的长期实践中,形成了中国化的政绩观。毛泽东认为,党的领导干部要在为人民谋利益、坚持群众路线中创造政绩;要在坚持实事求是的思想路线中创造政绩;领导干部的素质及责任是创造政绩的条件;创造政绩的保证就是要克服官僚主义,应该从多方面而不是片面地考查政绩。

1. 要在为人民谋利益、坚持群众路线中创造政绩

1937 年 5 月,毛泽东在中国共产党全国代表会议上指出:"我们党的组织要向全国发展,要自觉地造就成万数的干部,要有几百个最好的群众领袖。这些干部和领袖懂得马克思列宁主义,有政治远见,有工作能力,富于牺牲精神,能独立解决问题,在困难中不动摇,忠心耿耿地为民族、为阶级、为党而工作。"[2]毛泽东强调创造政绩要坚持群众路线的工作方法,在 1949 年 3 月党的七届二中全会上,毛泽东告诫全党同志要全心全意为人民服务,牢记"两个务必",做出实实在在的成绩。

2. 要在坚持实事求是的思想路线中创造政绩

1941 年 5 月,毛泽东在延安干部会上作了《改造我们的学习》的报告,强调要在全党形成实事求是的态度,同时他赋予实事求是的科学含义。在探索社会主义建设道路过程中,毛泽东要求全党要脚踏实地,不要弄虚作假。1958 年 11 月,他在武昌会议上

---

[1] 习近平:《习近平著作选读》第二卷,人民出版社 2023 年版,第 109 页。
[2] 《毛泽东选集》第一卷,人民出版社 1991 年版,第 277 页。

的讲话中对当时有的领导干部工作浮夸、热衷于表面文章、盲目追求高指标、搞评比作假的现象提出了批评。①

3. 要在培养高素质的干部队伍中创造政绩

毛泽东在中国革命和建设的长期实践中，从马克思主义视阈探索了政绩的核心内容、考核的依据、构建政绩的要求和应避免的误区，形成了马克思主义中国化的政绩观。② 1938 年 10 月，毛泽东在党的六届六中全会所作的《论新阶段》报告中提出了党的"任人唯贤"的干部路线和"德才兼备"的干部标准，强调要善于关心、爱护、识别和使用干部，为党的干部工作奠定了思想基础，并论述了关心、爱护、识别和使用干部的原则和方法。

4. 要在克服官僚主义的作风中创造政绩

只有克服官僚主义才能从思想上消除领导干部的主观主义。毛泽东指出："反科学的反马克思列宁主义的主观主义的方法，是共产党的大敌，是工人阶级的大敌，是人民的大敌，是民族的大敌，是党性不纯的一种表现。"③克服官僚主义才能在组织上克服自由主义。毛泽东在《反对自由主义》一文中列举了自由主义的种种表现，并指出："革命的集体组织中的自由主义是十分有害的。它是一种腐蚀剂，使团结涣散，关系松懈，工作消极，意见分歧。它使革命队伍失掉严密的组织和纪律，政策不能贯彻到底，党的组织和党所领导的群众发生隔离。"④只有克服官僚主义才能使领导干部在价值取向上克服个人主义。正如毛泽东所指出的，我们的干部"不要自私自利，不要个人英雄主义和风头主义，不要懒惰和消极性，不要自高自大的宗派主义，他们是大公无私的民族的阶级的英雄，这就是共产党员、党的干部、党的领袖应该有的性格和作风"⑤。

5. 要在全面看问题的评价中考查政绩

毛泽东历来强调全面而不是片面地看问题，强调考核政绩也是多方面的。毛泽东认为，政绩不仅包括经济方面，还包括政治、文化方面，领导干部必须在实践中为我国的物质文明、政治文明、精神文明的发展作贡献。如果只强调一个方面，其他两个方面搞不好或者滞后，甚至损害其他两个方面的发展，都不是真正地创造出了政绩。毛泽东还强调，政绩既包括近期政绩，也包括长期政绩。领导干部应该正确处理两者的关

---

① 《毛泽东文集》第七卷，人民出版社 1999 年版，第 445—449 页。
② 武永江：《论毛泽东的政绩观》，《学术论坛》2011 年第 7 期。
③ 《毛泽东选集》第三卷，人民出版社 1991 年版，第 800 页。
④ 《毛泽东选集》第二卷，人民出版社 1991 年版，第 360 页。
⑤ 《毛泽东选集》第一卷，人民出版社 1991 年版，第 277 页。

系,一方面,要给人民看得见的物质利益;另一方面,要作长远的打算,正如毛泽东在抗日战争时期指出的那样,"任何地方必须十分爱惜人力物力,决不可只顾一时,滥用浪费。任何地方必须从一开始工作的那一年起,就计算到将来的很多年,计算到长期坚持战争,计算到反攻,计算到赶走敌人之后的建设"①。

(二)邓小平的政绩观

邓小平是我国改革开放的总设计师。他不仅关心改革开放和社会主义现代化建设事业,而且十分重视干部队伍建设。邓小平在长期的革命、建设和改革开放伟大实践中,形成了正确的政绩观。邓小平政绩观的出发点是为人民造福,理论基础是辩证的发展观,检验标准是人民满意不满意,思想方法是求真务实。

1. 出发点:为人民造福

邓小平有一句名言:"我是中国人民的儿子,我深情地爱着我的祖国和人民。"早在抗日战争时期,他就提出:"凡是于人民有利的事情,无不尽力提倡与实行。"在"文化大革命"那段艰难的日子里,在周恩来的力荐下,他得以恢复工作,首先想到的就是改善群众的生活。为了尽快地提高人民生活水平,在邓小平的领导下,我们党采取扎扎实实并且富有成效的步骤来实施治穷方略。短短十几年的光景,便使中国的面貌发生了惊人的变化,给人民以实惠已不再是一个抽象的理论问题,而是一个看得见、摸得着的事实。老百姓有副对联"翻身不忘毛泽东,致富感谢邓小平",真实道出了亿万人民的心里话。

2. 理论基础:辩证的发展观

理论是行动的指南,正确的政绩观有赖于正确发展观的指导,没有正确的发展观,就不能形成正确的政绩观。邓小平的政绩观是建立在正确的发展观基础之上的。关于邓小平理论中的发展观,有人过去更多关注的是以经济建设为中心、大力发展生产力、跳跃式的发展等理论视野,缺乏全面的、科学的理解。综观邓小平理论中的发展观,它既强调发展经济,又强调发展政治和文化;既强调跳跃式的上台阶的发展,又强调注重速度和效益结合的发展;既强调提高国家的综合实力,又强调大力改善人民生活;既强调改革开放,又强调社会稳定。可以说,邓小平的发展观是综合平衡的发展观,是又好又快的发展观。②

---

① 《毛泽东选集》第三卷,人民出版社 1991 年版,第 1019—1020 页。
② 李锦章、魏登才:《论邓小平的政绩观》,《江汉论坛》2004 年第 11 期。

3.检验标准:人民满意不满意

在南方谈话中,邓小平对衡量改革开放工作的是非标准作了进一步概括,更加明确地提出了"三个有利于"的标准。他指出:"判断的标准,应该主要看是否有利于发展社会主义社会的生产力,是否有利于增强社会主义国家的综合国力,是否有利于提高人民的生活水平。"①从上述论述中可以看出,邓小平政绩观的最终检验标准就是群众利益标准,具体来讲,就是看"人民拥护不拥护""人民赞成不赞成""人民高兴不高兴""人民答应不答应"。邓小平主持制定的党的路线、方针、政策都是以人民利益为基础的,以人民是否拥护、是否满意、是否赞成、是否答应为出发点和最高标准的。邓小平不仅指明了检验政绩的标准,而且在如何对待个人政绩问题上,亦为各级领导干部树立了楷模。邓小平多次讲,"改革是大家的主意,人民的要求""永远不要过分突出我个人"。

4.思想方法:求真务实

解放思想、实事求是是邓小平理论的精髓,也是以邓小平同志为核心的第二代中央领导集体在改革开放中认识和创造政绩的思想基础。从邓小平创造政绩的思想方法和工作方法上来讲,主要有四个明显特点:一是要解放思想。他曾大声疾呼:"不打破思想僵化,不大大解放干部和群众的思想,四个现代化就没有希望。"②二是要扎扎实实做事。他主张选干部"要选那些艰苦朴素,实事求是,说老实话,办老实事,做老实人,作风正派的人"③。三是要艰苦创业奋斗。在南方谈话中,他从社会主义前途命运的高度,警醒全党"我们搞社会主义才几十年,还处在初级阶段。巩固和发展社会主义制度,还需要一个很长的历史阶段,需要我们几代人、十几代人,甚至几十代人坚持不懈地努力奋斗,决不能掉以轻心"④。四是要力戒形式主义。关于作风问题,邓小平一贯强调反对官僚主义、本本主义、形式主义。

(三)江泽民的政绩观

领导干部要按照"三个代表"重要思想的要求创造政绩;必须坚持一切从实际出发,以求真务实的态度创造政绩;坚持历史唯物主义的群众史观是江泽民政绩观的一条主线;坚持与时俱进是江泽民政绩观的时空视野和思维向度。

---

① 《邓小平文选》第三卷,人民出版社1993年版,第372页。
② 《邓小平文选》第二卷,人民出版社1994年版,第143页。
③ 《邓小平文选》第二卷,人民出版社1994年版,第75页。
④ 《邓小平文选》第三卷,人民出版社1993年版,第379—380页。

1. 要按照"三个代表"重要思想的要求创造政绩

2000年2月,在广东省考察工作时,江泽民从全面总结党的历史经验和如何适应新形势新任务的要求出发,首次提出并比较全面地阐述了"三个代表"重要思想。具体内容为:中国共产党始终代表中国先进生产力的发展要求、始终代表中国先进文化的前进方向、始终代表中国最广大人民的根本利益。"三个代表"重要思想是我们党的立党之本、执政之基、力量之源,只有按照"三个代表"重要思想的要求创造政绩,才能不断推动先进生产力的发展、促进先进文化的进步、实现人民群众的根本利益,才能干出党和人民所需要的政绩。

2. 必须坚持一切从实际出发,以求真务实的态度创造政绩

创造政绩必须一切从实际出发。江泽民要求全党尤其是领导干部,要"一切从实际出发,自觉地把思想认识从那些不合时宜的观念、做法和体制中解放出来,从对马克思主义的错误的和教条式的理解中解放出来,从主观主义和形而上学的桎梏中解放出来"①。创造政绩必须尊重客观规律。要干出真正的政绩,必须把实干精神和科学态度结合起来,尤其应当强调坚持按客观规律办事、提高科学性、减少盲目性、克服片面性。创造政绩必须把工作的立足点放在真抓实干上,着力解决重大实际问题,以我们正在做的事情为中心,着眼于新的实践和新的发展,开拓前进。

3. 坚持历史唯物主义的群众史观是江泽民政绩观的一条主线

群众史观是江泽民政绩观的根本出发点和落脚点。社会主义之所以不同于人类历史上其他任何一种社会形态,主要因为它是以无产阶级政党为领导的,以广大人民群众为政治基础的。江泽民指出:"政治问题,从根本上说,就是对人民群众的态度问题和同人民群众的关系问题。"②领导干部树立政绩观,最为重要的就是要牢记政绩之本在于人民,总结起来就是政绩的价值目标是为民,政绩的衡量标准是人民,政绩的取得依靠人民。

4. 坚持与时俱进是江泽民政绩观的时空视野和思维向度

与时俱进是马克思主义最重要的理论品质,同时也是领导干部的执政要求。江泽民在党的十六大报告中指出:"与时俱进,就是党的全部理论和工作要体现时代性,把握规律性,富于创造性。"③树立和坚持正确的政绩观,必须始终保持与时俱进、开拓创

---

① 《江泽民文选》第三卷,人民出版社2006年版,第284页。
② 中共中央文献研究室:《十五大以来重要文献选编》(上),人民出版社2011年版,第134页。
③ 《江泽民文选》第三卷,人民出版社2006年版,第537页。

新的精神状态。抓住机遇,加快发展,要求各级领导干部不断增强责任感、使命感,始终保持坚忍不拔、奋发有为的精神状态,不惧怕困难,不因循守旧,更加自觉、更加坚定地坚持与时俱进、开拓创新,永不自满、永不懈怠。江泽民政绩观要求领导干部要有高瞻远瞩的气度,要有实践出政绩的识度,要有不断开拓创新的力度。

(四)胡锦涛的政绩观

树立科学的政绩观,要以科学发展观为统领,加强党的思想政治理论建设,大力发扬求真务实精神,注重对干部政绩观的科学考核。①

1. 以科学发展观为统领创造政绩

科学发展观的第一要义就是发展,核心是以人为本,基本要求是全面协调可持续,根本方法是统筹兼顾。科学发展观和正确政绩观是内在统一的,科学发展观是正确政绩观的统领和指导,不坚持科学发展观,就不可能有正确的政绩观,只有牢固树立科学发展观,才能确立正确的政绩观。胡锦涛指出:"要把树立和落实科学发展观与坚持正确的政绩观紧密结合起来。科学发展观引导着正确的政绩观的树立,正确的政绩观又保证着科学发展观的落实。"②自觉地树立和落实科学发展观,坚持按照科学规律来谋划发展大计,做到凡是符合科学发展观的事情就全力以赴地去做,不符合的就毫不迟疑地去改。

2. 通过不断加强思想政治工作创造政绩

思想政治教育在树立正确政绩观过程中有着不可替代的作用,通过加强思想政治教育有助于引导党员、干部坚定理想信念,提高理论水平,摒弃片面的政绩观,进一步增强树立科学政绩观的自觉性和坚定性。胡锦涛明确提出:"要把树立正确的政绩观作为新时期党的建设新的伟大工程的重要内容,通过加强思想政治建设和深化干部制度改革予以切实保证。"③胡锦涛在第十七届中央纪律检查委员会第三次全体会议上强调:"必须坚持不懈地加强领导干部党性修养,使各级领导干部始终保持共产党人的政治本色,发扬党的光荣传统和优良作风,树立和坚持正确的事业观、工作观、政绩观,以优良作风带领广大党员、群众迎难而上、锐意改革、共克时艰。"④

---

① 方慧:《论胡锦涛的科学政绩观》,《重庆文理学院学报(社会科学版)》2012 年第 5 期。
② 中共中央文献研究室:《十六大以来重要文献选编》(中),中央文献出版社 2011 年版,第 71—72 页。
③ 中共中央文献研究室:《十六大以来重要文献选编》(上),中央文献出版社 2011 年版,第 511 页。
④ 《加强领导干部党性修养弘扬良好作风　继续推进党风廉政建设和反腐败斗争》,《人民日报》2009 年 1 月 14 日第 1 版。

3.大力发扬求真务实精神创造政绩

求真务实是马克思主义科学世界观和方法论的本质体现,是对马克思主义认识论精神实质的精辟概括。求真务实是树立正确政绩观的思想理论基础,胡锦涛指出:"要大力发扬求真务实精神。正确的决策、好的工作思路,必须有良好的工作作风来保证其贯彻落实。各级领导干部要带头发扬脚踏实地、埋头苦干的好作风,不图虚名,不务虚功,坚决反对形式主义、官僚主义,把各项决策和工作落到实处,以求真务实作风保证落实科学发展观和正确政绩观。"①只有发扬求真务实精神,才能做到解放思想,牢固树立正确政绩观,创造出人民满意的实绩。

4.注重对干部政绩观的科学考核

胡锦涛非常重视对干部正确政绩观的培养和考核。他指出:"考核干部政绩,要注重考察落实科学发展观的实际成效,坚持用是否服务于人民、造福于人民,是否遵循客观规律和科学规律,是否推动经济社会协调发展,是否对子孙后代负责、对长远发展负责,作为考核干部政绩的根本标准。要通过健全的制度,形成促使广大干部肯干事、会干事、干好事的导向,促进科学发展观的贯彻落实。"②只有坚持科学的政绩考核,才能督促党员干部树立正确的政绩观。胡锦涛告诫全体党员干部,追求什么样的政绩,是衡量一名领导干部能否正确对待群众、正确对待组织、正确对待自己的试金石。

(五)习近平总书记的政绩观

在习近平总书记关于政绩观的重要论述中,为谁树立政绩和树立什么样的政绩是逻辑起点,用什么态度和方法树立政绩是逻辑中介,如何考核和评价政绩是逻辑终点。③ 对上述问题的科学回答,构成了习近平总书记新时代政绩观重要论述的科学内涵。

1.执政为民是根本出发点

习近平曾在《关键在于落实》一文中强调:"我们做事情、干工作,如果做到了上有利于国家、下有利于人民;既符合国家和人民眼前利益的要求,又符合国家和人民长远利益的要求;既能促进经济社会发展,又能促进国家富强和人民幸福,那就做出了党和人民所需要的真正的政绩。"④领导干部要树立正确的政绩观,是以人民为主体的政绩观,是为了实现广大人民群众最根本利益的政绩观,这就要求既要防止不作为,又要防

① 胡锦涛:《全面贯彻落实科学发展观　推动经济社会又快又好发展》,《求是》2006 年第 1 期。
② 中共中央文献研究室:《十六大以来重要文献选编》(中),中央文献出版社 2011 版,第 72 页。
③ 张利涛:《习近平政绩观重要论述的逻辑进路、内涵意蕴与实践遵循》,《前沿》2023 年第 1 期。
④ 习近平:《关键在于落实》,《求是》2011 年第 6 期。

止乱作为,就是要在工作岗位上有所为、有所不为。习近平总书记强调,干事创业一定要树立正确的政绩观,要做到"民之所好好之,民之所恶恶之",要求真务实、真抓实干,自觉从人民利益出发,决不能为了树立个人形象,搞华而不实、劳民伤财的"形象工程""政绩工程"。

政绩的最高目标是实现人民群众的根本利益。习近平总书记始终强调树政绩的根本目的是为人民谋利益。领导干部要把群众的冷暖疾苦放在心上,为民办实事、办真事,只有真正地把人民群众当作自己头上的天,才能做好领导干部,才能得到人民的拥戴。因此,追求什么样的政绩,是为人民群众谋利益,还是为个人谋私利,是衡量领导干部政绩观正确与否的分水岭。他在基层工作中得到的最彻底的感悟就是,各级领导干部都是人民群众的勤务员,手里的职权都是人民群众赋予的,所以,领导干部肩上最大的责任就是向人民负责,向群众负责,向头上这顶"乌纱帽"负责。

2. 新发展理念是理论基础

党的十八届五中全会提出创新发展、协调发展、绿色发展、开放发展、共享发展,统称为新发展理念,新发展理念是科学发展观的重要内容之一。新发展理念与正确政绩观是一脉相承、相互联系的。新发展理念是树立和落实正确政绩观的前提和基础,它引导着正确政绩观。反过来,正确政绩观又保证新发展理念的实现和落实。习近平总书记强调,树立正确政绩观,就要实现政绩观与科学发展观的协调统一,真正做到政绩为了人民、政绩依靠人民、政绩成果由人民共享。按照新发展理念的基本要求树立正确政绩观,用正确政绩观来指引领导干部和人民群众的工作实践,对切实落实新发展理念和树立正确政绩观具有重大的理论意义和现实价值。

2013 年 9 月,习近平总书记在指导河北省委常委班子专题民主生活会时强调,要"树立正确政绩观,切实抓好打基础利长远的工作""我们应该从制度上防止急功近利和短期行为。'功成不必在我',实际上就是要处理好大我和小我的关系,长远利益、根本利益和个人抱负、个人利益的关系"。[①] "功成不必在我"是对领导干部的基本要求,我们所进行的事业是伟大的事业,这个事业不可能一蹴而就,不可能在一年、一个任期内完成。领导干部要树立正确的历史观、全局观、政绩观。其中,政绩观的要求就是要认真贯彻新发展理念的要求,维护和发展人民群众的根本利益,不以付出损害长远利益的代价干杀鸡取卵的蠢事,不以牺牲环境为代价追求一时的发展速度,不以借口维护群众的利益而忽视全局,搞部门利益。

[①] 《习近平参加河北省委常委班子专题民主生活会纪实》,《人民日报》2013 年 9 月 27 日第 2 版。

3. 抓好党建是追求和创造政绩的第一要求

领导干部必须树立具有执政意识的政绩观。习近平总书记强调:"各级各部门党委(党组)必须树立正确政绩观,坚持从巩固党的执政地位的大局看问题,把抓好党建作为最大的政绩。如果我们党弱了、散了、垮了,其他政绩又有什么意义呢? 各级党委要把从严治党责任承担好、落实好,坚持党建工作和中心工作一起谋划、一起部署、一起考核,把每条战线、每个领域、每个环节的党建工作抓具体、抓深入,坚决防止'一手硬、一手软'。对各级各部门党组织负责人特别是党委(党组)书记的考核,首先要看抓党建的实效,考核其他党员领导干部工作也要加大这方面的权重。"①

应当说,领导干部是否具有执政意识的政绩观,也关系到党的生死存亡。党员领导干部不仅要有身份意识,更要有执政观念。只有不忘党员身份,才能名副其实地在党言党、在党爱党、在党忧党;只有牢记执政使命,才能自觉自愿地在党为党、在党兴党、在党护党。两者的高度统一,就是具有执政意识的政绩观的党性要求。党员领导干部只有在这种政绩观指导下创造出的政绩,才是维护和巩固党的执政基础的政绩,才是巩固和延续党的执政地位的政绩,才是赢得人民群众拥护和支持的政绩。

4. 经得起实践、人民和历史检验的政绩是根本评价标准

坚持"实践是检验真理的唯一标准"的实践观是中国共产党人的鲜明品格,在党员干部政绩考核中坚持实践标准,是树立正确政绩观的必然要求。用实践的观点看政绩,就是要求党员干部重实干、务实事、求实效,创造的各项政绩都应该经得起实践检验。习近平总书记在参加河北省委常委班子专题民主生活会时的讲话中要求:"要建立科学规范的干部考核评价体系,形成激励干部求真务实的有效机制。"②党员干部在干事创业过程中一定要贯彻实事求是的思想路线,要清醒地认识到,任何弄虚作假的行为都不可能创造出真正的政绩。

中国共产党的根本宗旨和中国共产党人的初心使命,指向的行为主体都是人民,党员干部的政绩自然要由人民来检验。正如习近平总书记所言:"民心是最大的政治,正义是最强的力量。正所谓'天下何以治? 得民心而已! 天下何以乱? 失民心而已!'社情民意是观察政治问题的晴雨表。"③无论任何时候,党员干部都要以造福人民为最大政绩,多谋民生之利,多解民生之忧,不断增强人民群众的获得感、幸福感、安全

---

① 习近平:《在党的群众路线教育实践活动总结大会上的讲话》,《人民日报》2014 年 10 月 9 日第 2 版。

② 中共中央党史和文献研究院:《习近平关于力戒形式主义官僚主义重要论述选编》,中央文献出版社 2020 年版,第 99 页。

③ 中共中央文献研究室:《习近平关于全面从严治党论述摘编》,中央文献出版社 2016 年版,第 190 页。

感,创造令人民群众满意的政绩。习近平总书记在党的二十大报告中强调:"江山就是人民,人民就是江山。中国共产党领导人民打江山、守江山,守的是人民的心。"①让人民高兴,令人民满意,经得起人民检验,是衡量党员干部政绩最重要的尺度。

中国共产党人秉持将历史置于纵深过程评价、以洞察历史发展规律的大历史观。党员干部的政绩经得起历史检验,既十分重要,又十分不易。党员干部在看待政绩和创造政绩的问题上,要坚定历史自信,赢得历史主动,坚持用历史的眼光看待政绩,从历史发展的需要出发创造政绩,让政绩经得起历史的检验。习近平总书记指出:"从要求看,全面建成小康社会要得到人民认可、经得起历史检验,必须做到实打实、不掺任何水分。"②党员干部的任何政绩都必须是实打实,容不得任何弄虚作假。事实证明,经得起历史经验和经得起实践、人民检验是密不可分的,经得起历史检验的政绩必然能够经得起实践和人民的检验。

5.真抓实干是创造政绩重要方法

空谈误国,实干兴邦。任何政绩的取得都是靠实干得来的,习近平总书记强调:"要把'三严三实'要求贯穿改革全过程,引导广大党员、干部特别是领导干部大力弘扬实事求是、求真务实精神,理解改革要实,谋划改革要实,落实改革也要实,既当改革的促进派,又当改革的实干家。"③历史和实践证明,只有"促进派"和"实干家"才能成事,才能创造无愧于党和人民的政绩。习近平总书记在 2018 年新年贺词中指出:党的十九大擘画了宏伟蓝图,"九层之台,起于累土。要把这个蓝图变为现实,必须不驰于空想、不骛于虚声,一步一个脚印,踏踏实实干好工作"④。习近平总书记要求中青年干部"要牢记空谈误国、实干兴邦的道理,坚持知行合一、真抓实干,做实干家"⑤。2013 年 4 月,在同全国劳动模范代表座谈时,习近平总书记指出:"真抓才能攻坚克难,实干才能梦想成真。我们要在全社会大力弘扬真抓实干、埋头苦干的良好风尚。"⑥党员干部要以求真务实的精神、真抓实干的态度,以中国式现代化全面推进中华民族伟大复兴,创造让人民满意、彪炳史册的政绩。

---

① 习近平:《习近平著作选读》第一卷,人民出版社 2023 年版,第 38 页。
② 习近平:《习近平谈治国理政》第三卷,外文出版社 2020 年版,第 147 页。
③ 习近平:《习近平谈治国理政》第二卷,外文出版社 2017 年版,第 105 页。
④ 《国家主席习近平发表二〇一八年新年贺词》,《人民日报》2018 年 1 月 1 日第 1 版。
⑤ 《在常学常新中加强理论修养　在知行合一中主动担当作为》,《人民日报》2019 年 3 月 2 日第 1 版。
⑥ 习近平:《习近平谈治国理政》第一卷,外文出版社 2018 年版,第 48 页。

四、贯彻落实正确领导政绩观的实践路径

领导干部的政绩观既与其个人素质修养有关，又与我们党和国家现行体制、工作机制和具体制度密不可分。树立正确的政绩观，不仅需要领导干部的内在能动机制，还离不开完善的外在制约机制。[①]

(一)健全内在的能动机制

一是要树立责任意识，创造人民群众满意的政绩。领导干部要带头树立责任意识，落实责任制度，践行党的宗旨，把全心全意为人民谋利益作为自己的终身追求，把解决人民群众最关心最直接最现实的利益问题放在工作首位，坚持问政于民、问需于民、问计于民，真正做到权为民所用、情为民所系、利为民所谋，多办顺民意、解民忧、增民利的实事。

二是要坚持科学发展观，创造经得起实践检验的政绩。政绩是在实践中创造的，必须用实践的标准来检验。用科学发展观引导政绩观，牢固树立"立党为公、执政为民"的意识，既要抢抓机遇、加快发展，又要脚踏实地、量力而行。在实践中要避免短期行为，远离"形象工程"，创造出有利于经济社会健康发展、经得起实践检验的政绩来。

三是要树立优良作风，创造经受得住历史评判的政绩。要用发展的观点来衡量政绩给经济社会带来的眼前变化和长远影响。领导干部要坚持求真务实、不图虚名、不务虚功、不谋私利，多做有利于经济社会长远发展的好事，发扬兢兢业业和真抓实干的良好作风，形成扎扎实实的工作业绩，创造出经受得住历史评判的政绩来。

(二)完善外在的约束机制

一是要完善干部政绩考核体系。要充实考核内容，使干部既重视当前政绩，也注重工作的后续效应，克服"短期行为"。要明确考核标准，引导广大干部正确处理显绩和潜绩、整体利益与局部利益的辩证关系，克服或避免领导干部的投机心理。要改进考核方法，除传统的人事部门外，加大审计、统计、财税等专业部门对考核指标的审核监督力度，防止考核结论的片面性。

二是要完善干部政绩监督机制。要拓宽监督渠道，坚持党内监督与党外监督相结合，组织监督与群众、社会、舆论监督相结合；要延长监督链条，不仅要重视事后监督、结果监督，更要强化事前监督、过程监督，促进领导干部自觉纠正"形象工程"和急功

---

① 陈景云：《关于领导干部树立和坚持正确政绩观的思考》，《理论探讨》2009 年第 5 期。

近利的错误观念;要落实监督措施,推进党务政务公开,使党员群众享有更多的知情权、表达权、监督权,加大"形象工程"的监督力度,严格追究责任。

三是要建立科学稳定的干部选用和任职期限制度。加大干部任职的公开竞争力度,在干部"上"与"下"过程中赋予人民群众更大的话语权,真正激发出干部创造实实在在政绩的责任感和争取人民群众真心认可的危机感和紧迫感。自觉树立正确政绩观,要从制度上解决一些地方频繁更换干部的问题,严格落实领导干部任期制度,任职时间要在法律或者政策层面予以固定,避免干部急功近利行为的发生。

第二节　领导绩效考核

领导绩效是领导活动的出发点和归宿,是反映领导者能力和领导活动成效的一项综合性指标,严格考核和正确评价领导绩效是提高领导工作水平的重要途径。

一、领导绩效的内涵与特点

"绩效"一词来源于管理学,认为"绩效"是成绩与成效的综合,是一定时期内的工作行为、方式、结果及其产生的客观影响。在现代汉语中,"绩效"一词是由"绩"和"效"两个字组成的合成词。"绩"是指"业绩",即工作结果;"效"是指"效率",即工作过程。"绩效"一词的英文是 performance,其含义还有"表现"的意思。综上所述,绩效就是一定时期内的工作行为、方式、结果及其产生的客观影响,它不仅包括结果,而且还包括过程,是工作业绩、工作态度和工作行为等的总和。

(一)领导绩效的内涵

目前,学术界对领导绩效的内涵界定尚未形成统一的认识,概括起来,主要有如下几种观点。第一种观点认为,领导绩效是指领导者实施领导活动所取得的成绩与效果,或领导行为的作用所产生的客观结果。它是领导素质、领导决策、领导用人、领导思想政治工作和领导艺术等方面的综合体现。第二种观点认为,领导绩效是指领导活动中的投入与产出之比,即消耗与效果之比,也指在完成和实现既定目标时所取得成就的程度。第三种观点认为,领导绩效是衡量领导者履行其职责的领导能力、领导水平、领导方法和领导艺术的综合性标准。综合上述观点,领导绩效是指领导者为了完成既定目标,在实施领导过程中的态度、行为、能力和业绩等的总称,包括领导效率、领导效果和领导效益。

正确理解领导绩效的内涵,应把握以下四个方面的内容。

第一,领导目标是构成领导绩效的核心内容。领导目标是指领导活动所要达到的预期目标。领导目标是否明确、是否科学、是否可行、是否能为组织及其成员所认同,是实现和提高领导绩效的基本前提。

第二,领导效率是衡量领导绩效的重要指标。领导效率是指领导者在单位时间内完成工作的数量和质量,是工作实绩与所用时间之比。领导效率能够以数量分析方法反映出领导工作的速度、节奏和频率。

第三,领导效果是领导绩效优劣的直接反映。领导效果是指领导者实施领导所产生的有效结果或实际成果。对于领导者来讲,他要让被领导者理解领导目标的意义,并为其创造或提供完成目标的工作环境,帮助其完成任务。对于被领导者来讲,则是一个接受任务、投入精力和技能、用结果来印证领导有效的过程。

第四,领导效益是衡量领导绩效的本质内容。领导效益是指领导者实施有效领导所产生的客观价值,是领导工作的最终成果以及对社会的影响。换言之,领导效益是领导活动投入与领导活动结果的比值,它包括政治效益、经济效益、文化效益、社会效益以及生态效益。

总之,领导目标、领导效率、领导效果及领导效益四者之间是互相联系、互相制约、互相促进的关系。领导目标是实现领导绩效的出发点和归宿;领导效率是衡量实现领导目标的数量描述;领导效果是领导活动实际成效的直接反映,是高效或低效、有效领导或无效领导的显著标志;领导效益是领导活动的最终结果,是衡量领导绩效的本质内容。

(二)领导绩效的特点

领导绩效最主要的特点是多因性、多维性、动态性、客观性和连续性。

1. 多因性

领导绩效的多因性是指领导绩效的优劣取决于主客观多个因素的影响,既包括主观因素,如领导者的领导能力、领导艺术、领导风格等,上级领导的支持与下属的工作能力、工作态度等,又包括客观因素,如领导体制、领导机制、领导环境等。

2. 多维性

领导绩效的多维性强调的是综合性,是指领导绩效可以从多个维度来考核,譬如最常见的可以从德、能、勤、绩、廉五个维度来考核领导绩效。

3. 动态性

领导绩效的动态性主要是指领导绩效会随着领导者与被领导者的能力、态度、内外部环境等因素的变化而变化,另外领导绩效还会随时间的推移和空间的转换而发展变化。

4.客观性

领导绩效的客观性是指领导活动产生的结果具有客观性,它是不以人的主观意志为转移的。领导活动的结果,即领导效果是客观存在的;领导活动产生的社会影响,即领导效益也是客观存在的。

5.连续性

任何领导绩效的创造,都离不开前人的工作基础和积累,而任何领导者的工作绩效,在客观上又会为后人的工作奠定一定的基础。

二、领导绩效考核的内涵与意义

(一)领导绩效考核的内涵

领导绩效考核又称领导绩效考评或领导绩效评估,是指考核主体按照一定的程序、标准及方法,对领导者的工作绩效进行考核和评价的活动。

领导绩效考核是领导活动中技术性最强的环节之一,也是领导者和被领导者最为关心的内容。虽然领导活动所产生的结果是客观的,是不以人的主观意志为转移的,但是对领导者的绩效考核还涉及价值观问题,是考核者在一定的价值观念和原则指导下,运用一定的方式和方法,对领导结果进行考核与评价,具有明显的主观性。另外,领导绩效考核本身不是目的,而是手段,目的是通过对领导绩效的考核,引导领导者的行为,使之有助于实现组织的目标。因此,领导绩效考核是一项重要而复杂的、主观见之于客观的活动,是提高领导能力、领导水平及领导绩效的一种重要途径和手段。

(二)领导绩效考核的意义

领导绩效考核是检验领导者领导水平、领导质量和领导效益的有效手段,是促进领导工作上水平的有力措施。以科学的态度和方法对领导者绩效进行考核,对于深化领导体制改革,加强干部队伍建设具有非常重要的意义。

1.领导绩效考核有助于提高领导绩效

领导绩效考核是领导绩效管理的关键环节,它具有明确的导向性。领导绩效考核不是走形式、走过场,而是通过绩效考核引导领导者的行为朝着有利于经济社会的方向发展,改善领导者的工作作风,优化领导者素质,增强领导者的领导能力,从而达到提高领导绩效的目的。因此,领导绩效考核是提高领导绩效的基础,是按照一定的标准、依照严格的程序对领导绩效进行科学的考核和评价,并在此基础上进行合理的奖惩,从而能够形成良性的竞争机制,激励先进、鞭策后进,从整体上提高领导绩效。

2. 领导绩效考核有助于加强对领导活动的民主监督

领导绩效的考核过程,实质上是领导环节与领导过程的再现,是对领导行为进行检查与反思的过程。因此,通过对领导者的决策能力、用人能力、办事能力、沟通协调能力等所产生的现实性结果进行群众性考核,可以有效地遏制领导者的不良行为,纠正领导活动中的越轨行为,增强领导过程及结果的透明度,保证领导活动的正确方向。因此,从一定意义上讲,领导绩效考核使领导活动的透明度有了一定的制度保证,领导绩效考核的过程就是对领导活动的客观公正和民主监督的过程。

3. 领导绩效考核有助于规范奖惩与选拔干部工作

领导绩效考核的过程,实际上也是考察领导者的过程。在领导系统内部形成激励先进、鞭策落后、淘汰不合格者的机制,以提高领导水平和提升领导者的素质。通过科学的领导绩效考核,一方面,领导者之间的绩效差别被客观公正地反映出来,给领导者"照镜子""树榜样""敲警钟",形成改善领导工作的压力和推动力;另一方面,可以通过领导绩效的评估,了解领导者的价值理念、思想作风、能力状况等,确定其是否具有潜在的能力和培养前途,从而为评价、提拔、任用领导干部提供重要依据。

4. 领导绩效考核有助于有效改善政府形象

欧文·E.休斯在《公共管理导论》一书中指出,传统的公共行政是"僵死的、等级制的官僚制组织形式"。在公共行政范式不断演变、发展、创新的过程中,政府绩效评估活动的探索实施和深入开展,有利于改变当前政府的一些不利现象。政府在实施管理和服务的过程中,如果能够按照4E(经济、效率、效能、公平)标准来付诸行动,那么会在成本降低、生产力提高、质量改进、社会稳定等方面取得良好效果和业绩。这样,将会在一定程度上改变"僵死的、等级制的官僚制组织形式"的问题,消除干部群众对政府的一些负面印象和评价。另外,领导绩效评估在约束政府行为的同时,也可以通过绩效评估结果的展示,来印证政府在项目实施、资金管理、决策服务等过程中是科学的、合理的,政府在管理和服务的过程中是努力的、积极作为的,从而向社会大众来宣传、展示政府的正面形象。

三、领导绩效考核的内容与方法

(一)领导绩效考核的内容

在领导绩效考核中,对领导者个体进行考核时,主要是从德、能、勤、绩、廉五个方面展开的。

1. 对"德"的考核

对领导者"德"的考核,主要考核其政治素质、领导作风、职业道德、思想品德、奉献精神、组织忠诚等。

"德"是人的精神境界、道德品质和思想追求的综合体现,它决定一个人的行为方向和方式。"德"在我国不同的历史时期有不同的内涵和要求。在现阶段,对领导者"德"的考核,主要是考核领导者是否坚持党的基本路线,是否具有坚定正确的政治立场,是否忠于党和国家,是否遵纪守法、公正廉洁、遵守职业道德和社会公德,是否具有高度的政治责任感和敏锐的政治鉴别力,是否能做到权为民所用、情为民所系、利为民所谋等。

2. 对"能"的考核

"能"即能力、才能、才干、本领。能力是对领导者才识和业务方面的要求,是领导者能否胜任工作的基本条件。

对领导者"能"的考核,主要包括考核领导者认识能力、决策能力、组织能力、协调能力、应变能力和创新能力。考察其是否胜任现职或具备晋升更高职务的能力,是否善于决策、用人、激励、协调和沟通。在对领导绩效进行考核的过程中,应重点考核其在本职岗位上的业务能力和管理能力的运用、发挥、提高情况等。

3. 对"勤"的考核

"勤"即勤奋,主要是指工作时的出勤率、自觉性、责任心、责任感等。"勤"也是指一种工作态度,它可以引发相应的工作行为。

对领导者"勤"的考核,主要是考核领导者的事业心、责任感和工作态度,考察其是否以满腔的热情,积极主动地投入工作。具有强烈的事业心和责任心,勤政为民,恪尽职守,这是履行领导职责、完成工作任务的必备条件。没有"勤",就谈不上"绩"。领导者对工作必须勤勤恳恳、兢兢业业、精益求精,模范遵守规章制度。同时,领导者还必须率先垂范、严于律己、以身作则,发挥模范带头作用,牢固树立公仆意识、服务观念,经常深入基层,关心下属,勤奋好学,刻苦钻研新知识,不断提高工作能力。

4. 对"绩"的考核

"绩"即业绩、成绩,主要包括完成工作的数量、质量以及经济社会效益等,它是综合反映个人能力、态度、水平等的重要标志,是工作优劣的集中体现。

对领导者"绩"的考核,主要是指对领导者工作实效的考察和评估,是领导绩效考核的核心内容。业绩是领导者在一定的时期内完成工作的数量、质量、效率和贡献,业绩是领导绩效考核的核心。对"绩"的考核可以分为三个方面:一是工作数量;二是工作质量;三是工作效率。

5. 对"廉"的考核

"廉"即清廉、廉洁,是指工作的道德操守。对于领导者而言,"廉"在领导活动中显得尤其重要,应将其作为领导绩效考核的重要内容之一。

对领导者"廉"的考核,主要是考核领导者是否严格执行党和国家有关清正廉洁的决定;是否有违法乱纪的情况发生;是否把组织和公众利益放在首位,积极参加公益活动,自觉抵制不健康的行为;是否廉洁自律、勤政亲民、克己奉公等。廉洁奉公是党的优良传统和作风,能否保持廉洁,关系到人心向背。从这个意义上说,对领导者的"廉"进行考核,既是坚持德才兼备标准的需要,又是坚决持久地开展反腐败斗争的客观要求。

(二)领导绩效考核的方法

领导绩效考核要达到预期的效果,就必须运用科学的、适当的考核方法。考核方法既要能够客观、全面地反映领导活动的实际,又要有较强的可操作性和适用性。常见的考核方法有:自我述职法、群众评议法、专家评估法、组织考核法、目标评估法、定量分析法、案卷查阅法等。

1. 自我述职法

自我述职法是由领导干部本人对领导活动的绩效与问题进行总结分析,并将结果向考评主体进行汇报的一种自我鉴定方法。这种测评方式,优点是测评内容由于经过事先比较认真的准备,测评时间比较集中;缺点是把述职当作负担,走走过场,有可能流于形式,劳民伤财。自我述职的内容通常有:个人职责、履行职责的情况、主要政绩与目标的实现程度、工作失误及原因、今后打算和措施。自我鉴定要求真实可信,鉴定内容与岗位责任要一致。自我述职后,与会者要对述职报告进行评论并作出实事求是的评价。

2. 群众评议法

群众评议法又叫"员工评议法",就是通过群众测评、民意测验等方式对被评估者进行评议,以获得被评估者总体情况的方法。它的优点是具有民主性、群众性,能够了解到广大基层人员的看法。它的缺点是由下而上,缺乏由上而下,受群众素质局限。群众评议法是现代社会广泛使用的一种考核方法,可以通过投票法、对话法、问卷法等方式实现。投票法是由上级机关组织考核对象所在单位的群众,对该单位领导者的领导绩效按优秀、良好、较好、一般、较差等几个层次进行投票测评的方法。对话法是指由评估者找个别人谈话,或召开小型座谈会,直接了解被评估者的情况。问卷法则是将评估指标项目分级分类做成调查表,要求被调查者如实填写,然后由评估者进行数据处理和综合分析。

3. 专家评估法

专家评估法也称"专家调查法",是指聘请有关专家或权威人士对领导绩效进行评估和鉴定的评估方法,是一种不受领导活动主体所干预的评估方法。专家评估法的优势在于:一方面,专家的专业知识使其可以超越普通人的意识,容易理解领导活动自身的特殊要求;另一方面,专家并不直接参与决策,因此又能超脱于某些利益纠葛,具有旁观者清的优势。然而,专家评估法也具有一定的局限,即评估的有效性取决于参加评估的专家是否不受其他因素的干扰以及是否对领导活动过程及其成果成效了如指掌。

4. 组织考核法

组织考核法也叫"上级评议法",是指上级组织定期对所属领导者进行多侧面、多角度的评估。运用该方法,首先要建立评估小组,由其具体负责评估事项,并做到责任到人。小组成员要有被评估者的上级领导参加,以便在评估中比较合理地掌握尺度,全面了解下属的工作情况和才能,掌握群众的评价和意见。其次要建立领导工作实绩簿,如实、详细、及时地记录领导者工作任务的完成情况,既要有定性概括,又要有定量数据,还要注意收集领导者提交的有价值的工作总结、数据报表等资料,从而全面、客观地评价领导者的功过是非。

5. 目标评估法

目标评估法又称"目标对照法",就是按照领导活动中预定的目标体系,检查其完成情况,从而评定被评估者的工作绩效的方法。目标作为领导活动中的一个基本要素,既是领导活动的起点,又是领导活动的归宿。目标评估可以从内容上、层次上和时间上分期、分层、分段地进行,也可以综合地进行。为了使目标可以被考核,有三点注意事项:一是应该规定一系列数量指标,使目标获得抽象的数据性质和形式,使之能够计量和运算;二是应该通过详细阐明目标的性质、特征、完成日期和途径来提高考评程度;三是目标评估法需要注意总目标与子目标之间的关系,严防"目标替换"现象的发生。

6. 定量分析法

定量分析法指的是根据领导活动各个方面的量化指标,运用统计学方法对领导绩效进行评价的方法。具体运用时,先要建立指标体系,然后运用数学模型进行分析,最后以数据、表格等形式表示出领导者的绩效。定量分析法的优点是测评结果具有较高的说服力,比较全面客观;缺点是容易使领导者盲目追求数字,甚至异化为玩弄数字以造假。因此,在使用定量分析法开展领导绩效的实际评估中,必须把定量分析与定性评价结合起来,根据实际情况结合运用其他方法,从多方面、多角度进行评估,这样才能对领导绩效作出全面、客观、公正的评价。

7.案卷查阅法

案卷查阅法是指评估人员借助于领导干部档案和有关文书档案、资料、会议记录等对评估对象进行全面的、历史的了解的一种评估方法。查阅的案卷种类主要有干部档案、干部资料、干部信息数据、文书档案、政绩档案等。重点是查阅领导者本人的鉴定资料、审查材料、政绩材料等。

领导绩效的评估方法多种多样,在实际评估过程中,应该综合使用多种评估方法,如将平时评估与定期评估相结合、领导评价与群众评议相结合、定性评估与定量评估相结合,以取得最优的评估效果。在选择和使用各种方法时,必须从实际出发,具体问题具体分析,讲求针对性、实用性和有效性,同时在理论和实践总结的基础上不断发展并形成新的评估方法,以使领导绩效评估方法体系日益充实与完善。

第三节　创新领导绩效考核的方法与途径

鉴于当前领导干部绩效考核制度在"谁来考核""考核谁""怎样考核""考核结束后怎么办"四个环节有待完善,同时遵照《关于改进推动高质量发展的政绩考核的通知》的精神,必须创新领导绩效考核的方法和途径。

一、领导绩效考核中存在的主要问题

多年来,党和国家制定了一系列的领导绩效考核政策,指引着领导干部认真贯彻落实党中央的路线方针政策,在工作中团结和带领人民群众创造了实实在在的政绩,得到了人民群众的真心拥护。同时,也应该看到,在一些地方、一些部门的领导干部中,还存在着一些贯彻党中央的路线方针政策不力的问题,这些问题的存在,虽然有领导干部自身的原因,但同时也和领导绩效考核制度不健全、不完善密切相关。目前,领导干部绩效考核制度在四个环节存在问题,亟待解决。

(一)"谁来考核"环节存在的问题

当前,在领导绩效考核的"谁来考核"环节存在的问题主要体现在两个方面:一方面是考核主体存在的问题。负责领导绩效考核工作的考核小组成员一般包括组织人事部门的同志和从其他部门临时抽调的同志。考核结束后，这样的临时考核小组就解散了。临时组成的考核小组是非常规性机构，独立性差，临时组成人员的素质也参差不齐，有些同志被临时抽调到考核小组，由于缺乏绩效考核的专业训练，信息处理能力不强，错误判断和人云亦云的现象都可能出现，这些因素都会影响到考核的效果。

另一方面是评价主体存在的问题。首先，评价主体单一。在领导干部的绩效考核工作中，主管部门选取的评价主体往往是考核对象的上级领导、同一层级的同事和下属，这些人员或者维护下属，或者保护同事，或者抬举领导，他们提供的信息难免会出现偏差，不能全面反映领导干部的情况。其次，评价主体提供信息一定程度上存在失真。在对领导干部的绩效进行评价时，评价主体出于各种考虑，有可能向考核小组提供虚假信息，这些虚假信息也会影响到对领导干部工作绩效的公正评价。

（二）"考核谁"环节存在的问题

一是领导干部个人的绩效和领导班子的绩效甚至整个部门或单位的绩效模糊不清，难以区分。部分群众往往把整个单位的成绩归结为领导干部特别是主要领导干部的成绩，有时候单位、部门甚至整个地方的突出成绩在不同的领导干部进行陈述时都会提到，甚至都纳入自己名下，这就出现了一项成绩大家争着使用的情况。要知道任何成绩都是通过集体的努力创造出来的，而不可能完全由领导干部个人来完成，而某些领导干部为了扩大自己的政绩，把集体创造出来的成绩都记到了自己的头上，这显然是一种极端错误的做法。

二是在考核中未能有效区分不同区域、不同单位、不同部门、不同岗位之间的领导绩效差异。领导干部的绩效在不同情境下表现是不一样的。如果在绩效考核中不能有效区分不同情境之间的绩效差异，就有可能造成误判的情况。这种差异对绩效的影响主要体现在以下两个方面：客观条件的不同对绩效产生的影响不同；付出的政绩成本不同也会对领导干部的绩效产生不同的影响。

（三）"怎样考核"环节存在的问题

一是没有建立科学合理的考核指标体系。目前，部分地区或部门的领导绩效考核指标体系还不完整、不系统，具有一定的随意性，存在一些矛盾的现象：一方面是经济指标当仁不让地被列为首要指标，而其他的指标则被淡化了；另一方面是有些地方的绩效考核指标体系，把地方和部门所承担的各项工作都列入考核内容，少则几十条，多则上百条，致使考核指标体系设置过分庞杂，考核重点不突出。

二是过分依赖技术和量化数据指标。在对领导干部的绩效进行考核时,有一种倾向值得注意。有人认为,传统的考核方式太注重定性的评价,应该多增加一些定量评价的内容,于是过度追求量化指标,制定了较为烦琐的指标。有的评价方式中大量采用所谓的现代测量办法,这些办法涉及许多非常专业的知识,这对测评人员的专业素质提出了更高的要求。另外,这种机械的考核方式过分地依赖考核指标,而没有考虑人为因素和弹性因素,会产生一些考核上的争端和异议。

（四）"考核结束后怎么办"环节存在的问题

一是考核结果反馈不足。一方面是反馈对象不足,考核结果形成以后,主管部门和领导往往只把结果反馈给考核对象的领导及其本人,而忽视了普通群众,要知道普通群众有权了解领导干部绩效考核的结果,而且他们往往会根据主管部门公布的考核结果来验证自己的判断;另一方面是反馈内容不足,在反馈结果时,谈话者有时顾虑比较多,怕缺点说多了影响领导干部的积极性,所以往往只说好的、不说坏的,只说优点、不说或少说缺点,只说成绩、不说或少说不足等。

二是考核和结果运用脱节。考核结果形成后不能得到有效的运用,不能成为奖勤罚懒、奖优罚劣、激励先进、鞭策后进的手段,考核与结果运用相脱节,形成"两张皮"。考核结果反馈后,绩效差的领导干部原职原位照干不误,这样他们会认为考核就是一种形式,于是在工作中有可能我行我素、不思进取。干部群众看到绩效差的领导干部还和原来一样工作,也会伤害他们参与考核评价的积极性,同时使他们对考核的公信力产生怀疑。

二、创新领导绩效考核的方法与途径

2020 年 11 月,中共中央组织部印发《关于改进推动高质量发展的政绩考核的通知》,提出要聚焦推动高质量发展优化政绩考核内容指标,把人民群众的获得感、幸福感、安全感作为评判领导干部推动高质量发展政绩的重要标准。针对目前领导绩效考核中存在的问题,解决的主要途径有如下几个方面:

（一）科学构建考评体系,探索实施分类差异化考核

多数地方党政领导干部绩效考核根据中组部对党政领导干部德、能、勤、绩、廉五个方面设计指标体系,一套指标体系考核所有党政领导干部,无法体现不同情境下领导干部之间的差异性和可比性。因此对领导干部实行考核时,针对不同区域、不同类型单位、不同岗位的不同特点,将考评对象划分为几个类别,并在考评内容的设置、分

值权重等方面都有所区别、有所侧重。

（二）整合考核资源，推动"考人"与"考事"相结合

就党政机关部门而言，把政府绩效管理的"考事"与组织部门的"考人"有效结合，将领导班子和领导干部绩效考核职能归位于组织部门，在充分发挥组织部门优势的同时，整合和发挥纪检、发改、统计等相关职能部门的作用，将"考人""考事""考廉"结合起来，打通"考事""考人"相隔离的状况，通过"事由责定、绩由事考、人以绩论"原则，变单项考核为统一考核，变目标管理考核为绩效管理考核，形成"考事入手、考事考人相结合、考人用人相统一"的工作格局，以避免重复考核和资源浪费。

（三）充分利用技术创新，突出平时考核

对领导干部进行绩效考核，传统的考核方式很难实现对平时考核的动态监控，容易导致对领导班子绩效及领导干部个人绩效模糊不清，难以有准确的判断和分析。因此应该创新考核机制，利用信息技术构建"领导干部实绩记录研判系统"，通过大数据记录和分析领导干部的平时工作实绩，逐步把实绩研判评价的重心从目标导向逐步转移到过程监管，增强实绩研判的及时性与实效性，实现分析研判动态化。借助信息化系统建立起可闭合反馈提升的质量保证体系，确保事事有人负责，件件有人落实，逐步实现工作责任个体化。

（四）探索多重评估机制，增强考核民主性

目前领导绩效考核的组织体系和主体体系还需要完善，建立多重评估机制迫在眉睫。首先，逐级建立多重评价体制，构建外部评估主体体系和内部评估主体体系。外部评估主体包括党委、人大、政协等法定主体的评估和社会评估，内部评估主体主要包括政府机关内部的自我评估和专门机关如监察、审计评估两部分。各主体从不同角度进行评估，得出不同评估结果，再经由评估机构综合处理后得到最终评估结论。其次，建立专门绩效评估机构，以确保客观、公正，树立评估的权威性和严肃性。可以考虑成立中央政府垂直领导的各级政府绩效评估委员会，负责组织各级政府绩效评估工作，提高领导绩效评估的客观性和公正性。

（五）强化结果运用，探索干部"能上"也"能下"机制

领导政绩考核结果必须用起来，才不浪费考核过程所耗费的人力财力物力，以及考核结果所蕴含的丰富信息。政绩考核不只有"考核"，还可以实现问题诊断、问责、激励、学习、绩效改进、标杆管理等多项目标。应该把领导绩效考核评估的结果与其位子、面子、票子挂钩，将考核结果与评先评优挂钩、与奖金挂钩、与干部培养挂钩，对素

质高、能力强、绩效佳的干部,予以提拔重用,对于考核结果差的领导干部,应该予以诫勉谈话。此外,应该把领导干部考核结果作为领导干部"升降去留"的主要依据,建立考核结果公开和反馈制度,健全领导班子和领导干部实绩考核档案,作为评价、选拔、使用干部的重要依据。

【思考题】

1. 阅读材料回答问题

近日,贵州省铜仁市人大常委会原副厅长级干部陈代文被开除党籍,通报指出其违背新发展理念,搞"形象工程"和"政绩工程";江西省上饶市政府原副市长李茂荣被"双开",通报显示其政绩观扭曲,搞"形象工程""政绩工程"。相关案例再次表明,搞"形象工程""政绩工程"最终难逃纪法严惩。

二十届中央纪委三次全会对重拳纠治干部群众反映强烈的形式主义、官僚主义作出部署,要求紧盯权力观扭曲、政绩观错位现象,着力纠治急功近利、竭泽而渔、劳民伤财搞政绩工程、数据造假等问题,释放全面从严、一严到底纠治不正之风的强烈信号。

近年来,各地下大气力查处整治"形象工程""政绩工程",但从相关通报来看,此类问题仍时有发生。有的党员干部热衷于"垒假山""堆盆景""造牌楼",有的贪大求洋盲目发展高耗能项目,有的急功近利大搞低层次重复建设……一些领导干部醉心于"作秀"而不是"做事",热衷于"造势一时"而不是"造福一方"。例如,福建省厦门市人大常委会原主任陈家东在担任漳州市委书记期间,为了早出政绩、快出显绩,未经调研论证便花费 2.11 亿元打造 6 座仿古驿站,最终长期荒废闲置,成了"半拉子工程"。

搞劳民伤财的"形象工程""政绩工程",带来极大的资源浪费、发展机遇浪费,影响一个地区、领域的长远健康发展,严重损害党、国家和人民利益,从根本上背离了高质量发展的要求。新修订的《中国共产党纪律处分条例》在总则中,新增对党组织和党员"切实践行正确的权力观、政绩观、事业观"的要求。在分则中,新增第五十七条,充实党员领导干部政绩观错位,违背新发展理念、背离高质量发展要求的处分规定,将搞劳民伤财的"形象工程""政绩工程"行为由违反群众纪律调整到违反政治纪律,并规定为从重或者加重处分情形。

"纪律处分条例修订内容进一步彰显了我们党坚决纠治此类问题的决心和态度。不仅查处违纪行为,更纠正错误观念,有助于从思想源头上防止'形象工程''政绩工程'的产生。"王茜说,纪律处分条例为监督执纪提供更明确的工作思路,"在监督执纪过程中,要始终从政治纪律的高度出发,坚决查处这类损害群众利益、损害党的形象和党的执政基础的行为,有力维护党的纪律的严肃性和权威性。"

"反对搞劳民伤财的'形象工程''政绩工程'历来是党内的明确要求。《关于新形势下党内政治生活的若干准则》规定,对一切搞劳民伤财的'形象工程'和'政绩工程'的行为,要严肃问责追责,依纪依法处理。"吕晓云表示,纪律处分条例此次修订有利于推动党员领导干部认真践行正确政绩观,自觉从人民利益出发,把高质量发展的要求落到实处。

——摘编自《紧盯权力观扭曲、政绩观错位现象　坚决纠治劳民伤财搞政绩工程》(中央纪委国家监委网站报道,2024 年 4 月 21 日)

结合材料回答以下问题:

(1)结合上述材料,谈谈一味追求"形象工程""政绩工程"背后的原因是什么?

(2)党员干部应该如何践行正确的政绩观?

2.阅读材料回答问题

日前,中共中央组织部印发《关于改进推动高质量发展的政绩考核的通知》,提出要聚焦推动高质量发展优化政绩考核内容指标,把人民群众的获得感、幸福感、安全感作为评判领导干部推动高质量发展政绩的重要标准。这份文件的出台廓清了政绩考核的未来发展方向,有助于通过优化完善政绩考核来"撬动"高质量发展。

要想让领导干部高度重视高质量发展,就需要将高质量发展的相关要求纳入政绩考核体系,使之成为政绩考核的"导向器"和"指挥棒"。

发展数量和速度容易衡量,且对其考核已取得广泛共识,但是发展质量和内涵如何精准考核还未实现突破。因此,要加强中央有关部门对政绩考核的监督和指导,邀请学术机构参与政绩考核体系的研究和设计,并推动地方党政部门对政绩考核展开试点和实验工作,探索出一套能够有力推动高质量发展的政绩考核体系。要提高反映高质量发展的相关考核指标在整个政绩考核体系中的权重,使之成为政绩考核的"主旋律",真正发挥其对高质量发展的推动和引领作用。

如果人民群众的满意度和获得感没有成为政绩考核的主要指标,那么就很难推动领导干部真正树立以人民为中心的执政理念。因此,要创新人民群众参与政绩考核的方式,使之成为党政领导干部政绩考核的"裁判员",并加大民众评价在政绩考核中的权重。目前在"放管服"改革领域推行的"好差评"制度,积极探索将民众的主观评价纳入政务服务质量评价,对于持续提升政务服务水平有积极作用。与此同时,"接诉即办"等制度则通过政务热线、领导留言板等各种渠道采集民众诉求数据来考核领导干部政绩,也有助于让领导干部更加注重"眼睛向下"地解决问题和以民为先。

目前政绩考核主要通过汇总各类统计报表并进行运算完成,考核周期长,同大数据时代的发展要求相去甚远。有关党政领导班子和领导干部的政绩数据散落在经济社会发展的各个方面,唯有采用大数据分析方法进行汇总并用于评价,才能使政绩考核更加反映领导干部的真实绩效。同过去为了考核而专门收集各类数据相比,未来的政绩考核应该强化大数据分析思维,利用既有的各类业务生成和沉淀的数据进行考核。依靠大数据分析技术可以缩短政绩考核周期,并使政绩考核的可视化程度提升,考核结果有利于用于决策和对外公开。

政绩考核结果必须用起来,才不浪费考核过程所耗费的人力财力,以及考核结果所蕴含的丰富信息。政绩考核不只有"考核",还可以实现问题诊断、问责、激励、学习、绩效改进、标杆管理等多项目标。要将政绩考核真正用于党政领导班子调整和领导干部选任,成为其中至关重要的参考依据。但是,不应将政绩考核作为"一票否决""末位淘汰"的依据,否则可能诱发弄虚作假等负面结果。要将政绩考核结果在一定范围公开,并逐步扩大到全社会公开,并通过由外而内的社会监督和问责来推动领导干部持续提升治理能力。

政绩考核的核心是要使党政领导干部想干事、能干事、干成事,而这同政绩考核的价值取向、能力建设和结果导向密切相关。建立适应高质量发展要求的政绩考核体系,将使党政领导干部明确干事创业的目标和归宿,增强狠抓实干和解决实际问题的能力,并使改革和发展"瓜熟蒂落"。政绩考核注重党政领导干部在任期内的工作实绩,而其背后则反映了他们的政治胜任力和治理能力。因此,对领导干部的政绩考核意味着要将治理能力纳入其中,通过治理能力提升来推动政绩兑现,通过政绩考核来提升治理能力。

——摘自马亮《政绩考核评价体系要更加适应高质量发展需要》(《国家治理》2020年第4期)

结合材料回答以下问题:

(1)如何理解"把人民群众的获得感、幸福感、安全感作为评判领导干部推动高质量发展政绩的重要标准"这一观点?

(2)结合材料,请总结出如何建立适应高质量发展要求的政绩考核体系?

第九章　党内法规与党的自我革命

本章主要介绍领导工作遵循与领导斗争精神两个方面问题。制度治党、依规治党是中国共产党的一大创举,是坚持党要管党、全面从严治党的坚强制度保障。党内法规作为中国共产党管党治党、制度治党的实践遵循,已经形成完善的党内法规体系,掌握党内法规是领导干部必备的基本政治素养与法治素养要求,是领导干部履行领导职责的重要保障;勇于自我革命是中国共产党鲜明的政治品格,领导干部要弘扬党的自我革命精神。学习与践行党内法规,勇于开展自我革命,归根结底要求领导干部要树立法治思维与法治方式。

第一节　党内法规

领导干部要依法正确履职尽责,必须系统掌握党内法规,并将之转化为依法决策、依法办事的自觉行动。

一、党内法规的内涵与形成过程

(一)党内法规与党内规范性文件

1. 党内法规的内涵与规定性

2019 年 9 月,中共中央发布的《中国共产党党内法规制定条例》第三条规定:"党内法规是党的中央组织,中央纪律检查委员会以及党中央工作机关和省、自治区、直辖市党委制定的体现党的统一意志、规范党的领导和党的建设活动、依靠党的纪律保证实施的专门规章制度。"①这一规定明确了构成"党内法规"概念含义的六个方面规定性:第一,主体方面的规定性。党的中央组织,中央纪律检查委员会以及党中央工作机关,省、自治区、直辖市党委是制定党内法规的主体。第二,本质方面的规定性。党内法规姓"党",党内法规是中国共产党的统一意志的体现,政治性是其本质属性。第三,内容方面的规定性。党内法规的内容是规范党的领导和党的建设活动,包括党组织的工作活动与党员的言行表现。第四,保障方面的规定性。党内法规依靠党的纪律保证实施,党的纪律是一种重要的强制性力量。第五,形式方面的规定性。党内法规具有特定的名称,名称依次为党章、准则、条例、规定、办法、规则、细则 7 种形式,一般采取条款表述方式,必须根据规定权限、按照规定程序制定。第六,属性方面的规定性。党内法规属于规章制度,具有根本性、全局性、稳定性、长期性等特征。

2. 党内法规不同于党内规范性文件

党内法规内含的六个方面的规定性,决定了党内法规不同于党内规范性文件。党内规范性文件是指各级党组织在履行职责过程中形成的具有普遍约束力、在一定时期内可以反复适用的文件,一般使用决议、决定、意见、通知等名称,用段落形式表述,内容包括贯彻执行党中央决策部署、指导推动经济社会发展、涉及人民群众切身利益、加强和改进党的建设等方面的重要文件。可见,在制定主体、文件名称、表述形式、涉及内容等方面,党内法规不同于党内规范性文件,党内规范性文件的制定主体范围更广、使用的名称不同、表述形式不同、内容涉及政务更加丰富等,党内规范性文件可转化为党内法规。

3. 党内法规名称与效力

在现行有效党内法规中,党章 1 部,准则 3 部,条例 43 部,规定 850 部,办法 2034 部,规则 75 部,细则 609 部。

党内法规名称与效力可以从四个方面来把握:第一,党章是对党的性质和宗旨、路线和纲领、指导思想和奋斗目标、组织原则和组织机构、党员义务权利以及党的纪律等作出的根本规定,是中国共产党的根本大法,是全党必须遵循的总规矩。党章是最根本的党内法规,党的一切制度是从党章开始的,是所有党内法规的源头,是制定一切党内法规的基础和依据。第二,准则是对全党政治生活、组织生活和全体党员行为等作出的基本规定,是对党章的重要补充,集中体现党章的精神。在党内法规体系中,准则是效力仅次于党章的重要党内法规,属于基础主干党内法规,具有很高的权威性和稳

---

① 《中国共产党党内法规制定条例》,《人民日报》2019 年 9 月 16 日第 3 版。

定性。第三,条例是对党的某一领域重要关系或者某一方面重要工作作出全面规定,是党章精神和党章规定的具体化,是党的领导活动和党的建设工作的基本遵循。第四,规定、办法、规则、细则是对党的某一方面重要工作的要求和程序等作出具体规定,实践中占党内法规的绝大多数。① 在党内法规制度中,党章、准则、条例、规定、办法、规则、细则的排列顺序,反映了它们效力的不同,制定位阶低的党内法规必须符合位阶高的党内法规要求,党章位阶最高,效力也最高。

（二）党内法规的形成过程

1. 党内法规形成过程中的四个阶段

党内法规作为中国共产党管党治党、制度治党的实践遵循,因党而生、因党而立、因党而兴。党内法规在中国共产党成立时就已经存在,在百余年的历史发展进程中,党内法规制度建设先后经历了新民主主义革命时期的萌芽和形成、社会主义革命和建设时期的探索和曲折、改革开放和社会主义现代化建设新时期的恢复和发展、中国特色社会主义新时代的创新和完善四个重要发展阶段。把这四个阶段贯通起来看,党内法规制度建设一以贯之,党内法规制度变革一脉相承,党内法规制度框架一体布局,实现了从无到有、从少到多、由点到面、由面到体、由不完善到体系化的飞跃。②

2. 党内法规形成过程中的五个"第一次"

"党内法规"作为一个专有名词与固定概念,是在中国共产党历史发展到一定阶段才提出来的。其发展历程中标志性事件可以描述为五个"第一次":"党内法规"概念的第一次正式提出,是毛泽东在1938年9月召开的党的六届六中全会上,毛泽东在会上所作的《论新阶段》政治报告中第一次提出"须制定一种较详细的党内法规,以统一各级领导机关的行动";"党规党法"概念第一次被写入中共中央文件,是1980年2月召开的党的十一届五中全会,这次全会通过的《关于党内政治生活的若干准则》中第一次要求全党同志要"维护党规党法";"党内法规"概念第一次写入中共中央文件,是1981年6月召开的党的十一届六中全会,这次全会通过的《关于建国以来党的若干历史问题的决议》中第一次出现了"其他有关党内法规的制定"的政治论断;"党内法规"概念第一次以党内法规形式确立下来,是1990年7月中共中央印发的《中国共产党党内法规制定程序暂行条例》,明确规定党内立法的民主集中制原则,并且规定党内法规草案拟定后或在一定范围内征求意见,或在全党范围内征求意见,这标志着"党内法规"概念从此不再只是

---

① 《中国共产党党内法规制定条例》,《人民日报》2019年9月16日第3版。
② 本书编写组:《中国共产党党内法规制度建设历程研究》,法律出版社2021版,第1—5页。

领导同志讲话用语、文件用语,而真正成为具有党内法规依据和党内法规效力的规范用语;"党内法规"概念第一次载入党章,是1992年10月召开的党的十四大,这次会议修改后的《中国共产党章程》规定,党的各级纪委的主要任务之一是"维护党的章程和其他党内法规"。

二、党内法规体系的内在构成

(一)党内法规体系是一个有机统一整体

建设中国特色社会主义法治体系,包括形成完备的法律规范体系、高效的法治实施体系、严密的法治监督体系、有力的法治保障体系,形成完善的党内法规体系。党的十八大以来,为了形成完善的党内法规体系,2013年11月,党中央发布《中央党内法规制定工作五年规划纲要(2013—2017年)》,2018年2月,党中央又发布《中央党内法规制定工作第二个五年规划(2018—2022年)》。在这两个党内法规制度建设重要指导性文件的指引下,党内法规制度建设取得了历史性成就。2021年7月1日,习近平总书记在庆祝中国共产党成立100周年大会上宣布,党已经"形成比较完善的党内法规体系",2021年7月,中共中央办公厅法规局发布《中国共产党党内法规体系》。从层次上看,党内法规体系包括中央党内法规、部委党内法规和地方党内法规;从内容上看,党内法规体系是以党章为根本,以民主集中制为核心,以准则、条例等中央党内法规为主干,由各领域各层级党内法规组成的有机统一整体,可以概括为"1+4",即在党章之下,分为党的组织法规、党的领导法规、党的自身建设法规、党的监督保障法规四大板块。"截至2021年7月1日,全党现行有效党内法规共3615部。其中,党中央制定的中央党内法规211部,中央纪律检查委员会以及党中央工作机关制定的部委党内法规163部,省、自治区、直辖市党委制定的地方党内法规3241部。"[①]迈上新征程,2023年4月,党中央又发布了《中央党内法规制定工作规划纲要(2023—2027年)》,旨在聚焦提高制定质量这个核心,不断完善内容科学、程序严密、配套完备、运行有效的党内法规体系,推进党内法规制度建设进入高质量发展新阶段,进一步实现制度治党、依规治党的目标任务。

(二)党内法规体系四大板块与含义

根据2021年7月中共中央办公厅法规局发布的《中国共产党党内法规体系》,党

---

① 《习近平法治思想概论》编写组:《习近平法治思想概论》,高等教育出版社2021年版,第170页。

内法规体系基本构成如下：

1.党的组织法规

党的组织法规是调整党的各级各类组织产生、组成、职权职责等的党内法规,为党管党治党、执政治国提供组织制度保障。截至 2021 年 7 月 1 日,现行有效党的组织法规共 153 部,其中,中央党内法规 15 部,部委党内法规 1 部,地方党内法规 137 部。

2.党的领导法规

党的领导法规是规范和保障党对各方面工作实施领导,明确党与人大、政府、政协、监察机关、审判机关、检察机关、武装力量、人民团体、企事业单位、基层群众性自治组织、社会组织等领导与被领导关系的党内法规,为党发挥总揽全局、协调各方领导核心作用提供制度保障。截至 2021 年 7 月 1 日,现行有效党的领导法规共 772 部,其中,中央党内法规 44 部,部委党内法规 29 部,地方党内法规 699 部。

3.党的自身建设法规

党的自身建设法规是调整党的政治建设、思想建设、组织建设、作风建设、纪律建设等的党内法规,为提高党的建设质量、永葆党的先进性和纯洁性提供制度保障。截至 2021 年 7 月 1 日,现行有效的自身建设法规共 1319 部,其中,中央党内法规 74 部,部委党内法规 76 部,地方党内法规 1169 部。

4.党的监督保障法规

党的监督保障法规是调整党的监督、激励、惩戒、保障等的党内法规,为保证党组织和党员干部履行好党和人民赋予的职责提供制度保障。截至 2021 年 7 月 1 日,现行有效党的监督保障法规共 1370 部,其中,中央党内法规 77 部,部委党内法规 57 部,地方党内法规 1236 部。

三、加强领导干部党内法规教育的必要性

领导干部掌握党内法规是强化党的意识之必须,是担当党建工作的必备前提,是领导干部的基本功。

(一)推进新时代党的建设新的伟大工程的需要

党的二十大报告指出:"我们要落实新时代党的建设总要求,健全全面从严治党体系,全面推进党的自我净化、自我完善、自我革新、自我提高,使我们党坚守初心使

命,始终成为中国特色社会主义事业的坚强领导核心。"①开展新时代党建工作,要依据党章贯彻落实;全面加强党的领导,要依据党的领导法规贯彻落实;全面加强党的自身建设,要依据党的自身建设法规贯彻落实;切实提升党组织的政治功能与组织功能,要依据党的组织法规贯彻落实;扎实推进党的自我革命,要依据党的监督保障法规贯彻落实。不熟悉党内法规知识体系,党建工作就失去了根本遵循,党建工作的组织力、凝聚力、引领力、战斗力、影响力就无法得到充分发挥。

（二）建设优良党内政治文化的需要

从内容上看,制度属于文化的范畴;从机制上看,制度与文化相互作用,好的制度是先进文化的产物,先进文化的发扬光大要靠制度来保障。习近平总书记指出:"政治生态污浊,从政环境就恶劣;政治生态清明,从政环境就优良。政治生态和自然生态一样,稍不注意,就很容易受到污染,一旦出现问题,再想恢复就要付出很大代价。"②要营造风清气正的政治生态,破除影响政治生态的顽瘴痼疾,离不开党内法规的保驾护航,要通过党内法规发挥惩治、矫正与督促作用来保证。从根本上扭转党内不正之风,弘扬与践行党的优良传统与作风,也需要发挥党内法规的纪法保障功能。习近平总书记指出:"全党同志务必不忘初心、牢记使命,务必谦虚谨慎、艰苦奋斗,务必敢于斗争、善于斗争,坚定历史自信,增强历史主动,谱写新时代中国特色社会主义更加绚丽的华章。"③"三个务必"是党的优良传统与作风的高度概括,"三个务必"坚持得越好,就越能铲除党内不正之风的土壤与条件,可见,坚持"三个务必"是弘扬党内政治文化的根本要求。从这个意义上讲,领导干部只有强化党内法规学习,才能树立法治思维与法治方式。

（三）担当领导职能的需要

1. 党内法规是领导干部做好工作的前提

领导干部的法治素养是做好领导工作的前提与基础。2023 年 8 月,中共中央办公厅、国务院办公厅印发《关于建立领导干部应知应会党内法规和国家法律清单制度的意见》,并提出要"把领导干部应知应会党内法规和国家法律学习纳入干部教育体系"。领导干部对应知应会党内法规和国家法律清单制度不熟悉、不了解、不掌握,是

---

① 习近平:《习近平著作选读》第一卷,人民出版社 2023 年版,第 52 页。
② 习近平:《关于〈关于新形势下党内政治生活的若干准则〉和〈中国共产党党内监督条例〉的说明》,《人民日报》2016 年 11 月 3 日第 2 版。
③ 习近平:《习近平著作选读》第一卷,人民出版社 2023 年版,第 1—2 页。

不称职的,是干不好领导工作的。党内法规是领导干部法治修养的重要内容。党性修养包括政治修养、理论修养、道德修养、法治修养等,这些修养的提升都离不开党内法规教育,因此,加强党内法规教育是提高领导干部党性修养的重要要求。党内法规的自觉践行是一个认知、坚信、笃行不断强化的过程,需要学习、学习、再学习,实践、实践、再实践。

各级党组织只有切实抓好领导干部党内法规的教育工作,才能使领导干部在学习与践行党内法规的实践过程中,不断提高政治站位,增强政治"三力",使政治修养得以提高;不断强化党内法规知识以及制定党内法规条款背后的理论支撑,使理论修养得以提升;不断增强为民服务的宗旨意识,做到明大德、守公德、严私德,使道德修养得以增强;不断增强纪法观念,在法治的范围内规范自己的言行,在法治的轨道上推进工作,使法治修养得以强化。

2. 党内法规是领导干部担当好职责的保证

领导干部的法治素养是担当好领导职责的关键与保障。一般来讲,领导干部担当的领导职责,主要是政治职责、工作职责和法治职责,这里每一项职责的担当,都与法治素养密切相关。扛起法治责任,领导干部必须做到学法、懂法、守法与用法,决策要做到于法有据,选人用人要体现符合新时代党的组织路线与组织法规,用权要做到依法用权,如此等等,这些都对领导干部掌握党内法规知识提出了更高要求。

就党内法规来讲,《关于建立领导干部应知应会党内法规和国家法律清单制度的意见》明确规定:第一,在党章方面,要把学习党章作为必修课、基本功,深刻理解党章是党的根本大法,是全党必须共同遵守的根本行为规范,用党章规范自己的言行,按党章要求规规矩矩办事;第二,在党的组织法规方面,要深入学习中国共产党中央委员会工作条例、地方委员会工作条例、纪律检查委员会工作条例、党组工作条例、工作机关条例(试行)、组织工作条例、支部工作条例(试行)、党政领导干部选拔任用工作条例、推进领导干部能上能下规定等;第三,在党的领导法规方面,要深入学习中国共产党农村工作条例、统一战线工作条例、政治协商工作条例、政法工作条例、机构编制工作条例、宣传工作条例、中国共产党领导国家安全工作条例、信访工作条例、地方党政领导干部安全生产责任制规定等;第四,在党的自身建设法规方面,要深入学习关于新形势下党内政治生活的若干准则、中国共产党廉洁自律准则、重大事项请示报告条例、党政机关厉行节约反对浪费条例、中央八项规定及其实施细则、党委(党组)落实全面从严治党主体责任规定、党委(党组)理论学习中心组学习规则等;第五,在党的监督保障法规方面,要深入学习中国共产党党内监督条例、巡视工作条例、党政领导干部考核工作条例、问责条例、纪律处分条例、党员权利保障条例、组织处理规定（试行）、党内法规执行责任制规定（试行）、纪律检查机关监督执纪工作规则等。[①] 可见，领导干部在工作中不了解上述相关规定，是难以搞好领导工作的。

习近平总书记指出："天下之事，不难于立法，而难于法之必行。""国无常强，无常弱。奉法者强则国强，奉法者弱则国弱。"[②]因此，各级党组织尤其要加强在领导干部提拔工作中的党内法规知识考核，以及领导干部在担当法治责任中的工作考核，倒逼广大领导干部加强对党内法规知识的学习，推动广大领导干部自觉遵规学规守规用规，确保铁规发力、禁令生威，让领导干部把党内法规教育与学习成果转化为依法决策、依法办事的自觉行动。

四、领导干部党内法规教育存在的主要问题

通过对长期调研的第一手资料分析整理，当前领导干部党内法规教育存在的主要问题，可以归纳为以下五个方面：

（一）党内法规教育责任制落实不够

党内法规是对领导干部教育的重要内容，履行党内法规教育责任制是全面履行党建工作责任制的题中应有之义。一些基层党组织负责人关注自己要履行的政治责任、工作责任多些，关注自己要履行的法治责任少些，对履行党内法规教育责任制缺乏坚定的担当，组织领导干部对党内法规的及时跟进学习没有做到与上级要求同频共振。比如，《关于建立领导干部应知应会党内法规和国家法律清单制度的意见》中列出的《中国共产党组织工作条例》《中国共产党支部工作条例（试行）》《中国共产党统一战线工作条例》《中国共产党政法工作条例》《中国共产党宣传工作条例》《信访工作条例》等都是新制定与新修订的，由于责任制落实不到位、组织学习不及时，致使基层党组织的政治功能与组织功能发挥不充分。

（二）党内法规教育整体谋划不够

党内法规体系内容构成是多方面的，在教育学习上应该全面发力。例如，学习党章是主题党日活动中的规定动作，这里规定的党章学习是指以党章为根本的党内法规体系的学习，许多基层党组织负责人却对此作了简单片面化的理解，在基层党支部的

① 《中办国办〈关于建立领导干部应知应会党内法规和国家法律清单制度的意见〉》，《青海日报》2023 年 8 月 3 日第 3 版。
② 中共中央文献研究室：《习近平关于全面依法治国论述摘编》，中央文献出版社 2015 年版，第 70 页。

主题党日活动中,每次主题党日活动内容仅仅停留在党章上,没有利用好主题党日活动抓好与党章要求配套的其他党内法规的宣讲学习任务。

(三)党内法规教育渗透宣讲不够

在党内法规教育宣讲的方式方法上,缺乏系统思维,缺乏多点聚焦,表现为基层党组织往往将党的创新理论学习、党内规范性文件学习、榜样学习、反面典型案例剖析、国家法律法规学习等割裂开来,没有在党内法规教育上聚焦,缺乏从相互促进、相互衔接的角度,实现党内法规教育的内容延伸与质量提升,致使党内法规教育没有形成"组合拳"。

(四)党内法规教育常态化长效化机制健全不够

一些基层党组织没有制定领导干部党内法规教育的年度计划与中长期发展规划,工作缺乏系统性与前瞻性;教育形式与教育手段单一,安排自学党内法规较多,组织党内法规学习主要是一人读多人听,领学而不研学;讲授党内法规的微党课质量不高,一般是从条文到条文,缺少理论阐释;在党建工作专项督查中,涉及党内法规教育的考核指标过于笼统与模糊,在党建工作述职与法治责任考核时,对党内法规教育情况缺乏足够的重视,存在轻描淡写的情况。

(五)党内法规教育实效性不够

就《关于建立领导干部应知应会党内法规和国家法律清单制度的意见》中提到的党内法规清单,能够讲出十个及以上的基层领导干部不多,准确掌握主要党内法规条款的领导干部也不多;理论上党内法规与党内规范性文件不分,对二者的区别与联系不了解;行动上存在落差与反差。根据相关调研统计分析,基层领导干部贯彻执行党的六个方面纪律的党内法规情况,从比较好到不太好的排序,依次大致是廉洁纪律、政治纪律、组织纪律、生活纪律、群众纪律、工作纪律;一些基层党组织负责人还是依靠惯性思维与上级推动,只注重被动完成一般性党务工作,而不能按照党内法规新要求,主动创造性地开展党建工作,这在基层、农村、民营企业中更为突出。

五、领导干部党内法规教育的实践举措

领导干部党内法规教育如何有效推进?反思过去,总结经验,改进不足,必须在坚持"八个结合"上下功夫。

第一,坚持党内法规教育与党的创新理论学习相结合,夯实领导干部党内法规知识的理论根基。既要把党内法规的学习融入党的创新理论学习之中,又要突出党内法

规的学理支撑。随着党的领导全面加强,以及新情况的不断出现,需要制定新的党内法规。对于新制定的党内法规,必须进行专题宣讲、系统宣讲,邀请专家学者对其出台的背景、内容、功能等进行全面解读,使领导干部提高政治站位,提升认识高度,掌握实质与要义。随着全面从严治党的不断推进,以及实践经验的不断丰富,原有党内法规也需要不断修订完善,对于新修订的党内法规,要对照原版条款重点讲清楚为什么要修改、修改的条款新规定等,实现对党内法规知识掌握的与时俱进。《中央党内法规制定工作规划纲要(2023—2027 年)》(以下简称《规划纲要》)指出:"修订《中国共产党党委(党组)理论学习中心组学习规则》,发挥好'关键少数'在学习贯彻党的创新理论中的示范带动作用。健全年轻干部、青年党员理论武装制度,教育引导青年一代自觉做习近平新时代中国特色社会主义思想的坚定信仰者、忠实实践者。"①各级党组织要利用党建工作例会、培训会、政治理论学习会、党员主题党日活动、组织生活会与民主生活会等,加大对领导干部党内法规的宣讲学习力度,夯实领导干部的党内法规知识根基,实现应知应会。

第二,坚持党内法规教育与榜样宣传教育相结合,激发领导干部学习党内法规知识的内在动力。榜样的力量是无穷的,榜样的引领作用是巨大的,榜样宣传教育是加强党内法规教育的重要路径。《规划纲要》指出:"健全表彰奖励制度,发挥先进典型示范引领作用,激励干部见贤思齐、实干进取。"②先进人物作为学习的榜样,一定是遵守党内法规的楷模。在进行榜样宣传教育时,注重利用榜样、模范、英雄、先进人物的感人事迹,发挥示范引领作用,以此宣讲党内法规知识,从中挖掘先进人物做人做事的行为准则,学习他们如何运用党内法规正确处理公与私、义与利、是与非、正与邪、苦与乐等关系,不能就事论事,不能浅尝辄止,要善于深化总结,要善于挖掘。各级党组织要通过开展榜样教育,营造学先进当先进的良好氛围,引领领导干部自觉学习与践行党内法规。

第三,坚持党内法规教育与开展警示教育相结合,筑牢领导干部运用党内法规约束自己的思想防线。习近平总书记指出:"要加强警示教育,让广大党员、干部受警醒、明底线、知敬畏,主动在思想上画红线、行为上明确界限,真正敬法畏纪、遵规守

---

① 《中共中央印发〈中央党内法规制定工作规划纲要(2023—2027 年)〉》,《光明日报》2023 年 4 月 19 日第 1 版。

② 《中共中央印发〈中央党内法规制定工作规划纲要(2023—2027 年)〉》,《光明日报》2023 年 4 月 19 日第 1 版。

矩。"①《规划纲要》在健全反对特权制度部分内容中强调指出:"坚持更高标准更严要求促使领导干部保持清正廉洁,健全党性教育、政德教育、警示教育和家风教育制度,督促领导干部提高党性觉悟、珍惜操守名节,坚持严以修身、严以用权、严以律己,坚决破除特权思想和特权行为,以自身廉、自身正赢得自身硬。"②反面典型是最好的教材。一些腐败分子走上不归路,其深层原因都是缺失理想信仰、背弃初心使命,而防线的失守都是从违背党内法规开始的。各级党组织要用好中央纪委国家监委、省市纪委监委定期通报的典型案例,以及身边发生的违纪违法案例,实现以案促学、以案促改。在开展警示教育时,不能仅仅停留在违纪违法案例是讲什么人、什么事、什么级别的干部等问题上面,要深挖其纪法红线是怎样失守的,做到以案说纪、以案说规、以案说法。只有让领导干部从中明白违背党内法规带来的苦果,产生灵魂深处的触动,才能促使他们知敬畏、存戒惧、守底线,从而懂得遵守党内法规既是践行入党承诺也是保护自己的深刻道理,进一步增强学习党内法规知识的兴趣。

第四,坚持党内法规教育与传承红色基因的实践教育相结合,厚植领导干部党内法规知识的文化底蕴。《规划纲要》指出:"制定《党史学习教育工作条例》,弘扬伟大建党精神,完善中国共产党人精神谱系研究宣传阐释机制,持之以恒推进党史总结、学习、教育、宣传,引导领导干部学史明理、学史增信、学史崇德、学史力行,传承红色基因,赓续红色血脉。"③中国共产党丰富的红色基因库中,包含领导干部对党内法规的坚守与践行,党组织开展党内法规教育等的成功经验等。因此,在开展红色教育时,在突出马克思主义信仰、共产主义理想教育的同时,要彰显党内法规教育。要深挖红色资源中的党内法规基因元素,学习革命先辈在面临生与死的考验时,是如何保守党的秘密的,是如何坚守党的纪律的,是如何践行对党绝对忠诚的,要凸显革命战争年代党组织是如何对领导干部进行党内法规教育的,是怎样严格执行党内法规的等。鄂豫皖苏区作为我党重要建党基地,非常注重对领导干部的党内法规教育。例如,在大别山红色文化中,有体现中国共产党廉洁自律准则的"廉政县长张凤林"的红色故事,有体现党维护群众利益纪律要求的"枪毙副连长""红薯地里埋银元""借锅还费"等红色故事,这些红色故事都是党内法规知识教育的好素材。各级党组织要利用各种教育实

① 中共中央党史和文献研究院:《习近平关于依规治党论述摘编》,中央文献出版社2022年版,第176页。
② 《中共中央印发〈中央党内法规制定工作规划纲要(2023—2027年)〉》,《光明日报》2023年4月19日第1版。
③ 《中共中央印发〈中央党内法规制定工作规划纲要(2023—2027年)〉》,《光明日报》2023年4月19日第1版。

践活动,如党史学习教育、"三严三实"专题教育、党纪学习主题教育、党风廉政建设宣传教育等,强化领导干部对党内法规学习与践行的思想自觉与行为自觉。

第五,坚持党内法规教育与国家法律法规普及相结合,促使领导干部树立党内法规信仰的崇高要求。党内法规体系与国家法律体系都属于中国特色社会主义法治体系的范畴,都是坚定不移走中国特色社会主义法治道路的必然要求。党内法规与国家法律法规虽然相互区别,但又是密切联系的,法的属性以及二者在经济基础、阶级意志、指导思想和价值取向等方面的一致性,决定了二者具有相互促进作用。通过国家法律法规的普及学习,既有助于领导干部深化党对国家立法工作全面领导重要性的认识,又有助于帮助领导干部树立党内法规信仰的崇高要求。各级党组织要充分利用国家安全教育日、宪法日等开展丰富多彩的普法教育活动,把二者贯通起来,强化党纪严于国法的理念,明白守纪才能守法、违法必先违纪的深刻道理,促使领导干部自觉坚持用高标准严格要求自己,始终做到学法、懂法、守法、用法,真正做到守纪是本分、守法是职责,树立法治思维与法治方式,带头履行好法治责任。

第六,坚持党内法规教育与党内规范性文件学习贯彻相结合,培育领导干部执行党内法规的规矩意识。党内法规与党内规范性文件都是全面从严治党的重要制度要求,在管党治党中都发挥着重要作用。把二者有机结合起来,从它们的区别与联系上,明确党内法规的特殊规范性要求与党内规范性文件的一般规范性要求,从党内规范性文件的合法性审查的角度,阐释其中体现的党内法规要求。各级党组织要在贯彻落实党中央、省市委党内规范性文件时,抓好领导干部的党内法规教育,达到既强化规范意识又贯彻落实上级党委工作部署的目的。习近平总书记指出:"抓好法规制度落实,必须落实监督制度,加强日常督察和专项检查。"[1]"加强督促检查评估,进一步把领导干部学法用法情况纳入考核评价干部和精神文明创建内容,列入法治创建考核指标,推动考核结果运用,增强学法用法示范效应,防止形式主义。"[2]这就要求上级党组织要在对下级党组织的党建工作专项督查、基层党组织负责人党建工作述职、法治责任履行情况考核工作中,注重党内法规教育的实绩。

第七,坚持党内法规教育与现代信息技术赋能相结合,丰富领导干部接受党内法规知识教育的线上资源。党的十八大报告明确提出要"加强和改进网络内容建设,唱

---

[1] 中共中央党史和文献研究院:《习近平关于依规治党论述摘编》,中央文献出版社2022年版,第155页。
[2] 《中办国办印发〈关于建立领导干部应知应会党内法规和国家法律清单制度的意见〉》,《青海日报》2023年8月3日第3版。

响网上主旋律",这是信息化发展对党的建设提出的新要求。利用现代信息技术赋能基层党建工作,是新时代新征程创新基层党建工作的重要机遇。各级党组织要用好"互联网＋党内法规",创新党内法规教育网络形式,打造党内法规教育网络学习平台,把党内法规清单和党内法规知识上网,提供丰富的党内法规教育网络学习资源,加强网络党内法规教育。比如,在单位党建网站、工作群等转发权威网站党内法规信息,创新党内法规宣讲的有效路径,便于领导干部随时开展党内法规学习,实现党内法规教育线上线下有机衔接与无缝对接,汇聚无处不在、无时不有的教育力量。

第八,坚持党内法规教育与自觉践行党内法规要求相结合,确保领导干部执行党内法规的知行合一。法律的生命力在于实施,法律的权威也在于实施。习近平总书记指出:"依规治党,首先是把纪律和规矩立起来、严起来,执行起来。"①党内法规教育实效最终要落实在行动上,体现在执行力上;领导干部的人格力量,也最终体现在带头执行党内法规要求上,始终做到知行合一、表里如一、一以贯之,如果知行脱节、表里不一、前后不一,党内法规教育目的就落空了。比如,执行重大事项请示报告条例,领导干部要求别人的重大事项要及时报告,而自己的重大事项却隐瞒不报,这不仅损害了党内法规权威,也损害了党的形象,还破坏了党内政治生态。所以,各级领导干部要率先垂范,带头做勇于自我革命的模范,带头做遵守党内法规的标杆,带头维护党规党法的权威,带头在知行合一的习惯养成上下功夫。只有这样,在贯彻执行党内法规方面发挥头雁效应作用,才能助推优良党内政治文化的形成。正是如此,坚持抓住领导干部这个"关键少数"成为习近平法治思想的重要内容。

总之,党内法规体系教育是一个系统工程,只有多措并举,形成合力,并把它贯穿到领导干部教育的全过程与各方面,才能取得实效;党内法规体系教育是一个长期任务,只有形成常态化长效化工作机制,做到坚持不懈、持之以恒、善始善终,才能不断拓展教育成果。因此,各级党组织要认真履行对领导干部党内法规教育的神圣职责,在党内法规教育着力点上持续用心用情用力,确保落细落小落地,打造一支高素质的领导干部队伍,确保实现党的初心使命。②

第二节　党的自我革命

勇于自我革命是中国共产党最鲜明的品格,也是中国共产党最大的优势。领导干

---

① 中共中央党史和文献研究院:《习近平关于依规治党论述摘编》,中央文献出版社2022年版,第152页。
② 居继清:《以"八个结合"打造党内法规教育的"组合拳"》,《党政干部论坛》2024年第2期。

部必须以身作则,以更高的标准要求自己,充分发挥示范引领作用。

一、党的自我革命内涵要求与基本路径

(一)党的自我革命的内涵与要求

自我革命是中国共产党最鲜明的政治品格,也是中国共产党最大的优势。勇于自我革命是党历经百年沧桑更加充满活力的成功秘诀,作为在世界上最大的社会主义国家长期执政的中国共产党,只有先搞好自我革命,才能引领好社会革命。

自我革命就是要通过自重、自省、自警、自励,实现自我净化、自我完善、自我革新、自我提高。第一,自我净化就是要"过滤杂质、清除毒素、割除毒瘤",要求领导干部要依靠自我革命实现灵魂净化、党性纯洁,坚定马克思主义信仰,成为道德品质高尚的共产党人;第二,自我完善就是要"修复肌体、健全机制、丰富功能",要求领导干部要依靠自我革命着力补短板、强弱项,不断为完善领导制度体系与权力运行机制贡献智慧,并增强制度执行的思想自觉与行动自觉;第三,自我革新就是要"与时俱进、自我超越",要求领导干部要依靠自我革命增强改革创新的积极性、主动性与创造性,带头弘扬党内清风正气,永远站在时代潮流前头;第四,自我提高就是要"有新本领、有新境界,永不僵化、永不停滞",要求领导干部要依靠自我革命在领导实践中不断提升政治境界、思想境界和道德境界,不断提高为民服务的执政能力与执政本领。①

可见,勇于开展自我革命与坚持敢于斗争、善于斗争要求是高度一致的。勇于开展自我革命是领导干部弘扬斗争精神在自己身上的体现,是批评和自我批评武器的运用,是以斗争求团结方针的根本要求。因此,坚持开展自我革命,关键是要解决好"敢"与"善"二字,"敢不敢"是勇气问题,"善不善"是能力问题,领导干部唯有以刀刃向内的勇气、自我否定的气魄以及做细致思想政治工作的本领,才能把党的伟大自我革命进行到底。

(二)党的自我革命的基本路径

习近平总书记指出:"要自觉做良好政治生态的有力促进者,发扬彻底的自我革命精神,节俭朴素、谦逊低调,坚决反对形式主义、官僚主义,坚决反对特权思想和特权行为,永葆共产党人清正廉洁的政治本色。"②开展党的自我革命,路径是多方面的,主要是要做到以下几个方面:

---

① 参考习近平:《论党的自我革命》,党建读物出版社 2023 年版,第 264 页。
② 《牢记初心使命顽强拼搏进取 奋力跑好历史的接力棒》,《人民日报》2024 年 3 月 2 日第 1 版。

1. 以政治建设为首要

党的政治建设作为党的根本性建设,决定党的建设方向和效果。开展党的自我革命,要从政治高度来认识,对照政治建设首要标准,预防与纠正政治偏差。习近平总书记指出:"讲政治,是我们党补钙壮骨、强身健体的根本保证,是我们党培养自我革命勇气、增强自我净化能力、提高排毒杀菌政治免疫力的根本途径。"①这就深刻地阐明了开展党的政治建设的重要性和必要性。2024 年 2 月,中共中央发布的《党史学习教育工作条例》明确提出要教育引导党员干部"不断提高政治判断力、政治领悟力、政治执行力,增强斗争本领,把握历史主动"。因此,搞好新时代领导干部的教育工作,一定要把党的政治建设摆在首位,以党的旗帜为旗帜,以党的方向为方向,以党的意志为意志,坚持"两个确立",做到"两个维护",这是历史的经验启示,也是现实的必然要求。

2. 以改进作风为重点

作风是党组织与领导干部在思想、学习、工作与生活等方面一以贯之的言行表现,是关乎人心向背、关乎党生死存亡的重大问题。党的优良作风能否得到保持和发扬,直接关系到党的先进性、纯洁性和战斗力。在作风建设问题上,党的自我革命就是要克服不良作风,主要包括党组织与领导干部的思想作风、学习作风、工作作风和生活作风,最终形成优良党风与社会风尚。党的二十大报告强调"作风建设永远在路上",这是一个重大的历史课题,反对腐败、建设廉洁政治,是党一贯坚持的鲜明政治立场,是党的自我革命必须长期要抓好的重大政治任务,因此,开展党的自我革命,要把党性党风建设与反腐倡廉建设紧密结合起来。

3. 以制度规范为保障

推进党的自我革命,除加强思想教育、纪律约束、党内监督外,完善制度也是非常关键的,要通过形成一套完善的制度体系,以保障党的自我革命顺利开展。党的自我革命与制度建设息息相关。从党的自我革命角度来讲,首先,党的自我革命要作为一项制度要求,才能长期坚持下来;其次,开展党的自我革命也要遵循制度要求,才能扎实推进并取得实效。从制度建设角度来讲,制度的全面完善与坚决执行,是在党的自我革命过程中实现的,不仅制度的权威要依靠党的自我革命来保障,而且制度体系的建立也是依靠党的自我革命来实现的。推进新时代党的自我革命,各级党组织与全体

---

① 中共中央党史和文献研究院、中央学习贯彻习近平新时代中国特色社会主义思想主题教育领导小组办公室:《习近平新时代中国特色社会主义思想专题摘编》,党建读物出版社 2023 年版,第 545 页。

领导干部必须牢固树立法治思维与法治方式,只有高效推进党的各项法规制度的落实,才能使领导干部对党内法规产生敬畏感,从而形成良好的政治生态。

4.以组织生活会为载体

党的组织生活会是党内政治生活的重要载体,是党组织对党员干部进行教育管理监督的重要形式。党的组织生活会只有严肃、认真、经常,才能取得实效。新时代要充分发挥基层党组织的政治功能与组织功能,必须利用好党的基层组织生活会这个工作载体,丰富基层党组织民主生活会形式,通过开展组织生活会,使每个领导干部勇于开展批评与自我批评,不断提高党性修养,在工作中不断改进工作作风,在强国建设、民族复兴伟业中,勇挑重担、攻坚克难、团结一致、凝心聚力,展现新时代新征程领导干部的新担当新作为。①

二、勇于自我革命是中国共产党区别于其他政党的显著标志

党的十九届六中全会通过的《中共中央关于党的百年奋斗重大成就和历史经验的决议》(以下简称《决议》)将"坚持自我革命"列为党百年奋斗的历史经验之一,并明确指出:"勇于自我革命是中国共产党区别于其他政党的显著标志。自我革命精神是党永葆青春活力的强大支撑。先进的马克思主义政党不是天生的,而是在不断自我革命中淬炼而成的。"②可见,坚持党的自我革命是党永远保持先进性的根本要求,是党实现初心使命的必然要求。

(一)自我革命是党跳出治乱兴衰历史周期率的第二个答案

1945年7月,在延安窑洞里,毛泽东提出了我党跳出治乱兴衰历史周期率的第一个答案,这就是充分发扬民主。毛泽东在与黄炎培的对话中指出:"我们已经找到新路,我们能跳出这周期率。这条新路,就是民主。只有让人民来监督政府,政府才不敢松懈。只有人人起来负责,才不会人亡政息。"③在中国特色社会主义新时代,习近平总书记提出了我党跳出治乱兴衰历史周期率的第二个答案,这就是党的自我革命。习近平总书记在党的二十大报告中指出:"经过不懈努力,党找到了自我革命这一跳出治乱兴衰历史周期率的第二个答案,自我净化、自我完善、自我革新、自我提高能力显著增强,管党治党宽松软状况得到根本扭转,风清气正的党内政治生态不断形成和

---

① 居继清等:《鄂豫皖苏区党的自我革命路径与经验探讨》,《学习月刊》2024年第4期。
② 《中共中央关于党的百年奋斗重大成就和历史经验的决议》,人民出版社2021年版,第70页。
③ 中共中央文献研究室:《毛泽东传(1893—1949)》,中央文献出版社1996年版,第719—720页。

发展,确保党永远不变质、不变色、不变味。"①党的自我革命重大政治论断的提出,是一个重大的理论创新,是对党的百年奋斗历程深思熟虑作出的郑重结论,揭示了党的自我革命的关键在于内在因素,是党的自律,充分彰显了中国共产党的历史自信与巨大底气,更加凸显了中国共产党最鲜明的政治品格。富有自我革命精神是中国共产党与其他政党最显著的区别,也是中国共产党的最大优势。

(二)自我革命精神是党永葆青春活力的强大支撑

《决议》指出:"党历经百年沧桑更加充满活力,其奥秘就在于始终坚持真理、修正错误。党的伟大不在于不犯错误,而在于从不讳疾忌医,积极开展批评和自我批评,敢于直面问题,勇于自我革命。"②中国共产党为什么"能"? 其中一个重要原因就在于党秉承自我革命精神,有与生俱来的自我革命基因作为党永葆青春活力的强大支撑,支撑着中国共产党走过了风雨兼程的百余年历程。回顾中国共产党历史、中国革命历史、改革开放历史和中国特色社会主义新时代历史,党之所以能一次次纠正错误、转危为安,之所以能一次次从胜利走向新的胜利,之所以能取得历史性成就、发生历史性变革,关键在于党的自我革命精神。正是由于党在长期奋斗中始终坚持自我革命的鲜明品格,依靠自我革命精神的引领,通过自我革命制度体系的保障,采取自我革命的路径与举措,善于坚持真理与修正错误,不断推进理论创新,党锻造得越来越先进;敢于直面问题,敢于刀刃向内,党锻造得越来越坚强有力;勇于自我革命,不断革故鼎新,实现与时俱进,不断超越自我,党锻造得越来越成熟与自信。

(三)勇于开展自我革命是党巩固长期执政地位的需要

习近平总书记指出:"我们党作为世界上最大的马克思主义执政党,要始终赢得人民拥护、巩固长期执政地位,必须时刻保持解决大党独有难题的清醒和坚定。"③通过开展党的自我革命,不断克服党内存在的错误思想与消极情绪,实现用习近平新时代中国特色社会主义思想凝心铸魂,坚守政治定力,确保全党思想纯洁与行动统一,为党巩固长期执政地位提供思想保障与精神支撑;通过开展党的自我革命,不断清除党内腐败分子与不合格党员,保持党的健康肌体的生机与活力,确保党的组织纯洁,增强党的组织力与执行力,为党巩固长期执政地位提供组织保证;通过开展党的自我革命,不断克服党内不正之风,弘扬优良党内政治文化,建设风清气正的党内政治生态,始终

---

① 习近平:《习近平著作选读》第一卷,人民出版社 2023 年版,第 12 页。
② 《中共中央关于党的百年奋斗重大成就和历史经验的决议》,人民出版社 2021 年版,第 70 页。
③ 习近平:《习近平著作选读》第一卷,人民出版社 2023 年版,第 52 页。

保持党的优良传统与作风,使党更加坚强有力,为党巩固长期执政地位提供文化滋润。

列宁曾讲过,堡垒最容易从内部攻破。只有通过党的自我革命,不断进行政治体检、思想灰尘打扫、拔除病根、铲除毒瘤、增强政治免疫力,才能把党建设成为如"一整块钢铁"般的坚强战斗堡垒,确保党永远立于不败之地,攻不破、打不垮;才能使党不断巩固长期执政地位,以中国式现代化实现中华民族伟大复兴的宏伟目标。

三、开展党的自我革命的必要性与重要性

党的二十大报告指出:"全面从严治党永远在路上,党的自我革命永远在路上。"①这个科学判断与重大论断,揭示了党的自我革命是中国共产党长期执政的永久课题,是领导干部履行职责的终身课题。开展党的自我革命,既十分必要又十分重要,主要表现在以下几个方面:

(一)应对"四大考验"和"四种危险"的重要抓手

中国共产党清醒认识到,党面临的执政考验、改革开放考验、市场经济考验、外部环境考验将长期存在,精神懈怠危险、能力不足危险、脱离群众危险、消极腐败危险将长期存在。"四大考验"和"四种危险"存在的长期性,必然决定了党的自我革命的长期性。当今社会,各种不确定性不断增多,各种考验、各种危险等挑战因素无处不在、无时不有,对于执政党来讲,"四大考验"是最严峻的考验,"四种危险"是最致命的危险。各级领导干部唯有弘扬党的自我革命精神,强化忧患意识,做到居安思危,坚持治而不忘乱、存而不忘亡、安而不忘危,保持清醒认识,时刻检视自己的权力观与政绩观,增强执政本领与干事创业能力,才能经受住"四大考验",才能战胜"四种危险",才能抵挡形形色色的诱惑。

(二)消除"七个有之"的根本路径

习近平总书记指出:"一些人无视党的政治纪律和政治规矩,为了自己的所谓仕途,为了自己的所谓影响力,搞任人唯亲、排斥异己的有之,搞团团伙伙、拉帮结派的有之,搞匿名诬告、制造谣言的有之,搞收买人心、拉动选票的有之,搞封官许愿、弹冠相庆的有之,搞自行其是、阳奉阴违的有之,搞尾大不掉、妄议中央的也有之,如此等等。"②"七个有之"是领导干部政治不纯、思想不纯、组织不纯、作风不纯、纪律不纯、生

---

① 习近平:《习近平著作选读》第一卷,人民出版社 2023 年版,第 52 页。
② 中共中央纪律检查委员会、中共中央文献研究室:《习近平关于党风廉政建设和反腐败斗争论述摘编》,中国方正出版社 2015 年版,第 50 页。

活不纯的不良表现,与中国共产党建设优良的党内政治生态格格不入,与在党内形成规规矩矩的上下级关系、清清爽爽的同志式关系、亲清政商关系背道而驰。因此,各级领导干部必须勇于开展自我革命,坚持刀刃向内,从我做起,严于律己,努力锤炼党性,铸牢信仰之基,补足精神之钙,把稳思想之舵,努力建设风清气正的党内政治生态。

（三）纠正"四风"的关键举措

党的二十大报告指出:"锲而不舍落实中央八项规定精神,抓住'关键少数'以上率下,持续深化纠治'四风',重点纠治形式主义、官僚主义,坚决破除特权思想和特权行为。"①习近平总书记在2013年党的群众路线教育实践活动中提出要把贯彻落实中央八项规定作为切入点,进一步突出作风建设,坚决反对形式主义、官僚主义、享乐主义和奢靡之风,着力解决人民群众反映强烈的突出问题,发挥党密切联系群众的政治优势。关于形式主义,基层和群众反映最突出的是追求形式、不重实效,图虚名、务虚功、工作不抓落实;关于官僚主义,基层和群众最不满意的是办事推诿扯皮多,效率低下,不作为、不负责任;关于享乐主义,基层和群众反映最多的是一些领导干部安于现状、贪图安逸,缺乏忧患意识和创新精神;关于奢靡之风,基层和群众反映最强烈的是铺张浪费现象。可见,"四风"问题严重影响党的执政根基,严重损害人民群众根本利益,且具有顽固性、反复性,是人民深恶痛绝的不良风气,这就需要各级领导干部始终要坚持党的自我革命的思想自觉与行动自觉,勇于向"四风"问题开刀,大兴务实之风,弘扬清廉之风,养成俭朴之风,从根本上防止"四风"问题的蔓延与反弹,把党的优良工作作风发扬光大。

四、反腐败是最彻底的自我革命

（一）腐败是危害党的生命力与战斗力的最大毒瘤

党的二十大报告指出:"腐败是危害党的生命力和战斗力的最大毒瘤,反腐败是最彻底的自我革命。"②腐败是世界各国的普遍现象,腐败表现为以权谋私、损公肥私、贪赃枉法等,其本质就是权力的异化,结果是严重侵害人民群众的根本利益,造成极大的社会不公平,破坏社会和谐与稳定。对于执政党来讲,腐败弱化了党的先进性,损害了党的纯洁性,危害了党执政的根基,对党的执政基础具有极大的破坏力与杀伤力,破坏了党同人民群众的密切联系,严重影响执政党的形象,决定着党的生死存亡,

---

① 习近平:《习近平著作选读》第一卷,人民出版社2023年版,第56页。
② 习近平:《习近平著作选读》第一卷,人民出版社2023年版,第56页。

决定着国家政权的前途与命运。

（二）反腐败是最彻底的自我革命

第一，从根本问题上看，反腐败是解决执政党长期执政的最根本问题。建设什么样的长期执政的党、怎样建设长期执政的党是党的建设的根本性问题，中国共产党是什么、要干什么是每一个中国共产党党员要回答的根本问题，只有勇于自我革命，坚决反对腐败，才能确保党永远不变质、不变色、不变味。

第二，从态度与立场上看，反腐败是中国共产党的一贯态度与坚定立场。中国共产党从一成立开始，就旗帜鲜明地表明了坚决反腐败的态度，先后出台了一系列反腐败的党内法规条例，建立了反腐败的专门机构，严惩了一些腐败分子。在党的发展壮大过程中，随着一些风险与挑战的增多，中国共产党一直高扬反腐败的旗帜，始终做到不停歇、不停步，取得了反腐败的压倒性胜利并全面巩固。党的二十大报告指出："只要存在腐败问题产生的土壤和条件，反腐败斗争就一刻不能停，必须永远吹冲锋号。"[①]这显示了中国共产党反腐败最彻底的态度与决心，要坚决打赢反腐败的持久战攻坚战。可见，要巩固党的长期执政地位，必须把反腐败进行到底。

第三，从战略部署上看，反腐败的工作部署及其举措要横向到边，纵向到底。党的二十大报告指出："坚持不敢腐、不能腐、不想腐一体推进，同时发力、同向发力、综合发力。"[②]在二十届中央纪委二次全会上，习近平总书记强调指出："要把不敢腐、不能腐、不想腐有效贯通起来，三者同时发力、同向发力、综合发力，把不敢腐的震慑力、不能腐的约束力、不想腐的感召力结合起来。"[③]坚持教育、制度、监督并重，把预防与惩治相结合；坚持强高压、长震慑、重遏制同时发力，建立长效机制；坚持无禁区、全覆盖、零容忍并举，杜绝任何侥幸心理；坚持严的基调、严的措施、严的氛围综合施策，始终保持高压态势；坚持打虎、拍蝇、猎狐并行，始终保持力度不减；坚持事前、事中、事后全过程监督，始终做到常抓不懈，久久为功。可见，中国共产党反腐败的工作部署是最彻底的。

① 习近平：《习近平著作选读》第一卷，人民出版社2023年版，第56页。
② 习近平：《习近平著作选读》第一卷，人民出版社2023年版，第56页。
③ 《一刻不停推进全面从严治党　保障党的二十大决策部署贯彻落实》，《人民日报》2023年1月10日第1版。

第三节　树立法治思维与法治方式

无论是严格执行党内法规,还是勇于发扬党的自我革命精神,都要求领导干部树立法治思维与法治方式。

一、法治思维与法治方式的关系

习近平总书记指出:"各级领导干部要提高运用法治思维和法治方式深化改革、推动发展、化解矛盾、维护稳定能力,努力推动形成办事依法、遇事找法、解决问题用法、化解矛盾靠法的良好法治环境,在法治轨道上推动各项工作。"①《中共中央关于全面推进依法治国若干重大问题的决定》明确指出,要"提高领导干部法治思维和依法办事能力。领导干部是全面推进依法治国的重要组织者、推动者、实践者,要自觉提高运用法治思维和法治方式深化改革、推动发展、化解矛盾、维护稳定能力,高级干部尤其要以身作则、以上率下"②。由此可见,领导干部树立法治思维与法治方式,对全面建设社会主义法治国家具有非常重要的意义。

(一)法治思维与法治方式的内涵

法治思维不同于法制思维。法制思维是存在于人们头脑中的法律制度规范,法治思维不仅强调要具有法制思维,而且强调要运用法制思维。所谓法治思维就是指将法治的各种要求运用于认识、分析、处理问题的思维方式,是一种以法律规范为基准的逻辑化的理性思考方式。法治思维是新时代领导干部必须树立的一种重要思维,缺失法治思维,领导干部无法立身立德,无法担当领导职责。法治思维是领导工作的新理念,内含坚持以人民为中心,把维护人民群众的根本权益作为价值追求;法治思维也是领导工作的新方法,法治方法是实现人民群众根本权益的根本方法;法治思维作为一种逻辑思维,是将法治理念、法律知识、法律规定付诸实施的认识过程,法治思维强调规则、程序和逻辑的重要性,要求遵循合法、客观、普遍的原则,要求按照法律逻辑思考、分析和解决各种问题。

所谓法治方式就是指运用法治思维处理和解决问题的行为方式,是法治思维在实践中的具体应用,强调问题解决的办法是来自于法律规定,问题解决的办法要合法,而

---

① 中共中央文献研究室:《习近平关于全面依法治国论述摘编》,中央文献出版社 2015 年版,第 109 页。
② 《中共中央关于全面推进依法治国若干重大问题的决定》,《人民日报》2014 年 10 月 29 日第 3 版。

不是来自于个人或少数人的意见,而不能违背法律的要求。

（二）法治思维与法治方式的关系

法治思维与法治方式是法治社会建设中不可或缺的两个方面,它们共同推动法治国家的进步和公民权利的保护。法治思维与法治方式是内在和外在的关系,内在是前提,外在是结果。一方面,法治思维决定着法治方式。有了法治思维,才会有法治方式,法治思维缺失,就一定缺失法治方式。这就是说,一个具有法治思维的领导干部,在领导工作中更倾向于使用法治方式,反之,一个缺失法治思维的领导干部,在领导工作中更倾向于使用行政命令方式。另一方面,法治方式反映并体现法治思维。在领导工作实践中,使用法治方式解决问题的领导干部,说明其也是运用法治思维思考问题的领导干部,二者是有机结合在一起的,存在着一定的必然关系。

二、培育领导干部法治思维与法治方式的重要路径

培育领导干部法治思维与法治方式,最终目的就是要不断提升领导力。领导科学中的领导力"127法则"告诉我们:10%的领导力要向书本学习,20%的领导力要向别人学习,70%的领导力要向实践学习。可见,领导力与领导干部的法治思维与法治方式密切相关,而领导干部法治思维与法治方式的培育,要从以下四个方面着手:

（一）在学习党内法规与国家法律中培育

学是用的基础,知是行的前提。领导干部法治思维与法治方式的形成,是以学习法律知识为基础的,因为法治思维与法治方式是法律知识在思维与工作中的运用。一般来说,领导干部应知应会的党内法规与国家法律越多,领导干部的法治思维就越正确,领导干部的法治方式就越正确。法律是治国之重器,是国家治理体系和治理能力现代化的重要依托,依法行政是基本要求,这里的法律包括党规党法和国家法律,所以,领导干部必须认真学习党内法规与国家法律。首先,要树立法治信仰,敬畏党内法规和国家法律的权威,自觉成为社会主义法治的忠实崇尚者、自觉遵守者、坚定捍卫者;其次,要采取正确的学习方法,要联系全面从严治党的需要学,要联系领导工作的职责学,要联系领导工作的实际学;最后,要挤出时间学,做到常学常新,学出法治精神,防止以干代学。

（二）在传承中华优秀传统文化与红色文化的法治基因中培育

历史是最好的老师、最好的教科书、最好的清醒剂、最好的营养剂。在中华优秀传统文化中,有许多体现法治思维与法治方式的法治文化基因,比如,法律思想中有儒法

相济、德刑相辅、修身正己、清正廉明等;法律形式中有《唐律》《大明律》《大清律》等;法学著作中有《法经》《韩非子》等;廉洁故事中有"公仪休拒不收鱼""灭官烛看家书"等。在革命文化中,在中国共产党建立的各个革命根据地,各种立法优先保护以工人、农民为代表的人民群众利益;在以陕甘宁边区为代表的抗日根据地,制定了一系列行政法规,保证行政行为的合法性,依法行政的法律得到了有效执行,开始了法治政府建设的尝试;中央苏区的谢步升案、陕甘宁边区的肖玉璧案,都是对贪污渎职的政府人员惩戒的典型案例等①。这些都包含了法治思维与法治方式的优秀法治基因,各级领导干部要在积极参加党史学习教育、党纪学习教育、党风廉政建设活动中,传承优秀法治基因,助推法治思维的形成与法治方式的确立。

（三）在总结自己与别人的得失中培育

恩格斯曾说,无论从哪方面学习都不如从自己所犯错误的后果中学习来得快。反思自己与别人的得失,最能教育人。领导干部要培育自己的法治思维与法治方式,需要经常反思自己的领导工作,从思维方式与工作方式上总结经验与不足,不断改进自身的领导工作,杜绝人治思维,克服行政命令方式,从而切实维护好、实现好、发展好人民群众的根本利益,提升自身领导效能。不仅自己的过去是一面很好的镜子,其他领导的过去也是一面很好的镜子,要从其他领导的工作得失中长智慧、增才干,从他们正确的法治思维与科学的法治方式中得到启发,从他们不正确的法治思维与不科学的法治方式中得到启示,在引以为戒中不断实现对不正确的法治思维与不科学的法治方式的纠偏与矫正。

（四）在领导工作实践中培育

古人讲:"纸上得来终觉浅,绝知此事要躬行。"马克思主义哲学强调,实践出真知,这些都揭示了实践的重要性。培育领导干部的法治思维与法治方式,不是单靠学习就可以形成的,其正确性与科学性与否,也不是完全可以从主观上评价的,是在领导工作实践中养成的,是在领导工作实践中强化的,是在领导工作实践中得到检验的,最终还要服务于领导工作实践。所以,领导干部要培育法治思维与法治方式,一方面,要把内化的法治信仰外化于领导工作实践之中;另一方面,要在领导工作实践中不断提升自身的法治素养,依据党内法规和国家法律解决实际领导工作问题,在实践中形成、强化、固化,直至养成习惯。

---

① 韩伟:《从根据地法律史中探寻红色基因》,《人民法院报》2023 年 7 月 14 日。

三、领导干部要成为尊法学法守法用法的模范

习近平总书记指出:"领导干部要做尊法的模范,带头尊崇法治、敬畏法律;做学法的模范,带头了解法律、掌握法律;做守法的模范,带头遵纪守法、捍卫法治;做用法的模范,带头厉行法治、依法办事。"①这是习近平总书记对领导干部提出的"四个模范"重要要求。领导干部只有牢固树立法治思维与法治方式,才能真正成为"四个模范"。

(一)要系统学习习近平法治思想的重要内容

领导干部要成为尊法学法守法用法的模范,要以习近平法治思想为根本遵循。2020年11月,中央全面依法治国工作会议第一次提出"习近平法治思想",明确了习近平法治思想在全面依法治国、建设法治中国中的指导地位。习近平法治思想是马克思主义法治理论与中国法治建设的具体实践、中华优秀法治文化基因相结合的产物,是对马克思主义法治理论的独创性、原创性贡献,是对中华优秀法治文化基因的创造性继承与创新性发展,不仅在马克思主义法治理论发展史上具有里程碑意义,而且在中国特色社会主义法治建设史上具有里程碑意义。

学习、宣传、贯彻习近平法治思想是领导干部的重要职责。习近平法治思想是一个内涵丰富、论述深刻、逻辑严密、系统完备的科学理论体系,集中体现在"十一个坚持"上。"十一个坚持"包括:坚持党对全面依法治国的领导;坚持以人民为中心;坚持中国特色社会主义法治道路;坚持依宪治国、依宪执政;坚持在法治轨道上推进国家治理体系和治理能力现代化;坚持建设中国特色社会主义法治体系;坚持依法治国、依法执政、依法行政共同推进,法治国家、法治政府、法治社会一体建设;坚持全面推进科学立法、严格执法、公正司法、全民守法;坚持统筹推进国内法治和涉外法治;坚持建设德才兼备的高素质法治工作队伍;坚持抓住领导干部这个"关键少数"。②"十一个坚持"系统阐述了新时代全面依法治国的战略思想和工作部署,深刻回答了新时代为什么要实行全面依法治国、怎样实行全面依法治国等一系列重大问题,体现了彻底的法治思维与法治方式。可见,习近平法治思想是领导干部树立法治思维与法治方式的根本遵循,决定着领导干部坚定法治信仰的程度,认识树立法治思维与法治方式重要性的高度,践行法治思维与法治方式思想自觉与行动自觉的持久度。因此,领导干部要担当好领导职责,必须完整准确全面把握好"十一个坚持"的丰富内涵。

---

① 习近平:《习近平谈治国理政》第二卷,外文出版社2017年版,第127页。
② 本书编写组:《习近平法治思想概论》,高等教育出版社2021年版,第2—4页。

（二）要正确把握领导工作的科学方法

领导干部要成为尊法学法守法用法的模范，要坚持自觉运用习近平新时代中国特色社会主义思想和习近平法治思想的根本方法。习近平总书记在党的二十大报告中提出"六个必须坚持"：即必须坚持人民至上、必须坚持自信自立、必须坚持守正创新、必须坚持问题导向、必须坚持系统观念、必须坚持胸怀天下。这"六个必须坚持"深刻体现了习近平新时代中国特色社会主义思想的立场观点方法，"六个必须坚持"也是贯穿在习近平法治思想中的立场观点方法。领导干部树立法治思维与法治方式，从根本上要坚持"六个必须坚持"的立场观点方法。

在习近平法治思想的科学方法中，还特别强调正确处理政治与法治、改革与法治、发展与安全、依法治国与以德治国、依法治国与依规治党的关系。这五大方法论既是学习好习近平法治思想的方法，也是贯彻好习近平法治思想的方法，因而也是领导干部培育法治思维与法治方式的方法。领导干部无论是想问题、做决策，还是干工作、处理矛盾，都必须坚持法治精神，在法治理念指导下，依据法律规定、法律程序，找到解决问题的思路方案与具体路径。只有这样，才能做到想得合法、做得合法，充分体现运用法治思维与法治方式实施领导，从而更好地在以中国式现代化推进强国建设、民族复兴伟业中担当好领导工作。

（三）要坚决摒弃人治思维与行政命令方式

法治思维的对立面是人治思维，法治方式的对立面是行政命令方式，领导干部要牢固树立法治思维与法治方式，必须坚决摒弃人治思维与行政命令方式。在领导工作实践中，有些领导干部习惯于强调个人权力的作用，以言代法，以权压法，这就是人治思维，与法治思维背道而驰；有些领导干部习惯于看重行政方式的力量，完全按照领导的行政命令去处理问题与完成任务，这就是行政命令方式，与法治方式格格不入。由于缺失法治思维与法治方式，法治原则遭到践踏，法治权威受到挑战，领导工作留下不少"后遗症"，人民群众权益遭受严重侵犯。因此，领导干部只有遵循职权法定、程序正当、权责一致的法治精神，坚决对人治思维与行政命令方式说"不"，在牢固树立法治思维与法治方式上下功夫，才能既把领导工作搞好，又把人民群众引领好，不断推进社会主义法治国家、法治政府、法治社会建设进程。

【思考题】

1.阅读材料回答问题

党的十八大以来,以习近平同志为核心的党中央着眼统筹推进"五位一体"总体布局和协调推进"四个全面"战略布局,针对加强新时代党内法规制度建设作出一系列重大决策部署,党内法规制定力度之大、出台数量之多、制度权威之高、治理效能之好都前所未有,党的制度建设取得历史性成就。2017年10月,党的十九大将习近平新时代中国特色社会主义思想确立为党的指导思想并写入党章,为新时代党和国家事业发展提供了科学行动指南。

党的十八大以来制定修订的党内法规主要有:关于新形势下党内政治生活的若干准则、中国共产党廉洁自律准则、中国共产党中央委员会工作条例、十八届中央政治局关于改进工作作风密切联系群众的八项规定、中共中央政治局关于加强和维护党中央集中统一领导的若干规定、中国共产党地方委员会工作条例、中国共产党党组工作条例、中国共产党工作机关条例(试行)、中国共产党支部工作条例(试行)、中国共产党组织工作条例、中国共产党宣传工作条例、中国共产党统一战线工作条例、中国共产党政法工作条例、中国共产党机构编制工作条例、中国共产党领导国家安全工作条例、中国共产党重大事项请示报告条例、中国共产党党内监督条例、中国共产党巡视工作条例、中国共产党问责条例、中国共产党纪律处分条例、中国共产党军队党的建设条例、军队政治工作条例、中国共产党党徽党旗条例等。

进入新时代,我们党从事关党长期执政和国家长治久安的战略高度坚持依规治党、加强党内法规制度建设,制定出台一大批重要党内法规,为坚持和加强党的全面领导,坚持党要管党、全面从严治党,提供了坚强制度保障。

——摘自《中国共产党党内法规体系》(2021年7月中共中央办公厅法规局发布的文件)

结合材料回答以下问题:

(1)谈谈你对上述材料的一些认识。

(2)新时代党内法规建设历程给我们最大的启示是什么?

2.阅读材料回答问题

材料一

勇于自我革命是中国共产党区别于其他政党的显著标志。自我革命精神是党永葆青春活力的强大支撑。先进的马克思主义政党不是天生的,而是在不断自我革命中淬炼而成的。党历经百年沧桑更加充满活力,其奥秘就在于始终坚持真理、修正错误。党的伟大不在于不犯错误,而在于从不讳疾忌医,积极开展批评和自我批评,敢于直面问题,勇于自我革命。只要我们不断清除一切损害党的先进性和纯洁性的因素,不断清除一切侵蚀党的健康肌体的病毒,就一定能够确保党不变质、不变色、不变味,确保党在新时代坚持和发展中国特色社会主义的历史进程中始终成为坚强领导核心。

——摘自《中共中央关于党的百年奋斗重大成就和历史经验的决议》

材料二

坚持制度治党、依规治党,以党章为根本,以民主集中制为核心,完善党内法规制度体系,增强党内法规权威性和执行力,形成坚持真理、修正错误,发现问题、纠正偏差的机制。健全党统一领导、全面覆盖、权威高效的监督体系,完善权力监督制约机制,以党内监督为主导,促进各类监督贯通协调,让权力在阳光下运行。推进政治监督具体化、精准化、常态化,增强对"一把手"和领导班子监督实效。发挥政治巡视利剑作用,加强巡视整改和成果运用。落实全面从严治党政治责任,用好问责利器。

——摘自党的二十大报告《高举中国特色社会主义伟大旗帜　为全面建设社会主义现代化国家而团结奋斗》

结合材料回答以下问题:

(1)结合上述材料,如何理解开展党的自我革命与保持党的先进性的关系?

(2)结合上述材料,谈谈怎样进一步完善党的自我革命制度规范体系?

主要参考文献

一、著作和教材

《马克思恩格斯选集》第一至四卷,人民出版社 2012 年版。

《列宁全集》第六卷,人民出版社 2013 年版。

《列宁全集》第七、十八、三十三、三十七、五十五卷,人民出版社 2017 年版。

《斯大林选集》下卷,人民出版社 1979 年版。

《毛泽东选集》第一至四卷,人民出版社 1991 年版。

《邓小平文选》第一、二卷,人民出版社 1994 年版。

《邓小平文选》第三卷,人民出版社 1993 年版。

《江泽民文选》第一至三卷,人民出版社 2006 年版。

习近平:《习近平著作选读》第一、二卷,人民出版社 2023 年版。

习近平:《之江新语》,浙江人民出版社 2007 年版。

习近平:《习近平谈治国理政》第一卷,外文出版社 2018 年版。

习近平:《习近平谈治国理政》第二卷,外文出版社 2017 年版。

习近平:《习近平谈治国理政》第三卷,外文出版社 2020 年版。

习近平:《习近平谈治国理政》第四卷,外文出版社 2022 年版。

中共中央文献研究室:《论群众路线:重要论述摘编》,中央文献出版社 2013 年版。

中共中央党史和文献研究院:《习近平关于依规治党论述摘编》,中央文献出版社 2022 年版。

中共中央纪律检查委员会、中共中央文献研究室:《习近平关于党风廉政建设和反腐败斗争论述摘编》,中央文献出版社、中国方正出版社 2015 年版。

中共中央文献研究室:《习近平关于全面依法治国论述摘编》,中央文献出版社2015年版。

中共中央文献研究室:《毛泽东传(1893—1949)》,中央文献出版社1996年版。

《中国共产党党内法规制度建设历程研究》编写组:《中国共产党党内法规制度建设历程研究》,法律出版社2021版。

《习近平法治思想概论》编写组:《习近平法治思想概论》,高等教育出版社2021年版。

《中共中央关于党的百年奋斗重大成就和历史经验的决议》,人民出版社2021年版。

王乐夫:《领导学通论》,当代世界出版社2004年版。

娄成武等:《现代管理学原理》,中国人民大学出版社2008年版。

居继清、余维祥:《新编领导科学概论》,华中科技大学出版社2011年版。

方良春:《新编领导科学教程》,中共中央党校出版社2012年版。

曹晓丽、林枚:《领导科学基础》,首都经济贸易大学出版社2022年版。

孙健:《领导科学》,南开大学出版社2008年版。

彭向刚、袁明旭:《领导科学概论》,高等教育出版社2007年版。

黄东阳、林修果:《领导科学》,北京大学出版社2016年版。

《中华人民共和国监察法》,法律出版社2018版。

《中国共产党纪律处分条例》,人民出版社2024年版。

《党政领导干部考核工作条例》,法律出版社2019年版。

《中国共产党党内法规制定条例》,中国法制出版社2019年版。

《中央党内法规制定工作规划纲要(2023—2027年)》,人民出版社2023年版。

《关于新形势下党内政治生活的若干准则》,人民出版社2016年版。

《中国共产党党内监督条例》,法律出版社2019年版。

[美]里奇·格里芬:《管理学》,刘伟译,中国市场出版社2007年版。

[美]斯蒂芬·P.罗宾斯、[美]蒂莫西·A.贾奇:《组织行为学精要》,郑晓明译,机械工业出版社2000年版。

[美]安弗莎妮·纳哈雯蒂:《领导学:领导的艺术与科学》,刘永强、程德俊译,中国人民大学出版社2016年版。

[美]哈罗德·孔茨、[美]海因茨·韦里克:《管理学(第十版)》,张晓君等编译,经济科学出版社1998年版。

二、报纸理论文章

《贯彻落实新时代党的建设总要求　进一步健全全面从严治党体系》,《人民日报》2024 年 6 月 29 日第 1 版。

王成国:《自觉树立和践行新时代党员干部"三观"》,《学习时报》2023 年 10 月 23 日第 4 版。

李永利:《发挥党内法规和国家法律协同共振效用》,《学习时报》2023 年 9 月 1 日第 1、7 版。

《中办国办印发〈关于建立领导干部应知应会党内法规和国家法律清单制度的意见〉》,2023 年 8 月 3 日第 3 版。

《立志做党光荣传统和优良作风的忠实传人　在新时代新征程中奋勇争先建功立业》,《人民日报》2021 年 3 月 2 日第 1 版。

张弓:《民本思想促进中华文明发展》,《人民日报》2017 年 7 月 31 日第 16 版。

《以解决突出问题为突破口和主抓手　推动党的十八届六中全会精神落到实处》,《人民日报》2017 年 2 月 14 日第 1 版。

习近平:《关于〈关于新形势下党内政治生活的若干准则〉和〈中国共产党党内监督条例〉的说明》,《人民日报》2016 年 11 月 3 日第 2 版。

《贯彻全军政治工作会议精神　扎实推进依法治军从严治军》,《人民日报》2014 年 12 月 16 日第 1 版。

习近平:《在党的群众路线教育实践活动总结大会上的讲话》,《人民日报》2014 年 10 月 9 日第 2 版。

习近平:《在纪念毛泽东同志诞辰 120 周年座谈会上的讲话》,《人民日报》2013 年 12 月 27 日第 2 版。

三、学术论文

蔡礼强:《中国共产党群众路线的本质属性与丰富内涵》,《甘肃社会科学》2022 年第 1 期。

陈伟涛:《中国领导文化研究现状及其发展趋势分析》,《领导科学》2022 年第 9 期。

陈小林:《坚决做到"两个维护"问题研究》,《中国延安干部学院学报》2021 年第 3 期。

方慧:《论胡锦涛的科学政绩观》,《重庆文理学院学报(社会科学版)》2012 年第 5 期。

何伟昌:《深刻理解全面增强执政本领的丰富内涵》,《实事求是》2018 年第 3 期。

胡代松:《习近平总书记重视调查研究的实践特点与启示》,《湖南社会科学》2023 年 3 期。

江必新、张雨:《习近平法治思想中的法治监督理论》,《法学研究》2021 年第 2 期。

居继清:《鄂豫皖苏区党的自我革命路径与经验探讨》,《学习月刊》2024 年第 4 期。

居继清:《以"八个结合"打造党内法规教育的"组合拳"》,《党政干部论坛》2024 年第 2 期。

李春华:《完整准确全面贯彻新发展理念》,《人民论坛》2021 年第 7 期。

李景治:《全面从严治党要以增强干部干事创业的"精气神"为出发点和落脚点》,《理论与改革》2019 年第 2 期。

刘峰、张国玉:《创造性是领导者最重要的素质——学习研究习近平总书记领导思想之二》,《理论视野》2014 年第 5 期。

刘卫常:《权责利原则视角下领导干部责任担当的强化》,《中国井冈山干部学院学报》2017 年第 4 期。

罗会德:《以人民为中心发展思想的实现理路》,《理论导刊》2020 年第 5 期。

马正立:《领导权力与领导责任析》,《重庆社会科学》2017 年第 5 期。

齐卫平:《做到"两个维护"的定力和能力研究》,《红色文化学刊》2021 年第 3 期。

乔苗苗、同满宏:《党政领导决策质量提升困境与纾解路径》,《领导科学》2022 年第 5 期。

覃正爱:《毛泽东科学领导方法思想探析》,《马克思主义研究》2014 年第 9 期。

田瑞华:《领导有效沟通的意、位、距》,《领导科学》2009 年第 36 期。

田田:《辩证思维在破解现实领导工作难题中的应用》,《领导科学》2022 年 2 期。

佟德志、张朝霞:《全过程民主决策的要素与结构》,《学术界》2023 年第 1 期。

王英杰、吴林龙:《习近平关于新时代共产党人增强本领的重要论述研究》,《北京交通大学学报(社会科学版)》2022 年第 3 期。

吴亚霖:《党内法规执行力建设现状与提升路径研究》,《产业与科技论坛》2024 年第 1 期。

武永江:《论毛泽东的政绩观》,《学术论坛》2011 年第 7 期。

萧鸣政:《领导干部人格魅力提升新探》,《人民论坛》2020 年第 5 期。

谢璐妍:《领导干部底线思维的"底线"》,《理论探索》2015 年第 1 期。

辛如彬:《价值与启示:"四下基层"在新时代群众路线中的价值考察》,《宁德师范学院学报(哲学社会科学版)》2024 年第 1 期。

杨畅:《毛泽东关于领导干部作风建设思想及其当代启示》,《马克思主义理论学科研究》2022 年第 10 期。

易小明:《论系统思维方法的一般原则》,《齐鲁学刊》2015 年第 4 期。

余娴丽:《福州市提振干部干事创业精气神探索》,《福州党校学报》2019 年第 3 期。

张利涛:《习近平政绩观重要论述的逻辑进路、内涵意蕴与实践遵循》,《前沿》2023 年第 1 期。

张明:《学好用好"四下基层"工作制度》,《唯实》2024 年第 3 期。

中共中央组织部:《始终心怀"国之大者"切实把坚持党的全面领导落实到行动上》,《学习月刊》2022 年 9 期。

周可:《新时代精准思维的基本前提、实践要求和价值追求》,《学习与实践》2022 年 9 期。

朱福惠:《党内监督体系的概念生成、制度特征与实践创新》,《党内法规研究》2022 年第 2 期。

朱建业、苏欣平、杨建明:《领导力与执行力辨析》,《海军工程大学学报(综合版)》2014 年第 2 期。